경제의 길 2

KB073560

본 저서는 우원장학문화재단의 2024년도 학술연구비 지원을 받았음.

경제의 길2

10가지 정책 이슈부터 산업별 대안까지
한국 경제 중장기 대응 전략

권남훈 · 유혜미 · 이윤수 · 박윤수 · 김지운 · 신자은 · 전현배 · 민세진 · 조재한 · 김민기 · 이정환 지음

저출산·고령화

가계부채

일-가정 양립

노동시장 미스매치

서비스업 선진화

디지털 경제와 금산분리

건강보험 재정

경제안보 부상

녹색성장

데이터 경제

21세기북스

2024년, 경제의 길을 찾아서

권남훈 | 건국대 경제학과, 경제사회연구원 원장

'경제의 길'이라는 제목을 단 첫 번째 책이 출간된 후 거의 3년
이 지났다. 그동안 많은 변화가 있었다. 코로나19의 충격이 잦아들
었고, 공급망 위기와 글로벌 인플레이션이 찾아왔다. 고물가 수습
을 위해 통화 긴축과 고금리 정책이 지속되는 가운데, 미·중 대결
구도의 강화, 러시아-우크라이나 전쟁 발발, 이스라엘-하마스 분쟁
등 국제 안보 질서의 변화 역시 경제에 상당한 영향을 미치고 있다.
기후변화 대응과 ESG에 대한 열풍이 다소 숨을 고르는 가운데, 챗
GPT의 충격으로 인공지능(AI)이 앞으로 어떠한 사회경제적 변화를
가져올지 관심이 집중되고 있다.

빼놓을 수 없는 중요한 변화는 새 정부의 집권이다. 2년여 전 전
문가들이 모여서 책을 쓰게 된 가장 큰 계기는 전 정부의 경제원리
에 어긋난 무리한 정책과 중장기 비전의 부재에 대한 비판의식이었
다. 새 정부는 자유로운 시장경제를 중심에 두기로 약속하고 한동
안 정책 수단에서 소외되었던 규제혁신을 다시 전면에 내세우는 등

차별화된 행보를 보였다. 큰 방향에서 이는 지난 책에서 우리가 내렸던 처방과 같다(당시 책의 뒷면에 쓰인 부제는 '시장경제와 자유의 기본원리 회복이 재도약의 길'이었다).

그렇다면 이제는 잘될 일만 남았는가. 필자는 지혜로운 노인은 아니지만, 세상의 일이 그리 쉽게 되지 않는다는 정도는 알고 있다. 경제학자들끼리 농담처럼 하는 이야기 중에 제대로 시장경제라도 해보고 시장경제에 대해 비판하면 좋겠다는 말이 있다. 한국 경제는 자본주의의 역사가 짧고, 정부 주도로 압축 성장했던 경험이 있어선지 지금도 사회경제적 문제를 해결하는 주체는 정부라는 인식이 뿌리 깊게 자리 잡고 있다. 한쪽에서는 신발 속의 돌멩이와도 같은 규제를 없앤다고 목소리를 높이지만, 다른 쪽에서는 더 크고 강력한 규제들이 국회를 속속 통과한다. 그도 그럴 것이 우리 사회에는 문제가 생기면 책임자 찾기와 감사부터 시작하고, 언론과 대중은 정부가 뭘 했는지 비판하며, 국회는 실효성이나 비용에 대한 면밀한 분석도 없이 새로운 규제를 서둘러 입법하는 것으로 마무리하는 식의 접근이 흔하다.

중장기적 시각을 도외시하고, 힘든 구조조정을 피하는 경향도 쉽게 바뀌지 않는다. 여기에는 눈앞의 표를 의식하는 정치구조가 큰 몫을 한다. 과거 미국에서 재정적자 문제가 심각하게 제기되던 시절에 보수와 진보 정권의 차이는, 전자는 세금을 깎아서 재정적자를 확대하고, 후자는 지출을 늘려서 재정적자를 확대한다는 이야기가 있었다. 미래를 위한 고통스러운 개혁에 무관심한 점은 정파가 따로 없다는 것이다. 개혁의 대가가 낙선으로 돌아오는 구조에서는 일단 선심성 정책을 쓰고 비용은 후임 정부로 떠넘기려는 경향이 생긴다. 전 정부에서 그런 모습이 지나치게 보여 그 점을 비판했지만, 새 정부가 얼마나 다른 모습을 보이는 데 성공했는지는 의문이 있다.

따라서 경제의 길을 찾아 대중에게 제시하는 학자들의 노력은 계속되어야 한다. 시민 스스로가 정부가 해야 할 일과 하지 말아야 할 일을 구분하고, 눈앞의 혜택과 나중에 더 크게 돌아올 비용을 제대로 판단해주기를 바란다면 말이다. 처음에는 시리즈 형태로 기획하지는 않았던 이 책을 2024년에 다시 쓰게 된 배경이다. 경제사회연구원은 앞으로도 상황이 허락하는 한 경제학자들과 대중의 틈의 크기를 줄이는 노력을 지속할 생각이다.

이번 책에서는 두 가지 측면에 중점을 두었다. 첫째는 한국 사회가 직면하고 있는 다양한 이슈들에 대해 표면적 접근을 넘어서 새로운 성찰을 줄 만한 주제와 내용을 담아보려 하였다. 둘째는 보다 젊은 경제학자들의 목소리를 담고자 하였다. 최근의 한국 경제학계는 예전과 비교해 학문적 수준은 확실히 높아졌는데, 반대급부로 젊은 경제학자들이 현실과 정책에 대해 고민하고 논의하는 기회와 시간은 줄어들었다. 미래는 젊은 세대가 열어야 한다는 상투적인 이야기가 아니더라도 지금의 한국 경제에는 틀에 박힌 사고를 벗어나 유연하고 창의적인 사고가 필요한 난제들이 많고, 이를 해결하려면 젊은 경제학자들이 더 적극적으로 참여할 공간이 필요하다.

본문에 앞서 전체적인 책의 구상과 각 장의 내용을 간단히 소개하고자 한다. 먼저 제1장과 제2장은 우리 경제의 가장 큰 구조적 위험 요인 두 가지를 다룬다. 바로 저출산·고령화와 가계부채의 급증이다. 우리나라의 출산율은 세계에서 유례를 찾을 수 없을 정도로 낮은 수준을 기록하고 있다. 인구 유지를 위해 필요한 합계출산율은 2.1로 알려져 있는데, 한국의 출산율은 2024년에는 무려 0.6대를 기록할 전망이다. 이대로라면 한국이 사라지는 게 아니냐는 위기감은 높아졌지만 정작 저출산·고령화가 경제에 어떤 식으로 영향을 미치고, 어떻게 대비할지에 대한 논의는 여전히 부족하다.

제1장을 맡은 유혜미 교수는 인구구조의 변화가 거시경제에 미칠 영향에 대해 세부적으로 진단한다. 어떤 경제의 수준을 나타내는 가장 중요한 지표는 1인당 GDP로도 대략 파악할 수 있는 생산성이다. 전체 인구가 줄어든다고 해서 1인당 생산성이 반드시 악화하지는 않는다. 그래도 전망이 밝은 것은 아닌데, 급격한 고령화로 생산가능인구가 빨리 줄어들고, 기계설비 등 자본의 증가로 이를 메꾸기에는 한계가 있으며, 인구 감소는 혁신에도 부정적 영향을 미치기 때문이다. 한편 소비 중심의 고령층 증가로 높은 물가 수준이 고착화될 가능성이 크고, 일손이 부족해서 임금근로자는 이득을 보지만 자본에 대한 수익률과 실질이자율은 낮아진다. 결국 경제의 활력은 감소하고, 물가는 상승하며, 상당한 소득 재분배 효과도 나

타나리라는 진단이다. 이에 대응하려면 출산율 제고 정책과 함께 다양한 방면의 장기적 정책 접근이 필요하다는 것이 유 교수의 진단이다.

제2장에서는 이윤수 교수가 '영끌'이라는 단어가 상징하는 가계부채 급증의 뒷이야기를 파헤친다. 한국의 가계부채는 큰 우려의 대상이 되고 있는데, 총량도 크고 증가 속도도 빠르기 때문이다. 2022년 기준 가계부채는 GDP의 108%로 세계 2위 수준이고, 5년간 16%p 이상 올라 증가율은 세계 최고 수준이다. 한국의 가계부채 문제는 부동산과 밀접한 관련이 있는데, 특히 전 정부 시기의 부동산 시장 과열은 '영끌'로 상징되는 젊은 세대의 과도한 대출 열기와 결합하여 가계부채 문제를 심각하게 만들었다는 게 일반적 시각이다. 가계부채 급증에 대한 우려는 대출 제한과 같이 부채 총량을 억제하는 정책으로 이어졌다. 하지만 이 교수는 이러한 시각에 반론을 제기한다. 외국과 달리 우리나라는 가계대출이 증가하는 시기에 대출자의 소득이나 신용도의 구성이 개선되어 대출의 질이 오히려 개선되었다. 따라서 총량보다는 부채 증가의 원인을 주목해야 한다. 이른바 '영끌'은 수도권 지역의 주택가격 상승과 LTV 규제의 강화로 주택담보대출 이외의 대출을 늘려야만 집을 살 수 있는 상황에서 나왔다는 점, 젊은 세대에게만 한정된 것도 아니고 비거주 목적의 무리한 투자도 아니었다는 점을 제시하며 영끌이 가계부채 위험을 증가시켰다는 시각의 오류를 지적한다. 무분별한 대출이 아

니라는 점에서 경제를 흔드는 위험이 될 가능성은 작지만, 정부 규제로 조건 나쁜 대출을 할 수밖에 없었던 취약계층은 앞으로 큰 피해를 볼 수도 있다. 결론적으로 이 교수는 가계부채의 문제를 총량규제가 아니라 차주 개인과 가계의 문제로 접근하는 대책이 필요하다고 역설한다.

제3장에서 5장은 보육, 직업, 건강보험 등 좀 더 우리 생활에 밀접한 주제들을 다루고 있다. 이들은 서로 다른 주제이긴 하나 저출산·고령화의 시대를 맞아 정부의 정책적 대응과 변화가 필요한 부분이라는 공통점도 가진다. 더 효율적이고 지속가능한 구조를 만들어내지 않으면 한국 경제의 미래에 큰 제약 요인으로 작용하게 될 것들이기 때문이다.

제3장에서 박윤수 교수는 출산율 하락의 주된 원인을 자녀 양육을 위해 치러야 하는 비용, 그중에서도 여성의 경력 단절로 인한 기회비용이 높아진 것에서 찾고 있다. 여성의 사회참여가 늘면서 출산 및 육아 부담으로 인해 직장을 포기할 때 잃는 대가도 커졌다. 그렇다면 일과 가정을 양립시킬 수 있는 방향의 모색이 필요한데, 육아휴직이나 육아기 근로시간 단축 등의 제도는 아직 부족하고, 돌봄 서비스 강화로는 근본적 해결이 어렵다. 박 교수는 제도 및 예산의 확충과 함께 기업의 부담을 낮춰서 제도의 활용률을 높이고, 부처별로 흩어져 있는 정책 기능도 통합해야 함을 구체적 대안과 함께 제언한다. 어쩌면 누구나 예상할 수 있는 방향이지만, 출산율

이 비상식적 수준까지 낮아진 지금 더욱 진지한 고려가 필요하다.

제4장에서는 김지운 교수가 노동시장의 미스매치 현상에 대해 심층적으로 분석한다. 구직자는 일자리를 구하기 어렵지만, 기업은 적절한 인력을 찾을 수 없다는 얘기는 늘 들린다. 이런 현상의 지속은 교육 및 직업훈련의 실패일 뿐 아니라 저출산·고령화의 파고를 넘기 위해 생산성을 증대시켜야 하는 상황에서 꼭 고쳐야 할 문제다. 그러나 정작 어떤 직종에서 왜 미스매치가 발생하고, 어떻게 대응해야 하는지를 연구한 내용은 많지 않다. 김 교수는 데이터 분석을 통해 크게 두 가지 형태의 미스매치가 중요함을 보인다. 하나는 임금 미스매치로, 생산성이 낮고 구직자들이 기피하는 산업에서 수요자와 공급자가 원하는 임금이 차이가 나서 발생한다. 다른 하나는 기술 미스매치로, 고부가가치 또는 신기술 산업에서 구직자의 기술 수준이 기업이 요구하는 수준에 미치지 못해서 발생한다. 임금 미스매치는 중소기업의 낮은 생산성과 관련이 있고, 기술 미스매치는 현실과 맞지 않는 교육훈련이 주원인이다. 원인에 맞는 정책을 처방해야 하지만, 지금의 각종 지원제도는 문제 해결에 도움이 되지 않는 것이 많다. 김 교수는 대안으로서 근로자 직접 지원 형태의 고용장려금 제도, 체계적인 인력수급 전망, 민간 직업훈련 시장의 활성화 등을 제시한다.

제5장에서는 신자은 교수가 건강보험의 지속가능성에 대해 검토한다. 근래에 건강보험료가 크게 올랐다는 것은 누구나 느끼는 점

이다. 주변에 은퇴하는 이들 중에는 이 비용을 계획에 넣지 않다가 뒤늦게 당황하는 예도 많다. 문제는 앞으로 훨씬 더 큰 어려움이 닥친다는 점이다. 지금은 간신히 수지를 맞추고 있지만, 고령화와 저성장으로 재정 고갈에 직면할 날도 머지않았다. 신 교수는 이렇게 된 것이 체계적·장기적 전략을 세우지 않고 덧대기와 조삼모사식 접근으로 일관해왔기 때문임을 역사와 세부 사례를 들어 설명한다. 건강보험에 대한 국가의 역할 자체가 사회보장과 보험 사이에서 어정쩡하게 유지되고 있고, 경직적 수가 제도로 인해 비용 효율성은 낮고 인센티브가 왜곡되며, 실손보험과 같은 민간의료보험은 의도했던 보완적 역할을 제대로 하지 못하고 있다. 이러한 문제들에 대한 대안은 충분히 있지만, 변화의 방향과 방법에 대해 사회적 합의를 끌어내고 근본적인 개혁을 추진할 용기와 실행력이 필요한 시점이라는 것이 신 교수의 평가다.

제6장에서 제8장은 산업 관점의 접근이다. 먼저 제6장에서는 전현배 교수가 서비스 선진화가 왜 더는 미룰 수 없는 과제가 되었는지 설명한다. 한국은 수출제조업이 강하고, 소수의 대기업이 뛰어난 경쟁력을 갖는 나라다. 이 말은 뒤집으면 서비스 분야와 중소기업의 경쟁력이 약하다는 뜻도 된다. 이 두 가지는 서로 독립된 문제 같지만, 국내 서비스업이 주로 영세 자영업과 중소기업으로 이루어져 있다는 점에서 밀접하게 연관되어 있다. 경제가 발전할수록 비중이 높아지는 서비스 부문의 혁신 미흡과 생산성 부진은 소비자의 구매

력과 실질소득에도 악영향을 미친다. 이처럼 서비스업의 선진화는 저성장 극복, 실질소득 제고와 좋은 일자리 창출을 위해 꼭 필요한 과제지만 서비스산업발전기본법의 입법 실패에서도 드러나듯 여전히 정책적 반향을 얻지 못하고 있다. 그러나 이미 장기 저성장 국면에 들어선 우리나라의 입장에서 더 미룰 시간은 없으며, 디지털 전환과 과감한 규제 개선 등으로 서비스 산업 선진화에 적극적으로 나서야 한다는 것이 전 교수의 제언이다.

제7장에서는 민세진 교수가 한때 논란이 치열했던 주제인 금산분리 규제를 새로운 시각으로 들여다본다. 금산분리는 금융자본과 산업자본이 서로 결합해서는 안 된다는 주장이다. 재벌이 금융기관을 사금고화하는 일이 없어야 한다는 우려에서 비롯된 이 규제는 어느덧 '원칙'이라 불리게 되었고, 정책담당자들은 이 이슈가나오면 마치 벌집을 피하듯 건드리지 않는 것이 관행이 되었다. 그러나 민 교수에 따르면 금산분리라는 '원칙'은 존재하지 않는다. 글로벌 스탠더드도 아니고, 은행을 넘어 모든 금융기관에까지 이를적용하는 것은 한국에만 있는 현상이라는 것이다. 더구나 디지털화 진전과 더불어 산업자본인 플랫폼이 금융서비스를 제공하기 시작했고, 한국에서도 카카오뱅크와 같은 인터넷전문은행도 생겨났다. 이에 대응하기 위해 은행도 특례를 받아 직접 알뜰폰이나 배달앱 같은 서비스에 나서고 있다. 하지만 규제는 그대로 하면서 예외를 두는 방식의 접근으로는 한계가 있다. 디지털 시대에 금융산업

의 발전을 위해서는 금산분리 완화가 꼭 필요하다는 것이 민 교수의 결론이다.

제8장에서는 조재한 박사가 최근 글로벌 경제 질서에 가장 중요한 화두가 된 경제안보 이슈를 다룬다. 자유무역과 세계화의 증진은 오랫동안 자연스러운 발전의 과정으로 생각되었고, 수출 중심의 산업구조를 가진 우리나라도 이로부터 큰 수혜를 입었다. 하지만 자유무역의 주창자였던 미국이 중국의 부상을 견제하고, 공급망의 안정적 확보를 위해 동맹국 중심의 새 무역 질서 구축에 나서면서 상황이 바뀌고 있다. 많은 이들이 불확실성과 어려움이 커지리라 걱정하지만, 조 박사는 우리가 이를 기회로 돌릴 수 있는 여지가 충분하다고 지적한다. 우리 역시도 중국의 부상으로 첨단산업 경쟁력을 잃어가는 상황이었기 때문이다. 다만 이 기회를 살리려면 글로벌 선도기업이 국내에 투자할 수 있도록 기존의 틀을 넘어서는 과감한 규제완화와 투자지원책이 필요하다고 주장한다.

마지막으로 제9장과 제10장은 21세기에 중요한 화두로 올라선 특별 주제 두 가지를 다룬다. 바로 데이터 경제와 녹색성장이다. 오늘날 데이터는 부가가치를 창출하는 가장 중요한 자원의 하나가 되었고, 바로 그 이유로 인해 이를 둘러싼 규제와 정책 논란도 커지고 있다.

제9장에서 김민기 교수는 데이터의 활용이 어떤 새로운 가치를 창출하는지, 정책적 이슈는 무엇인지, 데이터 이용을 통해 더 나은

사회가 되려면 무엇이 필요한지 등을 다룬다. 당연한 얘기지만, 데이터의 가치가 높을수록 한편으로는 더 많은 활용을 위해 노력해야 하고, 다른 한편으로는 데이터 독점과 소비자 주권 상실과 같은 부작용에 대응해야 한다. 데이터는 새로운 생산요소로서 실물 요소와는 다르며, 공공재와 유사한 특성도 가지고 있으므로 제도 및 시장의 형성에 있어 정부의 역할이 중요하다. 김 교수는 특히 사회적 약자를 위해 데이터를 활용할 수 있는 방안과 더불어 공공데이터의 개방 및 이용 촉진을 위한 정책 방안도 제시한다.

제10장에서 이정환 교수는 EU의 녹색성장 정책을 해부한다. 왜 하필 EU인가 의문이 제기될 수 있다. 하지만 EU는 기후위기 대응과 지속가능한 성장에 가장 큰 관심을 보이며 국제사회의 정책 형성을 주도해왔고, 따라서 EU의 정책 내용을 살펴보는 것은 우리에게도 중요한 시사점을 가진다. 그런데 이 교수는 EU의 녹색성장 정책의 핵심이 '녹색'이 아니라 EU 지역 국가의 생산성과 경쟁력 향상에 맞춰져 있다고 지적한다. 인류애와 공동체적 가치를 내세우지만, 실제 도입되는 각종 규제 내용은 EU 역내의 기업을 보호하고 외국 기업은 견제하는 보호주의와 무역장벽 역할도 한다. 그래도 EU가 규제와 표준을 만들고, 세계의 기업들은 그 틀 안에서 사업해야 하는 이른바 '브뤼셀 효과'는 지속될 것이다. 우리 기업과 정부도 이에 대응하고는 있지만, 더 빠르고 적극적인 대처가 필요하다는 것이 이 교수의 진단이다.

지난번 책의 공통된 화두가 시장경제의 복원이었다면, 이번 책에 실린 글의 공통적인 접근은 우리가 직면한 다양한 이슈들에 대해 단순한 시각을 넘어서 이면까지 보고, 중장기적인 관점에서 정책적 접근이 필요하다는 것이다. 시장경제의 복원은 관치가 일상화된 한국의 경제에서는 여전히 중요한 과제다. 그러나 큰 틀에서 시장경제가 중심이 되어야 함은 분명하지만, 세상의 복잡한 이슈들이 그 하나의 단어로 해결되지는 않는다. 시장경제가 제 역할을 할 수 있기 위해서라도, 정부가 선을 넘지 않으면서도 자신의 역할을 제대로 파악하고 수행하는 것이 중요하다. 특히 한국의 경제가 정점을 지나 서서히 가라앉기 시작하고 있다는 진단이 나오는 지금이 좀 더 중장기적인 미래를 내다보며 역할을 설계하는 현명한 정부를 필요로 하는 시점이다.

이번 책의 출간 과정에도 많은 도움이 있었다. 특히 민세진 교수는 경제사회연구원의 경제센터장으로서 책의 기획, 저자의 선정, 원고의 감수에 이르기까지 공동 편집자의 역할을 하였다. 이 책의 기획을 처음부터 후원하고 격려를 아끼지 않으신 경제사회연구원의 안대희 후원회장님, 최대석 이사장님과 많은 도움을 준 직원들에게 감사를 드린다. 지난번 책과 마찬가지로 이번에도 성심을 다해 출판 과정을 진행해주신 21세기북스의 관계자분들, 특히 양으녕 팀장께도 감사를 표한다.

차례

서문　2024년, 경제의 길을 찾아서　　　　　　　　　　　…4
　　　권남훈 | 건국대 경제학과, 경제사회연구원 원장

제1부
구조적 위험의 진단 저출산·고령화와 가계부채

제1장　인구구조 변화로 도래할 미래에 대비하는 법　　…21
　　　유혜미 | 한양대 경제금융대학

제2장　영끌에 대한 오해, 영끌을 위한 변명:　　　　…52
　　　가계부채 문제의 민낯
　　　이윤수 | 서강대 경제학부

제2부
인구 감소 시대를 위한 정책 보육, 직업, 건강보험

제3장　인구절벽 시대에 꼭 필요한 육아기 일·가정 양립　…87
　　　박윤수 | 숙명여대 경제학부

제4장　최근 노동시장 미스매치 현황과 개선 방향　　…109
　　　김지운 | 홍익대 경제학부

제5장　건강보험, 힘이 될 것인가 짐이 될 것인가　　…139
　　　신자은 | KDI 국제정책대학원

제3부 ———————————————————————

산업환경의 변화와 대응 서비스, 금융, 경제안보

제6장   더 이상 미룰 수 없는 서비스업 선진화   ··· 175
　　　　 전현배 | 서강대 경제학부

제7장   디지털 경제와 금산분리   ··· 199
　　　　 민세진 | 동국대 경제학과

제8장   경제안보 시대의 도전과 과제, 그리고 기회   ··· 223
　　　　 조재한 | 산업연구원

제4부 ———————————————————————

새롭고 중요한 이슈들 데이터 경제, 녹색성장

제9장   데이터 경제의 활성화를 위한 길   ··· 247
　　　　 김민기 | KAIST 경영대학

제10장 EU의 녹색성장 정책과 우리의 산업   ··· 272
　　　　 이정환 | 한양대 경제금융대학

제1부

구조적 위험의 진단

저출산 · 고령화와 가계부채

제1장

인구구조 변화로 도래할
미래에 대비하는 법

유혜미 | 한양대 경제금융대학

2023년 4분기 한국의 합계출산율이 0.65명으로 세계 최저 수준이라는 뉴스가 발표되자 인구구조 변화를 둘러싼 위기감이 그 어느 때보다 커졌다. 다음 〈그림 1-1〉에서 보듯이 2020년 처음으로 한국의 총인구가 감소하기 시작했는데 출산율이 앞으로도 지속적으로 하락한다면 경제성장률의 하락은 물론 국가 소멸 가능성도 배제할 수 없다는 주장마저 등장했다. 과연 인구구조 변화로 도래할 미래는 어떤 모습일까? 무작정 두려워하지 말고 우리가 맞닥뜨릴 새로운 경제환경을 차근차근 짚어보고 어떻게 대비할지 생각해보자.

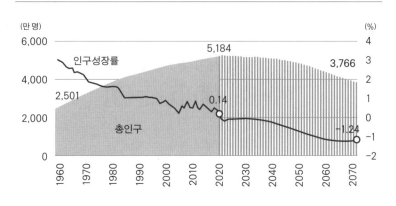

〈그림 1-1〉 인구성장률과 총인구

자료: 통계청 (2021). 「장래인구추계: 2020~2070년」

1. 인구구조: 어떻게 변화하고 있는가?

한국의 인구구조 변화는 고령화의 진전과 생산가능인구 감소로 요약할 수 있다. 그리고 이런 추세를 이끄는 원인으로 출산율 하락과 기대수명 증가를 들 수 있다. 우선 〈그림 1-2〉의 출산율을 살펴보자. 출산율의 지표로 널리 사용되는 합계출산율은 여성 1명이 15세부터 49세까지 가임기간 동안 낳을 것으로 예상되는 평균 출생아 수를 나타낸다. 한국의 합계출산율은 1970년 4.53명에서 2021년 0.81명으로 빠르게 감소했다. 이어 2022년 합계출산율은 0.78명으로 2021년보다 더 낮아졌고 2023년 합계출산율은 0.72명까지 떨어졌다. 명실상부 세계 최저 출산율이다. 이렇게 출산율이 급격히 하락함에 따라 한국은 2020년 인구 증가 국가에서 인구 감소 국가로 전환하였다.

한편 한국인의 기대수명은 추세적으로 증가하고 있다. 1970년 한국인의 평균 기대수명은 62.3년에 불과했지만 2021년에는 83.6년으로 51년 만에 20년 이상 기대수명이 증가하였다. 출산율 하락으로 청년층의 인구 유입은 감소하는 가운데 기대수명 증가로 65세 이상 고령인구는 늘어나면서 한국은 고령화가 빠르게 진행되고 있다. 전체 인구 중 65세 이상 고령인구의 비중은 1970년 3.1%에 불

〈그림 1-2〉 합계출산율과 기대수명 추이

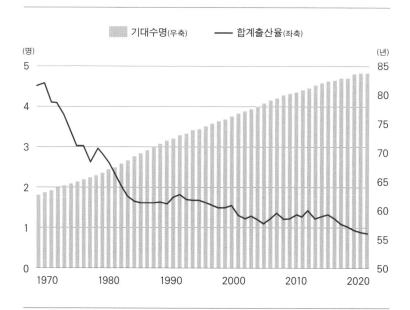

자료: 통계청

과했지만 2020년 15.7%로 5배 이상 증가하였다. 한국은 고령인구 비중이 14% 이상인 '고령사회'로 이미 진입했고 고령인구 비중이 20% 이상인 '초고령사회' 진입도 목전에 두고 있다. 이렇게 고령인구 비중은 증가하는 반면 생산활동의 주축이 되는 15세 이상 64세 미만 생산가능인구는 절대수와 전체 인구 중 비중 둘 다 2020년부터 감소세로 전환하였다. 통계청의 「장래인구추계」에 따르면 앞으로도 생산가능인구의 내림세는 지속될 것으로 전망된다.

이런 인구구조 변화가 지속되면 우리가 맞닥뜨릴 거시경제 환경은 어떻게 변화할까? 이제부터 인구구조 변화로 한국의 성장잠재력은 과연 얼마나 하락할지, 물가와 실질임금은 어떻게 변화할지에 대해 하나씩 살펴보려고 한다.

2. 생산가능인구가 감소해도 1인당 생산은 증가한다?

경제 내 상품과 서비스를 생산하기 위해서는 많은 생산요소가 필요하다. 그중 가장 대표적인 것이 바로 노동과 자본이다. 자본설비와 이를 운용하고 조작할 근로자가 생산에 가장 필요한 요소라는 뜻이다. 따라서 인구가 감소하여 생산에 참여할 근로자의 수가 줄어들면 생산이 감소하는 것이 당연한 순서다. 즉 인구 감소는 국내총생산(GDP)을 감소시킨다. 하지만 일각에서는 생산가능인구가 줄어들어 국내총생산이 감소해도 1인당 생산은 증가해 국민 개개인의 삶은 오히려 나아질 수 있다는 주장도 대두된다. 과연 그럴까?

여기서 중요하게 짚고 넘어갈 부분은 총인구와 생산가능인구의 차이다. 생산가능인구는 총인구에서 15세 미만 청소년과 65세 이상 고령인구를 뺀 15세 이상 64세 이하 인구로 생산활동에 주로 참여하는 연령대의 인구를 말한다. 총인구와 생산가능인구를 구분하면 1인당 생산이 생산가능인구 감소로 인해 어떤 영향을 받는지 보다 명확히 알 수 있다.

$$\underbrace{\frac{\text{총생산}}{\text{총인구}}}_{A} = \underbrace{\frac{\text{총생산}}{\text{생산가능인구}}}_{B} \times \underbrace{\frac{\text{생산기능인구}}{\text{총인구}}}_{C}$$

1인당 생산(A)은 총생산을 총인구로 나누어 인구 1인당 잠재적으로 누릴 수 있는 생산의 가치를 의미한다. 1인당 생산은 다시 총생산을 생산가능인구로 나눈 생산가능인구 1인당 생산(B)과 총인구 대비 생산가능인구의 비율(C)로 분해될 수 있다. 이는 생산가능인구 1인당 생산 효율이 늘어나거나(B↑) 총인구 대비 생산가능인구의 비중이 늘어나야(C↑) 비로소 1인당 생산이 증가(A↑)할 수 있다는 뜻이다.

현재 한국은 총인구와 생산가능인구 모두 감소하는 가운데 총인구보다 생산가능인구가 더 빠르게 감소하여 총인구 중 생산가능인구의 비중이 하락하고 있다. 또한 이런 추세는 앞으로도 지속될 것으로 전망된다. 생산가능인구가 감소하면 생산가능인구 1인당 할당되는 자본량이 늘어나 각 근로자의 생산 효율은 증가한다. 이는 1인당 생산을 증가시키는 요인이다. 하지만 총인구 중 생산가능인구의 비중이 지속적으로 하락하는 인구구조의 변화는 1인당 생산을 감소시킨다. 지금처럼 인구구조의 변화가 가파를 경우 후자의 효과가 전자의 효과를 능가하여 향후 인구구조 변화로 1인당 생산도 감소할 것으로 예측된다.

실제로 경제성장의 기본 모형으로 널리 쓰이고 있는, 노벨 경제학상 수상자 솔로우(R. Solow)의 모형에 따르면 인구 감소는 총생산을 줄이지만 1인당 생산은 증가시키는 효과가 있다. 총인구가 감소해도 총생산의 일정 부분이 저축되고 이는 다시 투자를 통해 자본으로 축적되면서 경제 내 총자본은 인구보다 적게 감소하므로 1인당 자본이 증가한다. 1인당 자본이 증가하면 1인당 생산도 증가한다. 하지만 이 모형에서는 생산가능인구와 총인구를 동일시하므로 이 결과는 총생산의 감소에도 불구하고 생산가능인구 1인당 생산이 증가한다는 의미일 뿐 인구 1인당 생산이 증가한다는 뜻은 아니다.

인구구조 변화에도 불구하고 총생산 대비 총저축의 비율인 저축률, 즉 투자율이 일정하게 유지된다는 솔로우 모형의 가정은 사실 비현실적이다. 실제로 저축률은 연령에 따라 달라질 뿐만 아니라 인구구조 변화를 야기하는 기대수명의 증가 등 환경 변화가 저축

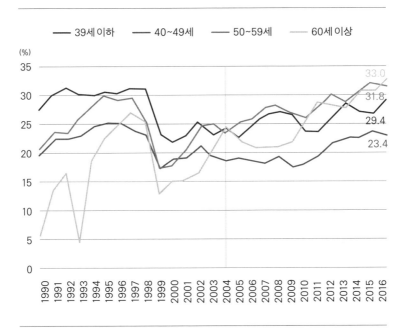

<그림 1-3> 연령별 저축률 변화 추이

— 39세 이하 — 40~49세 — 50~59세 — 60세 이상

자료: 이태열(2020)[1]

률을 변화시킬 수도 있기 때문이다. 과연 인구구조 변화는 저축과
투자를 통한 자본 축적의 양상을 어떻게 변화시킬지 생각해보자.

경제 내 자본은 투자를 통해 축적되고 이 투자는 경제주체들의
저축을 재원으로 한다. 인구구조의 변화가 총저축률을 높인다면
자본 축적이 더 활성화될 테지만 오히려 총저축률이 낮아진다면
자본 축적이 저해될 수 있다. 우선 연령별 저축률을 살펴보자. 생애

---

[1] 이태열 (2020). 「고령층 가구의 저축률 상승 현상 논의」. 보험연구원 KIRI 《고령화리뷰
Quarterly》 제38호.

주기에 따라 저축의 동기와 유인이 달라지므로 저축률은 연령별로 다른 양상을 보인다. 대체로 연령이 높을수록 쌓인 저축액은 크지만 남은 수명이 짧아지므로 추가적인 저축의 동기가 약해져 소득 중 소비하지 않고 저축하는 비율인 저축률은 낮아진다. 따라서 저축률이 낮은 고령인구의 비중이 증가할수록 총저축률이 낮아져 자본 축적이 둔화한다.

하지만 기대수명이 증가하면 연령별 저축률이 변화할 가능성도 고려해야 한다. 기대수명이 증가하면 은퇴 후 소비를 위해 더 많은 자금이 필요하므로 은퇴 전 더 많이 저축하려는 경향이 나타난다. 〈그림 1-3〉에서 보듯이 2000년 들어서면서 50~59세와 60세 이상 연령집단의 저축률은 다른 연령집단과 비교할 때 더 크게 증가하였다. 최근 거시 모형을 이용해 인구구조 변화의 장기적 효과를 정량 분석한 한 연구는 기대수명 증가로 자본 축적이 활성화되는 효과가 상당히 커 생산가능인구 1인당 자본은 장기적으로 증가함을 보였다.[2] 그럼에도 불구하고 이 효과가 1인당 자본을 늘릴 정도까지 크진 않은 것으로 나타났다. 생산가능인구 1인당 자본만 증가할 뿐 인구 1인당 자본은 감소하고 1인당 생산 역시 총생산만큼은 아니더라도 장기적으로 감소한다는 것이다.

급속한 인구구조 변화로 생산가능인구가 감소해 생산에 직격탄

---

2 김선빈·한종석·홍재화 (2021). 「여성 경제활동을 통한 저출산고령화 경제적 충격 대응」, 《경제학연구》, 69(3), pp. 133-177.

을 맞을 뿐만 아니라 자본 스톡의 변화도 지속가능한 성장을 보장하지 못한다면 성장잠재력을 높일 유일한 희망은 생산성에 있다. 노동과 자본 이외에 생산에 영향을 미치는 요소가 바로 생산성이기 때문이다. 노동과 자본은 투입분이 증가할수록 생산에 대한 추가적 기여분이 작아진다. 이른바 '한계생산 체감의 법칙'이다. 자본과 노동이 풍부하지 않을 때 자본과 노동을 한 단위 더 생산에 투입하면 생산이 크게 증가하지만 이미 자본이 대규모로 축적되고 노동 투입분도 상당하다면 자본과 노동을 한 단위 더 투입할 때 생산 증가분은 미미해진다. 우리가 흔히 양적 성장의 한계에 부딪혔다고 하는 것이 바로 이 때문이다. 반면 생산성은 이런 한계와 무관하다. 생산성이 성장하는 만큼 생산도 증가한다. 그리고 생산성을 성장시키는 가장 핵심적인 경로는 바로 기술혁신이다.

기술혁신은 창의적 아이디어의 축적을 통해 이루어진다. 2018년 노벨 경제학상 수상자인 폴 로머(Paul Romer)에 따르면 인구가 증가할수록 혁신적 아이디어를 창출하기 위한 인재 풀이 넓어져 기술혁신의 가능성이 크다. 혁신적 아이디어는 창의적인 인재로부터 창출된다. 인구가 증가할수록 창의적인 인재도 더 많을 것이라 기대할 수 있으므로 인구의 규모는 혁신의 토대를 좌우한다. 또한 인구 증가는 시장의 규모를 키워 새로운 기술이 개발되어 상품화될 때 기대할 수 있는 이윤을 증가시키는 효과가 있다. 이런 대규모 이윤에 대한 기대가 있어야 혁신을 위해 노력할 유인이 생긴다. 이윤이 창의적 시도의 원동력이 된다는 뜻이다. 세계화가 진전됨에 따라 새로운 기술이 판매될 시장의 규모를 국내 인구로 한정 지을 필요는 없다. 그럼에도 불구하고 여전히 국내시장 규모는 중요하다. 새로운 기술의 시험대로서, 혁신의 열매를 가장 먼저 거둘 수 있는 기반으로서 더 넓은 시장을 갖추기 위해 인구 증가는 필수적이다.

한편 기술의 수준이 높아질수록 이를 능가하는 새로운 기술의 개발은 점점 더 어려워진다. 이른바 'fishing out' 효과다. 혁신적인 아이디어를 연못에 사는 물고기에 비유한다면 이미 상당수의 물고기가 낚여 연못 밖으로 나간 상태에서 남아 있는 물고기는 소수다. 이미 현실화된 수많은 첨단기술에 비견될 새로운 아이디어를 떠올리는 게 점점 더 어려워지는 것과 마찬가지다. 스탠퍼드대학교 경제학과의 니콜라스 블룸(Nicholas Bloom) 교수는 공동 저자들과의 연구를 통해 이런 효과가 실제로 나타남을 보인 바 있다. 이런 상황에서 인구마저 감소하면 혁신의 가능성은 더욱 낮아진다. 러시아-우크라이나 전쟁 이후로 세계 경제의 블록화가 진행되는 현재 초격차 기술력의 보유는 경제성장뿐만 아니라 안보 면에서도 그 중요성이 커지고 있다. 인구 감소로 기술 발전이 부진하면 한국 경제의 앞날에 치명적이다.

3. 인구구조 변화는 고물가를 고착화한다?

인구구조 변화는 여러 면에서 인플레이션 압력으로 작용할 여지가 있다. 무엇보다 생산활동에 참여하는 생산가능인구의 비중이 줄어들고 생산활동에 참여하지 않고 소비만 하는 고령인구의 비중이 늘어나면서 상품과 서비스의 공급이 수요에 미치지 못하는 상황이 지속될 수 있다. 특히 고령인구는 다른 연령층 대비 소득 중 더 큰 비율을 소비지출로 활용하고 더 작은 비율을 저축한다. 고령층이 생산에 참여하지 않고 소비활동만 할 뿐 아니라 다른 연령층 대비 소득 중 더 많은 부분을 소비하기 때문에 고령층 인구 비중의 증가는 물가상승 압력을 높인다.

이뿐만이 아니라 인구구조의 변화는 생산비용을 높여 물가상승을 초래할 수 있다. 생산가능인구가 부족하면 실질임금이 상승할 가능성이 크다. 희소성이 높은 생산요소의 가격이 상승하는 것은 기본적인 시장의 원리다. 실질임금이 상승하면 노동을 생산요소로 활용하는 상품과 서비스의 생산비용이 증가하므로 물가를 상승시킬 수 있다. 더욱이 고령층은 다른 연령층보다 의료, 개인 서비스 등 서비스에 대한 소비지출 비중이 높다. 일반적으로 서비스 산업은 다른 산업과 비교할 때 인건비가 생산비용에서 차지하는 비중이 크다. 따라서 고령인구의 비중이 증가하면 그렇지 않아도 생산가능인구 부족으로 상승하는 실질임금을 더 끌어올려 물가상승 압력을 높인다.

마지막으로 고령인구 비중의 증가가 물가상승 압력을 높이는 경로는 재정지출과 관련이 있다. 정부는 고령층을 대상으로 한 주거 서비스 제공, 장기요양보험 지출 등 각종 복지 정책을 시행하고 있다. 고령인구의 비중이 늘어날 때 이런 복지성 재정지출 수요가 증가하는 것은 당연한 순서다. 정부가 재정지출을 확대하면 총수요를 자극해 수요 측 물가상승 압력을 키우므로 고령인구 비중의 확대는 또 다른 물가상승 요인으로 작용하게 된다.

이렇듯 인구구조 변화는 다양한 메커니즘을 통해 물가상승 압력을 키운다. 하지만 그럼에도 불구하고 물가상승률을 제한하는 경로가 분명 존재한다. 예를 들어 정년 연장 등으로 고령인구의 생산활동 참여가 늘어난다면 물가상승 압력을 낮추는 효과가 있다. 연령별 노동생산성에 관한 선행 연구에 따르면 고령인구는 다른 연령층에 비해 상대적으로 생산성이 낮다. 따라서 고령인구의 생산활동 참여 비중이 높아지면 평균 노동생산성은 오히려 하락해 실질임금 상승 폭이 제약된다. 특히 저숙련 노동을 기반으로 하는 서비스업의 경우 고령층 고용 비중이 높은데 고령인구 비중이 증가할 때 이 부문에 대한 수요와 함께 노동 공급도 동시에 증가한다면 서비스 부문의 실질임금 상승 폭은 제한적일 수 있다.

더욱이 고령인구 비중이 늘어나 이들의 정치적 영향력이 높아진다면 이로 인해 인플레이션이 낮게 유지될 가능성도 있다. 고령인구는 낮은 인플레이션을 선호하는 경향이 있다. 고령인구는 다른 연령층 대비 저축이 상대적으로 많은데 인플레이션이 발생하면 쌓아놓은 예금의 실질 가치가 떨어지기 때문이다. 고령인구 비중이 늘어 이들의 정치적 영향력이 확대된다면 이런 고령층의 선호를 반영해 인플레이션 압력에 강하게 대응하는 정책 기조가 채택될 수 있다.

증가하는 재정지출 수요의 재원 조달을 위해 정부가 어떤 대응 방식을 취하는지에 따라서도 고물가의 고착화 가능성은 달라질 수 있다. 예를 들어 고령층을 위한 복지성 재정지출 수요가 늘어날 때 정부가 소득세 인상으로 재정 확충을 도모한다면 생산가능인구의 소득이 감소해 이들의 소비 수요도 줄어든다. 총수요 하락을 통해 인플레이션을 낮출 수 있다는 의미다. 하지만 소득세 인상이 그렇지 않아도 줄어들고 있는 생산가능인구의 노동 공급을 감소시키거나 저축을 줄이는 부작용을 고려하면 정부가 국채 발행을 통해 재원을 조달하고 향후 이를 화폐화로 해결할 가능성이 크다. 즉 인플레이션을 용인해 재정지출 부담을 덜고자 하는 시도가 발생할 수 있다.

요약하면 인구구조 변화는 고물가를 고착화할 가능성이 크다. 고령인구의 경제활동 참여 확대나 정치적 협상력 확대가 인플레이션 압력을 다소 낮출 수 있지만, 물가상승을 일으킬 것으로 생각되는 요인과 메커니즘이 더 많고 강하기 때문이다.

4. 인구가 감소하면 임금근로자는 혜택을 본다?

앞서 인구구조 변화로 경제 내 총자본은 감소하지만, 생산가능인구 1인당 자본은 증가한다는 점에 대해 알아보았다. 생산과정에서 노동 대비 자본이 증가하면 노동의 한계생산이 높아진다. 생산과정에 노동을 한 단위 더 투입했을 때 더 많은 양의 자본과 결합하게 됨에 따라 생산에 대한 기여도가 커지기 때문이다. 이는 자본보다 상대적으로 희소성이 더 높아진 생산요소인 노동의 한계생산이 증가한다는 의미로 해석될 수도 있다. 그렇다면 당연히 노동에 대한 보상인 실질임금은 상승한다.

이뿐만이 아니라 고령인구의 소비 행태가 다른 연령층과 차이를 나타내는 것도 실질임금을 상승시키는 요인이 될 수 있다. 앞서 언급했듯이 고령인구는 대체로 서비스에 대한 소비지출 비중이 큰 양상을 보인다. 서비스 부문은 다른 생산 부문보다 노동집약적인 특징이 있어 인건비가 생산비용에서 차지하는 비중이 크다. 전체 인구 중 고령인구의 비중이 증가하면 서비스 수요가 점진적으로 늘어나 인건비 상승 압력이 가중된다. 이는 실질임금을 상승시키는 또 다른 요인이다.

코로나 위기 이후 유례없는 인플레이션 상황에서 미 연준이 공격적인 금리 인상으로 대응하고 있음에도 불구하고 고용시장의 과열이 매우 더디게 진정되고 있는 것 또한 비슷한 이유 때문이다. 코로나 위기 중 건강에 대한 염려 등으로 노동시장을 떠나는 근로자가 증가하는 가운데 이민자의 유입도 크게 감소하였다. 미국 경제의 리오프닝 이후 노동시장 참여율은 급격히 회복되지 않는 가운데 서비스 수요는 보복 소비 등으로 크게 늘어나면서 노동시장에서 초과수요가 지속되고 있다. 이는 미 연준의 기준금리가 높은 상태로 상당 기간 유지되고 있음에도 불구하고 미국의 임금상승률이 좀처럼 하락하지 않고 있는 이유 중 하나다. 이는 향후 생산가능인구 감소로 실질임금이 크게 높아질 수 있음을 보여주는 사례로 해석될 수 있다.

이렇게 인구구조 변화로 실질임금이 상승하는 효과가 강하게 작용한다면 임금근로자에게는 좋은 소식이다. 실질임금이 상승하면 임금소득만으로도 생활수준이 개선될 수 있기 때문이다. 하지만 임금근로자들에게 마냥 낙관적인 상황만은 아니다. 인구구조 변화가 실질임금 상승 폭을 제약하거나 오히려 하락을 견인할 수 있는 경로도 존재하기 때문이다.

무엇보다 인건비 상승이 초래할 노동 절약형 기술 발전을 간과할 수 없다. 최근 한국의 상황을 보면 이미 그런 변화가 가시화되고 있다. 한국의 최저임금은 2018년 전년 대비 16.4%, 2019년에는 전년 대비 10.4% 오르며 서비스 산업의 인건비 상승을 견인했다. 여기에 코로나 위기로 인한 비대면 서비스 확산 추세가 더해지면서 노동비용을 절감하는 기술이 개발되고 빠르게 실생활에 적용되기 시작했다. 식당이나 소매 판매점에서 주문 키오스크를 설치하거나 서빙 로봇을 도입해 근로자 고용을 줄이는 것이 그 대표적인 예다. 또한 인공지능(AI) 기술이 급속도로 발달하면서 AI가 탑재된 폐쇄회로 TV(CCTV)를 이용한 무인점포가 신설되고 정형화된 고객 상담의 상당 부분이 AI로 대체되는 등 상품과 서비스 판매자들이 인건비를 절약하려는 시도가 널리 이루어지고 있다. 이런 기술 발전이 더욱 심화되고 적용되는 분야가 더 넓어질수록 노동에 대한 수요는 감소하고 실질임금의 상승 폭도 제한될 수밖에 없다.

여기에 실질이자율이 하락할 가능성 또한 임금근로자들이 눈여겨볼 부분이다. 인구구조 변화로 생산가능인구 1인당 자본이 증가하면 노동의 한계생산이 증가해 실질임금이 상승하는 효과가 있음을 밝힌 바 있다. 이때 자본의 한계생산은 낮아지면서 실질이자율은 하락한다. 생산가능인구 1인당 자본량, 즉 노동 대비 자본이 증가하면 노동 한 단위가 증가할 때 이와 결합하는 자본의 양이 많아지는 반면, 자본 한 단위를 더 생산에 투입하면 이와 결합하는 노동의 양은 줄어들기 때문이다. 이로 인해 새로 투입된 자본의 생산에 대한 기여도는 하락하고 자본에 대한 보상인 실질이자율도 낮아지게 된다.

앞서 고령인구는 다른 연령층에 비해 저축률이 낮은 편이라 고령인구 비중이 증가하면 총저축률이 낮아진다고 한 바 있다. 저축률이 낮아지면 신용공급이 감소하고, 따라서 실질이자율이 상승하는 효과가 있다. 하지만 관련 연구에 따르면 이보다 노동 대비 자본 비율 증가에 따른 실질이자율 하락 효과가 더 크게 나타난다.

실질이자율의 하락은 자본 투자의 수익률 하락을 의미한다. 따라서 실질이자율이 하락하면 자본 투자와 연계된 가계의 비근로소득도 감소한다. 이로 인해 가계의 소비 여력이 위축될 수 있다. 또한 실질이자율이 하락하면 주식이나 부동산 등 자산가격이 상승하므로 주식이나 부동산 보유 여부에 따른 자산 불평등이 심화될 가능성도 있다. 임금근로자의 주 소득은 임금소득이지만 임금근로자들도 나이가 듦에 따라 금융자산을 축적하여 이자소득 등 비근로소득을 얻게 되고 주식이나 부동산 등이 포함된 자산 포트폴리오를 구성하게 된다. 따라서 실질이자율의 하락은 이들의 비근로소득을 감소시켜 소비 여력에 영향을 미치고 이들의 자산 포트폴리오에 따라 자산 분포상의 위치를 변동시킨다.

요약하자면 인구구조의 변화는 실질임금을 상승시켜 임금근로자들의 삶을 풍요롭게 할 가능성이 분명 존재한다. 그러나 실질이자율의 하락으로 비근로소득이 감소하거나 자산 불평등이 확대되는 데 따른 부작용 역시 임금근로자들이 감수해야 할 몫이다.

5. 고령화로 인한 일본의 거시경제적 변화

일본은 세계적으로 고령화가 가장 먼저 빠르게 진행된 국가로, 2000년대 중반 전체 인구 중 65세 이상 고령인구의 비중이 20% 이상인 초고령사회에 진입하였다. 2021년 기준 일본의 고령인구 비중은 30%에 육박해 세계 최고 수준이다.

〈그림 1-4〉에서 보듯이 일본의 고령인구 비중은 1990년대 초 미국을 추월했고, 1990년대 중반에는 유럽 지역의 평균을 추월했으며, 이후 다른 나라와의 격차를 크게 벌려가는 중이다. 일본이 다

〈그림 1-4〉 주요국 고령인구 비중 변화 추이

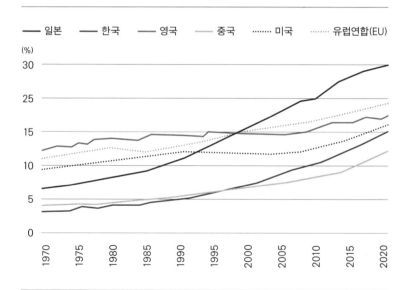

자료: OECD data portal

른 국가들보다 고령화의 길에 더 일찍 접어든 만큼 고령화의 진전과 함께 일본의 경제성장률, 물가, 실질임금 등이 어떻게 변화했는지 살펴봄으로써 한국이 앞으로 걸어갈 길을 예측해볼 수 있다. 물론 일본의 고령화가 급격히 진전되던 시기 대외적 환경은 현재와 크게 다르므로 일본이 겪은 길을 우리도 그대로 겪으리라 보장할 수 없다. 하지만 적어도 고령화의 진전이 일본 경제에 어떤 흔적을 남겼고 그 과정에서 어떤 메커니즘이 강하게 작용했는지 살펴보는 것만으로도 한국에 다가올 미래를 준비하는 데 큰 도움이 될 것이다.

우선 일본의 잠재성장률 추이를 살펴보자. 잠재성장률(potential growth rate)이란 한 국가의 모든 가용한 생산요소를 이용하여 인플레이션을 자극하지 않고 달성할 수 있는 최대 성장률을 의미한다. 〈그림 1-5〉는 일본은행이 1990년부터 2023년 2분기까지 일본의 잠재성장률을 추정하고 이를 세 가지 구성요소로 분해한 결과를 보여준다. 대표적인 생산요소인 자본과 노동, 그리고 이 둘로 설명되지 않는 모든 것을 포함하는 총요소생산성의 성장률이 바로 그것이다. 일본은 1994년 고령인구 비중이 14% 이상인 고령사회에 진입했다. 1994년 이전 일본 경제는 자본 축적과 생산성 향상을 통해 연간 2~4%의 잠재성장률을 보였다. 이 잠재성장률의 대부분은 자본 축적에 기인하며 총요소생산성의 성장도 잠재성장률의 1%p가량을 설명하는 중요한 부분이었다. 일본이 고령사회에 진입한 1994년 이후 성장동력은 뚜렷하게 하락했다. 1994년 이후 일본의 잠재성장률

〈그림 1-5〉 일본의 잠재성장률 추정치 분해

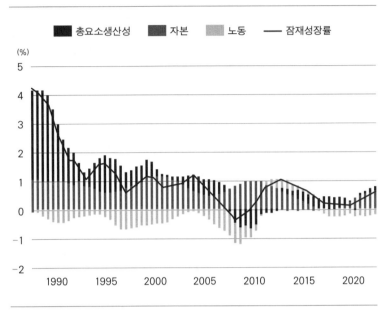

자료: 일본은행

은 2% 미만에 머물렀고 시간이 지남에 따라 잠재성장률은 추세적으로 하락했다. 2000년대 이후 일본의 잠재성장률은 평균 1%에 머물렀으며 2018년 이후 최근까지는 역성장을 겨우 면하는 정도였다.

앞서 언급했듯이 고령사회에 진입할 당시만 해도 일본의 잠재성장률은 상당 부분 자본 축적에 기인하였다. 하지만 자본 축적의 역할은 점차 줄어들었다. 고령화가 빠르게 진전되면서 노동의 잠재성장률 기여도는 2010년대 중반까지 줄곧 마이너스를 나타냈다. 즉 생산가능인구가 감소하면서 노동은 오히려 잠재성장률을 깎아먹는 요인이 되었다. 결국 지난 20여 년간 일본의 잠재성장률은 온전히 생산성의 성장에 의해 좌우되는 상황이 되었다. 자본 축적의 둔화, 고령화의 진전과 생산가능인구의 감소가 성장잠재력을 얼마나 약화할 수 있는지 일본의 사례가 뼈아픈 경험을 전해준다.

인플레이션의 경우 일본의 사례는 앞서 인구구조 변화의 결과로 예측한 것과는 다른 방향으로 진행되었다. 일본의 소비자물가지수 상승률로 측정한 인플레이션은 1990년대 이후 추세적으로 하락하였다. 1990년대 초반 2% 전후를 나타내던 일본의 인플레이션

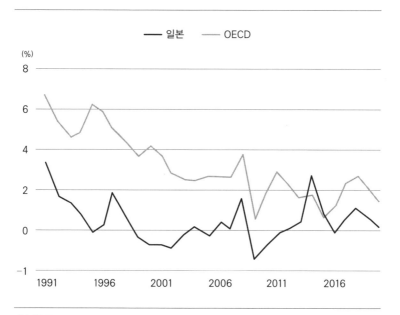

〈그림 1-6〉 일본의 인플레이션 추이

자료: OECD data portal

은 이후 급격히 하락하였다. 일본은 2000년 전후 물가가 하락하는 디플레이션이 나타나기도 했으며 2008년 글로벌 금융위기 이후 다시 한번 강한 디플레이션 압력에 시달렸다. 이에 따라 1991년부터 2020년까지 30년간 일본의 소비자물가지수는 8% 상승하는 데 그쳤다. 연평균 인플레이션으로는 0.27%에 불과하다. 같은 기간 중 한국의 평균 연간 인플레이션은 3.03%, 미국의 인플레이션은 2.24%를 나타내어 일본의 인플레이션이 얼마나 낮은 수준이었는지 알 수 있다. 〈그림 1-6〉에서 보듯이 일본과 경제협력개발기구(OECD) 회원국들의 인플레이션 추이의 차이는 뚜렷하다. OECD 회원국들의 인플레이션도 1990년대 들어서면서 하락 추세를 이어갔지만, 일본과 같이 디플레이션이 나타난 적은 없었다. 오히려 OECD 회원국들의 인플레이션은 대부분 국가의 물가 목표치인 2%로 수렴하는 현상이 나타났다.

이렇게 일본은 고령화가 급격하게 진전되던 시기에 인플레이션이 아닌 디플레이션 압력에 시달렸다. 물론 대외적인 환경도 큰 역할을 담당했을 수 있다. 1990년대 이후 중국이 값싼 노동력을 바탕으로 세계의 공장 역할을 수행하면서 전 세계적으로 인플레이션 압력이 낮아졌다. OECD 회원국들의 인플레이션이 1990년 이후 추세적으로 낮아진 원인 중 하나는 이런 세계 경제환경의 변화일 것이다. 하지만 왜 일본은 다른 국가들보다 인플레이션이 더 크게 하락한 데다 디플레이션까지 진행되었을까? 그 이유 중 하나로 1980년대 경기 호황과 저금리를 바탕으로 일본 주식과 부동산 시장에 축적된 거품이 붕괴하면서 1990년부터 일본의 장기 경기 침체가 시작되었다는 점을 들 수 있다. 거품이 붕괴하면서 여러 은행과 증권 회사들이 도산하는 등 금융 불안이 심화하고 가계와 기업이 자산 가격 폭락으로 어려움에 빠져 오랫동안 경기가 침체되는 상황이 지속되면서 디플레이션이 이어졌을 수 있다.

이렇게 특수한 상황이 아니라면 일반적인 경기 상황에서 고령화의 급격한 진전은 인플레이션 압력을 증가시킬 가능성이 크다. 더욱이 중국의 임금도 상승하면서 더 이상 값싼 노동력을 세계 시장에 수출하기 어려워졌다. 여기에 최근 급격히 진행되고 있는 세계 경제의 블록화는 자유무역 기조를 후퇴시킴으로써 지난 몇십 년간 이어져 온 글로벌 물가하락 요인을 약화하고 있다. 작금의 대외적 환경은 고령화로 인한 인플레이션 압력을 가중시키는 요인으로 작용할 수 있다는 뜻이다.

마지막으로 일본의 실질임금이 고령화의 진전과 함께 어떻게 변화했는지 살펴보자. 실질임금은 화폐단위로 표시된 명목임금을 물가지수로 나누어 상품과 서비스 단위로 실질화한 임금을 의미한다. 실질임금 상승률은 간단히 명목임금 상승률에서 인플레이션을 차감해 구할 수 있다. 고령화는 앞서 언급했던 다양한 이유로 실질임금을 상승시키는 효과가 있다. 하지만 일본은 1990년대 이후 현재까지 실질임금이 하락해왔다.

〈표 1-1〉 일본의 실질임금 변화, 1991~2020

	일본	한국	미국
명목임금 상승률(A)	-0.34% (-0.01%)	408.21% (5.77%)	152.62% (3.25%)
소비자물가지수 상승률(B)	8.00% (0.27%)	137.69% (3.03%)	90.03% (2.24%)
실질임금 상승률(A-B)	-8.34% (-0.30%)	270.52% (4.62%)	62.59% (1.69%)

주: 괄호 안의 숫자는 연평균 상승률임.
자료: OECD

우선 〈표 1-1〉에서 보듯이 일본 엔화로 표시된 명목임금은 1991년부터 2020년까지 거의 변화가 없었다. 30년간 명목임금은 0.34% 감소해 제자리걸음을 했다. 연평균 상승률로는 -0.01%다. 같은 기간 동안 물가가 크게 상승하지 않았지만 명목임금보다는 상승률이 높았다. 인플레이션은 연평균 0.27%를 나타냈다. 따라서 일본의 실질임금은 매년 평균 0.3% 하락했고 1991년부터 2020년까지 총 8.34% 하락했다. 즉 일본 근로자들의 임금소득에 바탕을 둔 실질구매력은 30년간 8.34% 하락했다. 한국의 경우 같은 기간 동안 실질임금은 평균적으로 연간 4.62% 상승했고, 미국의 연평균 실질임금 상승률도 1.69%에 이른다. 고령화의 진전으로 실질임금이 상승할 가능성이 크다는 점을 고려할 때 일본의 실질임금이 지속적으로 하락했다는 사실은 고령화의 효과를 압도하는 장기 경기 침체의 여파를 여실히 보여준다.

6. 정책적 시사점

지금까지 인구구조의 변화가 성장잠재력, 실질임금, 물가에 미치는 영향을 살펴보았다. 우선 생산가능인구가 감소함에 따라 생산에 투입할 노동자원이 부족해지는 것은 물론이거니와 기술혁신의 주체로서 인적자본도 감소하므로 미래 성장잠재력이 저하되는 것은 불가피한 결과다. 이와 함께 인구구조 변화로 실질임금과 물가는 상승할 가능성이 크다. 따라서 인구구조 변화로 인한 성장잠재력 저하 극복 방안을 모색하는 동시에 변화하는 거시경제 상황에 대응할 적절한 정책 도구를 갖출 필요가 있다. 또한 일본의 예처럼 지금의 예측과는 전혀 다른 경제 상황이 펼쳐질 가능성에 대한 대비도 필요하다. 다음에서는 이런 점을 염두에 두고 인구구조 변화에 대한 정책 대응 방안을 중심으로 논의를 진행하고자 한다.

1) 생산가능인구 감소에 대한 대책
① 출산율 제고

우선 생산가능인구가 감소하는 추세를 반전시키거나 그 속도를 늦추는 정책에 대해 생각해보고자 한다. 생산가능인구 감소가 출산율 저하에 거의 전적으로 기인하는 만큼 출산율을 높일 수 있는 정책 방안을 고려해볼 수 있다. 그동안 정부의 저출산 대책은 대체로 양육비 부담을 줄이는 방향으로 추진됐다. 양육수당, 아동수당,

부모수당 등 이름을 달리하며 영유아기 자녀의 양육 비용을 보조하기 위한 현금지원이 정부의 주된 저출산 대책이었다. 하지만 출산율뿐만 아니라 혼인율도 추세적으로 하락하고 있어 보다 근본적이고 종합적인 대책이 필요하다.

무엇보다 양질의 일자리가 부족해 취업이 어렵고, 소득 대비 높은 집값으로 내 집 마련이 어려운 상황에서는 청년들이 쉽사리 결혼을 꿈꿀 수 없다는 점에 주목해야 한다. 설사 결혼을 하더라도 높은 사교육비 부담은 출산을 주저하게 하는 또 다른 장해물이다. 출산과 직접 관련된 비용 부담을 더는 것에서 벗어나 청년들을 위한 양질의 일자리가 지속적으로 창출될 수 있도록 기업의 고용을 촉진하는 정책과 청년들의 주거 안정을 위해 주택가격을 안정화하는 정책이 시급하다. 이를 통해 생활이 안정화될 때 청년들이 비로소 미래를 꿈꾸며 출산을 고려할 수 있다. 또한 교육 개혁을 통해 입시경쟁을 완화하고 사교육비 부담을 경감할 수 있는 대책도 마련할 필요가 있다. 출산에 초점을 맞춘 저출산 대책들의 효과가 미미했던 것은 출산율 저하의 원인이 고용, 주거 등 여러 분야와 밀접하게 연결되어 있어 다각도의 해법이 필요하다는 사실을 간과했기 때문이기도 하다.

② 여성의 경제활동참가율 제고

출산율을 높이기 위한 정책들이 효과를 나타내려면 오랜 시간이 걸린다. 급격히 진행되는 고령화와 인구절벽을 버텨내려면 단기간에 효과를 낼 수 있는 정책도 함께 추진되어야 한다. 여성의 경제활동 참가율, 특히 자녀가 있는 기혼여성의 경제활동참가율을 높이기 위한 대책이 그중 하나다. OECD에 따르면 2021년 OECD 회원국들의 평균 여성 경제활동참가율은 64.8%로 한국의 59.9%보다 약 5%p 높다. 특히 자녀가 있는 기혼여성의 경우 이런 차이가 더욱 두드러진다. 14세 미만인 자녀가 1명 이상인 여성의 경제활동참가율은 한국의 경우 57%인 반면 OECD 평균은 무려 71.8%에 이른다. 만약 노동시장에서 비켜나 있던 여성들의 경제활동이 증가한다면 전체 인구는 감소하더라도 생산가능인구의 감소 속도는 낮출 수 있다.

여성의 경제활동참가율, 특히 자녀가 있는 기혼여성의 경제활동 참가율을 증대시키기 위해선 근로시간과 형태를 유연화하고 부부가 동등하게 출산·육아휴직을 사용할 수 있도록 적절한 유인을 제공할 필요가 있다. 육아로 인한 단축 근무나 출산·육아휴직 사용 이후 직장으로의 복귀가 보장되고 이로 인해 승진이나 승급 시 불이익을 받지 않도록 하는 제도적 장치도 필요하다. 또한 맞벌이 부부에 대해 세제 혜택을 제공하는 것도 효과적인 대안이 될 수 있다. 사실 자녀가 있는 여성의 경제활동참가율을 높이기 위한 대책들은 출산율 반등을 위한 정책과 궤를 같이한다. 출산율이 지속적으로 저하되는 이유 중 하나는 여성의 노동시장 참여가 늘어나면서 자녀 출산으로 인한 기회비용이 증가할 뿐만 아니라 일과 가정의 양립이 어렵다는 점 때문이다. 출산 이후, 그리고 육아 기간에도 경력상 어떤 불이익이 없다면 여성들이 출산을 주저할 이유도 그만큼 적어진다.

③ 고령인구의 경제활동 장려

65세 이상 고령인구 역시 줄어드는 생산가능인구를 충분히 대체할 수 있다. 의료 기술이 발달하고 건강관리를 위한 각종 도구와 방법이 확산하면서 65세 이상 고령인구의 상당수도 여전히 경제활동을 이어갈 수 있는 체력과 조건을 갖추고 있다. 정년 연장, 고령층 맞춤 일자리 창출 등 고령인구의 경제활동 참여 확대를 유도할 수 있는 정책들을 시행한다면 생산가능인구 급감을 막는 효과를 기대할 수 있다.

④ 이민자 유치

마지막으로 감소하는 국내 인구를 대체할 인력으로 이민자들을 적극 유치하는 정책을 추진할 필요가 있다. 특히 고학력·고숙련 근로자들의 이민을 촉진하고 이들의 정착을 도울 수 있도록 주거비나 교육비를 지원하는 정책들이 필요하다. 이런 고학력·고숙련 근로자들은 높은 인적자본을 보유해 그 자체로 생산에 대한 기여도가 높을 뿐만 아니라 한국 국민과의 교류를 통해 지식의 확대재생산을 유도할 수 있다. 이미 한국의 대학이나 대학원에 진학한 유학생들이 졸업 후 한국에서 일자리를 얻고 장기적으로 정착하도록 도움을 주는 것도 효과적인 대안이 될 수 있다.

하지만 이민자 유치로 인구 감소에 쉽게 대응할 수 있다고 생각해선 안 된다. 고령화에 대응해 이민자들을 적극적으로 유치하고자 하는 국가들은 늘어나는 반면 이민자들을 배출할 수 있는 국가의 수는 줄어들고 있기 때문이다. 일찍부터 이민에 개방적이었던 북미나 서유럽의 여러 국가는 물론이거니와 비교적 이민에 소극적이었던 일본도 늘어나는 고령인구를 위한 요양 인력 등 인력 부족이 심각한 산업을 중심으로 이민자 유치에 적극 나서고 있다. 한국은 이민정책에 있어 다른 선진국들에 비해 뒤처져 있다. 이제라도 이민정책의 필요성, 효과와 부작용 등에 대해 다각도로 분석한 결과를 바탕으로 우리 현실에 적합한 이민정책과 관련 제도 정비를 서둘러야 한다.

2) 생산성 향상을 위한 대책

이처럼 감소하는 생산가능인구를 대체할 인력을 확보하는 것 이상으로 중요한 정책 과제는 노동생산성 향상을 통해 성장잠재력을 회복하는 것이다. 생산활동에 참여하는 근로자의 수가 늘어나지 않더라도 이들의 생산성이 개선될수록 생산에 대한 기여도는 증가하기 때문이다. 이를 위해 AI나 로봇과 같은 첨단기술을 업무에 활용해 생산성을 높이는 시도를 할 수 있다. 예를 들어 생성형 AI의 개발은 자료 수집이나 번역, 간단한 프로그래밍 등 연구 보조원이 담당하던 많은 업무를 대체할 수 있어 연구자들의 생산성을 크게 높이고 있다.

또한 근로자들의 업무 역량을 강화하고 신산업 분야로의 진출이 쉽도록 직무 연수와 직업훈련 기회를 확대하는 것도 근로자들의 생산성을 향상시키는 방법이 될 수 있다. 끝으로 고등교육에 대한 투자를 확대해 인적자본 축적을 가속화하고 첨단기술의 개발을 독려하는 것도 성장잠재력 회복을 위해 필요하다. OECD가 최근 발표한 「OECD 교육지표 2023」에 따르면 고등교육 분야에서 국내총생산 대비 정부 투자는 2020년 0.7%로 38개 회원국 중 29위에 그쳤다. 학생 1인당 공교육비 지출액도 고등교육의 경우 OECD 평균의 70%에도 미치지 못했다. 대학이 첨단기술의 원천이 되는 기초학문 배양과 미래를 이끌어갈 인재 양성의 산실이란 점을 고려할 때 고등교육에 대한 투자를 적극적으로 확대하는 것이 성장잠재력 제고의 지름길이다.

3) 인구구조 변화로 인한 정책적 도전

한편 실질임금이나 실질이자율의 수준은 그 자체로 가치 판단의 대상은 아니다. 다만 인구구조의 변화로 이런 가격변수들이 변화함으로써 경제적 불평등도 악화, 물가 불안 심화 등의 문제를 수반하는 경우 이를 해결하기 위한 정책 방안을 모색할 필요가 있다. 또한 인구구조 변화로 물가상승 압력이 높아지면 중앙은행은 물가안정 목표 달성을 위해 긴축적 통화정책으로 빈번히 대응해야 할 수 있다. 이에 대비해 통화정책의 유효성을 높이고 재정정책과 통화정책 간 공조가 원활히 이루어질 수 있도록 제도적 장치를 정비하는 것도 중요한 과제가 될 것이다.

인구구조 변화는 단기간의 정책으로 수정할 수 없는 구조적 변화다. 인구구조 변화를 국가 소멸 위기로 비약해 두려움을 자극하기보다 객관적인 시선으로 앞으로 다가올 미래를 예측하고 대비하는 것이 지금 우리가 할 일이다.

제2장

영끌에 대한 오해, 영끌을 위한 변명: 가계부채 문제의 민낯

이윤수 | 서강대 경제학부

한국 경제에서 가계부채와 부동산 투자는 수십 년간 이어진 중요한 화두이다. 특히 가계부채는 한국 경제의 '뇌관'이라는 표현으로 종종 언급되며 한국 경제의 성장과 안정성을 위협하는 요인으로 지목되었다. 한국의 GDP 대비 가계부채 비율은 1997년 외환위기, 2003년 신용카드 사태 등을 거치며 지속적으로 상승해왔는데, 2020~2021년 코로나19 팬데믹을 거치며 크게 증가했다. 그 결과 한국은 세계에서 가계부채비율이 가장 높은 국가 중 하나가 되었다.

지난 10년 동안의 가계부채 논쟁에서 주요 관심사는 금융권의 우려, 즉 가계부채 증가가 연체로 이어지며 은행의 부실화로 이어질 수 있다는 점이다. 그러나 가계부채는 가구 단위에서도 심각한 문제가 될 수 있다. 가계부채 증가는 이자율 부담 증가로 이어져 소비를 위축시키는 것은 물론 개인 신용 불량자 문제를 야기할 수 있다.

특히 코로나19 팬데믹 이후에는 이자율 상승으로 이러한 우려가 더욱 커지고 있다. 가파른 대출금리 상승으로 인한 자산가격의 조정 압력, 경제성장 둔화로 인한 소득 감소, 그리고 유동성 확보의 어려움은 가계의 재무 상태를 더욱 악화시킬 수 있다. 이자를 갚지 못하는 가구가 증가하고, 이자를 갚더라도 소비를 줄여야 하는 가구가 늘어나는 것이다. 가계부채가 가계의 소비를 위축시키고, 가계의 파산으로까지 이어진다면 금융시장의 불안과 함께 경제성장 둔화로 이어질 수 있다는 점에서 가계부채의 문제는 심각하게 살펴봐야 할 사안이다.

본 장에서는 우리나라 가계부채의 문제를 '영끌' 현상을 중심으로 살펴본다. 코로나19 기간에는 젊은 세대가 영끌을 통해 주택 구매에 나선 경우가 많은 것으로 알려져 있다. '영끌'이라는 용어는 "영혼까지 끌어모으다"의 줄임말로, 부동산 시장에서 사람들이 주택 구매를 위해 가능한 모든 자금을 동원하는 현상을 지칭한다. 주택담보대출('주담대') 이외에 상대적으로 높은 금리의 신용대출까지 활용해 주택 구매 자금을 마련했다는 것이다.

시장 분석가들은 이 연령대의 소비자들이 영끌을 통해 서울 주택가격 상승에 영향을 미쳤다고 추정한다. '영혼까지 끌어모을 정도'의 대출을 통해 집을 구매할 정도의 과도한 수요로 인해 주택가격이 계속 상승했으며 이는 특히 수도권에서 두드러졌다는 것이다. 금리 상승기 이후 부동산 시장의 상승세가 둔화되자, 이러한 과도한 이자 부담으로 인해 '영끌족'이 주택을 급매도하며 부동산 시장 하락을 촉진할 수 있다는 우려도 제기되고 있다. 영끌 현상은 왜 나타났으며 어떻게 이해해야 할까?

1. 주택 구입과 금융의 필요성

'영끌'이라는 신조어에 잘 나타난 바와 같이 한국에서의 가계대출 증가는 부동산 문제와 깊이 연관되어 있다. 부동산은 고가의 재화이자 자산이기 때문에 소비자가 자기 자금만으로 구입하기는 어렵고, 대출 등 외부자금을 많이 활용한다. 한국 경제에서 영끌 현상은 저금리 환경 아래 부동산 시장이 과열되는 과정에서 변화하는 투자 문화가 결합하여 발생했다.

오늘날의 경제환경에서 본질적으로 비용이 많이 드는 주택 구입은 특히 젊은 세대에게 어려운 일이다. 한정된 저축과 상대적으로 낮은 소득으로, 주담대와 같은 대출, 특히 장기간 대출이 불가피하다. 사실상 내 집 마련을 꿈꾸는 젊은 세대에게는 부모에게 증여받는 등 특수한 경우를 제외하고는, 주담대를 통한 장기간 대출이 유일한 대안이다. 현실적으로 주담대와 같은 부동산 금융의 도움을 받아 주택을 구매하는 것이 자연스러운 이유를 간단히 살펴보면 다음과 같다.

먼저, 높은 부동산 가격이다. 주거용 부동산은 가격 자체가 높을 뿐만 아니라, 최근 아파트 등의 가격은 상당히 상승하여 평균소득 증가율을 앞지르는 경우가 많다. 이러한 격차로 인해 젊은 구매자들이 재정적 지원 없이 주택을 구입하는 것은 거의 불가능하다. 한편 인플레이션으로 생활비가 계속 상승함에 따라 부동산 가격과 젊은 세대의 평균 저축액 간의 격차는 계속 벌어질 가능성이 높다.

둘째, 현실적으로 주택 구매와 관련된 금전적 격차를 해소하기 위한 대안이 주담대 외에는 마땅하지 않다. 주담대는 내 집 마련의 꿈과 젊은 구매자들의 재정적 현실을 잇는 중요한 가교 역할을 한다. 주담대는 수십 년이 걸려야 마련할 수 있는 목돈을 주택 구입에 필요한 자금으로 제공해준다.

셋째, 주택이 장기적인 투자 대상으로서 갖는 가치 때문이다. 주택은 단순한 거주 공간일 뿐만 아니라 장기적인 투자처이기도 하다. 주담대를 이용하면 생애 초기에 이러한 투자에 접근할 수 있어 자산 증가 및 부동산 가치 상승과 같은 장기적인 혜택을 누릴 수 있다.

그렇다면 주담대를 장기로 받아야 하는 이유는 무엇일까? 먼저 매달 부담하는 지불금을 낮출 수 있다. 최근에는 50년 만기 대출 상품도 등장했는데, 장기 주담대는 지불금액을 분산시켜 소득이 제한적인 상황에서도 관리가 용이하다. 예를 들어 5억 원을 5%의 이자율로 대출할 경우, 10년 만기 대출은 원리금 균등상환을 기준으로 월 503만 원 정도 원리금을 매달 상환하게 되지만 30년 만기 대출은 268만 원 정도로 줄어든다. 단, 상환 기간이 길어짐에 따라 총 이자가 증가한다는 것이 장기 주담대의 단점이다. 주담대 보유 기간이 길수록 더 많은 이자를 지불해야 한다는 점에서 대출자는 이러한 장단점을 신중하게 고려하여 주택 구매와 대출 결정을 하는 것이 중요하다.

또한 주택을 자산의 관점에서 접근할 경우, 부동산 시장은 늘 오르는 게 아니라 내릴 수도 있다는 시장 위험에 대한 대비도 필요하다. 코로나19 기간 아파트 가격은 급등했으나, 2022~2023년 금리가 오르면서 아파트 가격이 하락하여 어려움을 겪게 된 구매자가 증가했다는 사실에서 볼 수 있듯이, 구매자는 부동산 가치의 변동 가능성에 대비해야 할 필요가 있다.

2. 가계부채의 총량 증가에 대한 오해

이처럼 가계부채의 총량 증가는 부동산 시장과 연관 지어 이해할 필요가 있다. 가계부채는 부동산 구매를 위한 대출 등 금융서비스의 증가와 맞물려 증가하였다. 주택담보대출 총액의 연평균 증가율은 금융위기를 겪었던 2008년 이후 2013년까지 약 7%로 상대적으로 안정적인 수준의 증가세를 보였다. 이후 증가율은 지속적으로 상승하여 2015년 말에는 14% 수준까지 올라간다. 금융위기 이후 두 번의 신용 팽창기(2008~2016년과 코로나19 전후)에 대출을 상대적으로 더 크게 늘린 차주의 속성을 살펴보는 것은 대출 증가의 원인과 위험성을 평가하고, 각 차주의 속성에 맞는 정책적인 유인을 세울 수 있다는 점에서 유용할 수 있다.

2008년부터 2016년까지의 신용 팽창기 동안 주택담보대출을 상대적으로 크게 증가시킨 차주의 속성을 분석한 한 연구에 따르면, 55세 이상 고령층의 주택담보대출 잔액이 다른 연령대에 비해 매우 가파르고 지속적으로 증가했다.[1] 비록 엄밀한 분석이 이루어진 바는 없으나, 아마도 베이비부머 세대가 기대수명 연장에 따른 노후 준비의 일환으로 월세 수입 등을 목표로 한 임대주택의 구입에 나서면서 가계부채 증가세가 두드러졌을 가능성이 있다. 좀 더 큰 주택으로 갈아타는 실수요도 어느 정도 있겠지만, 노후 대책이 불안하다고 느낀 고령층이 낮은 금리의 예금 대신 부동산에 투자하고자 하는 경향이 대출 증가로 이어졌을 가능성이 있다. 이 기간 대출을 늘렸던 55세 이상의 차주들은 다른 연령대에 비해 자산도 많고,

1 박춘성·이보미 (2018). 「우리나라 주택담보대출의 동적특성: 그룹별 대출 및 연체 추세에 대한 미시분석」. KIF 연구보고서.

특히 상대적으로 고소득자였다. 이 시기의 대출 증가로 위험도가 더 올라갔다고 판단하기 어려운 이유이다.

한편 코로나19 기간 동안에는 주택가격 상승과 맞물린 거래량 폭증이 가계부채 증가 속도를 가속화시켰다. 이와 더불어 전세대출의 증가가 주택담보대출 증가의 상당 부분을 설명한다는 점도 특징적이다. 전세대출은 주택을 담보로 하지 않는 대출이지만 주택담보대출에 포함된다. 전세자금대출 보유금액 증가율은 타 대출 상품에 비해 높은 증가율을 기록했는데, 2020년 상반기 중 전년 동기 대비 40%대까지 상승하였다. 주택 구매를 목적으로 한 대출을 규제했음에도 불구하고 가계부채가 꾸준히 상승한 이유이기도 하다.

그렇다면 최근 가계부채의 증가에 대해 우려하는 바와 같이 가계부채의 급증이 바로 금융위기로 이어질까? 금융위기에 대한 그동안의 경제학 연구들을 서베이한 결과에 따르면,[2] 가계부채 증가가 금융위기를 자동으로 불러오는 것은 아니다. 실제로 금융위기의 주된 원인은 대출의 질 저하와 금융기관의 과도한 부채 사용에 있으며, 이는 미국의 서브프라임(Subprime) 위기 사례에서도 잘 드러난 교훈이다.

2008년에 발생한 미국의 서브프라임 위기는 대출의 질이 낮아지고, 누적된 담보대출의 부실이 채무 불이행과 주택 압류로 증폭되

---

2 Sufi, Amir and Taylor, M. (2021). "Financial crises: A survey". NBER Working Paper 29155.

면서 시작되었다. 금융기관의 과도한 외부자금 차입은 채무 불이행으로 인한 금융기관의 손실 규모를 더욱 키웠다. 서브프라임 위기는 단순히 대출 총량이 증가했기 때문만은 아니었다. 가계의 재무 상태와 상환 능력을 넘어서는 대출의 부실화가 심각하였다.

반면 한국의 경우에는 신용 팽창기에는 대출의 질이 악화되기보다 오히려 대출의 질이 개선된 것으로 나타났다.[3] 부채의 총액 증가가 부실화를 의미하지 않는다는 것이다. 사실 경제 규모의 확대와 더불어 가계부채의 총액이 증가하는 것은 일반적인 경향이다. 한국에서 가계부채가 급증한 시기를 살펴보면 대체로 주담대를 비롯한 금융서비스에 대한 수요가 증가했을 때였다. 특히 코로나19 기간 동안에는 전세대출을 포함한 주담대 이외에도 자영업자를 위한 대출 증가와 같은 확장적 정책 기조가 가계부채 증가에 주요한 영향을 미쳤다.

코로나19 기간 전후인 2019년부터 2020년까지 대출자의 재무 특성을 기준으로 살펴본 대출의 건전성은 꾸준히 개선된 것으로 보인다. 신용등급이 높은 대출자의 대출 비중이 증가한 반면, 신용등급이 낮은 대출자의 대출 잔액과 비중은 모두 감소했다. 채무 상환 부담이 낮은 그룹의 대출 비중과 상대적으로 소득이 높은 대출자의

---

3 김영일·노신영·이윤수 (2023). 「코로나 이후 가계부채의 현황과 위험도 점검」. 《금융연구》 제 37권 제4호, 2023년 12월; 이윤수·이수형·유혜미·김원혁·김창용·김승현 (2020). 「개인 데이터를 활용한 부동산 시장 현황 분석」. 한국지능정보사회진흥원 DATA INSIGHT.

대출 잔액 및 비중이 지속적으로 증가하는 추세를 보였다. 이에 반해 소득이 낮은 대출자의 대출은 감소했다.

코로나 이전을 살펴본 연구에서도 신용 팽창기 동안 대출자의 소득이나 신용도, 상환 능력(Debt to Income, DTI)으로 살펴본 대출의 구성은 오히려 개선되었다.[4] 비록 2022~2023년 금리 상승기에 취약 차주를 중심으로 연체율이 증가하기는 했으나, 2008년 이후 코로나19 이전까지의 대출이 증가하던 시기에는 오히려 연체율이 꾸준히 감소했다는 점도 대출 총액이 증가하는 것 자체가 문제가 아니라 대출의 질과 관리가 더 중요함을 시사한다.

즉 한국의 경우 신용 팽창기 동안 대출자의 소득이나 신용도 구성이 오히려 개선되었다는 점에서 대출의 질이 크게 훼손되었던 미국의 서브프라임 사태 이전과는 차별화된다. 그리고 우리나라의 가계부채는 고소득과 고신용자에게 집중되어 있다는 특징이 있다. 그렇다면 한국의 가계부채 문제는 금융의 시스템적 리스크보다는 특정 분야에 집중된 문제일 수 있으며, 가계부채의 부담이 늘어난 원인을 살펴보는 세밀한 접근이 필요하다. 가계부채에 접근할 때는 금융서비스의 확장성과 포괄성을 고려해야 하며, 주택 구매와의 연관성을 간과할 수 없기 때문이다.

잘못된 진단은 잘못된 처방을 가져온다. 부동산 상황과 규제 등

---

4   김원혁·김승현·이윤수 (2020). 「가계대출의 증가와 차주의 상환부담에 따른 연체확률 분석」. 《국제경제연구》 제26권 제2호, pp. 63-88.

이 서로 다른 국가 간 대출 총량을 단순히 비교하는 것은 오해를 불러일으킬 수 있다. 거주 주택 구입과 전세대출 수요에 의해 가계부채가 늘어난 상황이라면, 가계부채에 대한 해결책은 부동산 정책에서 찾아야 한다. 즉 대출 총량 자체를 관리하는 것보다 상황에 대한 근본적인 원인에 초점을 맞출 필요가 있다.

3. 주택 구매 연령층의 변화와 영끌의 등장

코로나19 팬데믹 기간에 나타났던 영끌 현상을 이해하기 위해서는 먼저 주택 구입의 연령층에 대해 생각해볼 필요가 있다. 주택 매수자 자료를 이용해 한국 주택시장에서 영끌 현상에 대해 종합적으로 분석한 연구에 따르면, 과거 주로 50대 이상의 참여자들이 주도하던 수도권의 주택시장은 30~40대의 적극적인 참여로 인해 평균연령이 젊어지는 추세를 나타내고 있다.[5] 2008~2016년의 신용 팽창기에 50대의 주택담보대출 비중이 증가했던 것과는 달리, 코로나19 기간의 신용 팽창기에는 30~40대가 매매시장에 보다 적극적으로 가담하며 대출을 활용해 주택을 구매했다는 특징이 있다.[6]

---

5   김성환·최성호 (2020). 「수도권 아파트시장의 연령대별 매수자 특성 분석: 3·40대 공황 구매, '영끌'인가 '능력'인가」. 《CERIK·KCB Housing Market Insight》 Vol. 2, 2020년 11월.

6   2019년도 주거실태조사 결과에 따르면 생애 최초로 주택을 마련하는 연령 평균이 39.1세를 기록해 2016년 이후 3년 만에 하락세를 나타냈고, 생애최초 여부와 상관없이 최근 4년 내 주택

우리나라 경제 상황을 고려할 때, 젊은 세대가 주택을 구입하기 위해 필요한 금액을 저축하는 것이 현실적으로 어려운 만큼, 내 집 마련을 위한 통로로 대출을 활용하는 경향이 증가하는 것은 자연스러운 현상으로 보인다. 다만 이 기간 동안 개인신용대출이 주담대와 함께 꾸준히 늘어났다는 특징이 있는데 해당 자금도 주택시장으로 유입된 것으로 보인다. 사실 주담대는 담보대출이라는 상품의 성격상 금리가 상대적으로 낮아, 주택 구입을 목적으로 신용대출을 받을 유인은 별로 없다. 그럼에도 불구하고 코로나19 기간 신용대출액이 급증한 것은 주택 구매자금에 대한 대출규제가 강화되고 집값은 상승한 반면, LTV(Loan to Value) 규제로 충분한 자금을 확보하지 못한 계층이 모자란 부분을 개인신용대출로 충당했기 때문이라는 추측이 시장을 지배하였다.

4. 왜 영끌인가?

1) 왜 주택시장에 공황 구매 현상이 나타났는가?

'영끌'이라는 말이 나올 정도로 가능한 대출을 총동원하여 집을

을 구매한 가구주의 평균연령을 집계한 결과 이 역시 42.8세로 2016년 이후 최저 수준이다. 이 연구에 따르면 대출을 낀 주택 매수자의 연령대는 점점 낮아지는 추세를 보여 2016년 1분기 46.4세에서 2020년 2분기 43.0세로 약 3.4세가량 젊어진 것으로 나타났다.

사는 현상은 왜 일어나게 되었을까? 집값 상승률이 소득 상승률을 초과하는 현상은 지금 집을 사지 않으면 나중에는 더 어렵다는 불안감으로 주택시장에 뛰어드는 '공황 구매(fear of missing out)' 현상을 야기할 수 있다. 집값 상승률이 임금 상승률을 넘어서는 현상이 우리나라에만 국한되었던 것은 아니다. 지난 10년간 미국의 주택가격 상승률은 임금 상승률을 넘어섰다. 연방주택금융기구(Federal Housing Finance Agency, FHFA)에 따르면, 2010년부터 2022년까지 주택가격은 74% 상승했지만, 평균임금은 같은 기간 동안 54%만 상승했다.

　다만 한국에서는 이러한 추세가 더욱 두드러진 것으로 보인다.

〈그림 2-1〉 소득 대비 주택가격 비율

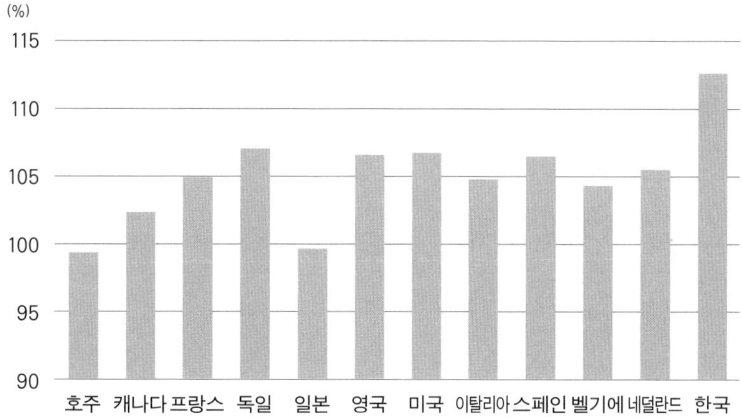

주: 2019년 4/4분기 대비 2020년 4/4분기 기준
자료: 한국은행, 금융안정보고서(2021년 6월)

2021년에 출간된 한국은행의 금융안정보고서에 따르면, 한국에서 부동산 가격이 급격히 증가한 결과 한국의 소득 대비 주택가격 비율, 즉 PIR(Price Income Ratio)은 2019년 4분기부터 1년 사이에 12.7%p 증가했으며, 이는 OECD 국가 중 가장 높은 상승률이었다. 미국, 영국, 독일 등은 7%p 정도 상승한 반면 일본은 0.5%p 하락한 것으로 나타났다. 이는 주택가격이 크게 오르는 반면 소득은 정체돼 있어 수입만으로 주택을 구입하기가 어려워졌음을 의미한다.

수도권 무주택자들 사이에서 '공황 구매' 현상이 나타난 것은 이러한 사회경제적 상황을 반영한다. 특히 30~40대 무주택자들은 청약가점제에서 당첨될 가능성이 낮아지고 있으며, 신혼부부나 생애최초 등 특별공급 물량의 경쟁률이 높아져 청약을 위해 혼인신고를 미루는 경우도 발생하고 있다. 이러한 상황에서 '청약포기족'이라 불리는 비교적 구매 여력이 있는 30~40대 맞벌이 부부들이 소득제한에 의해 특별공급 대상에서 제외되고 있다. 주택가격이 지속적으로 상승할 것이라는 우려에서 비롯된 무주택자들의 불안감이 과도한 대출을 감수하고 주택을 구입하는 공황 구매 현상으로 이어지게 된다. 더 나아가, 이는 가계부채의 증가와 주택시장의 불안정성을 초래한다.

2) 영끌을 위한 변명

영끌은 주택을 구매하는 데 왜 주담대 이외의 대출을 동원했을

까? 주택 구입을 위해서는 주담대로 주택 구매자금을 충당하는 것이 일반적이다. 그러나 서울, 경기 등 수도권 지역의 주택가격 상승과 강화된 LTV 규제로 인해 30대와 40대가 주담대만으로 수도권의 아파트를 구매할 자금을 충분히 확보하기 어려워져 여러 대출 수단을 활용했음을 유추해볼 수 있다.

KB부동산통계의 주택가격동향조사에 따르면, 서울 아파트의 중위가격은 2013년 말 기준 약 4억 6,700만 원에서 2021년 12월 말 기준 약 10억 8,000만 원 선으로 2배 이상 상승하였다. 같은 기간 전국 아파트 중위가격은 2억 4,900만 원에서 5억 2,100만 원으로, 경기도는 2억 5,900만 원에서 5억 8,200만 원으로 증가하였다.

한편 2019~2021년의 주택 구매자는 LTV 규제가 풀렸던 2015~2016년에 비해 더 제약적인 LTV 규제의 적용을 받았다.[7] 2014년 9월 70%로 완화되었던 LTV 규제는 2017년 부동산 시장 과열 방지와 가계부채 관리를 목적으로 다시 강화되었고, 투기지역 및 투기과열지구는 40% 이하로, 조정대상지역은 60% 이하로 낮아졌다. LTV를 40%로 규제한다는 것은 10억 원짜리 집(서울 아파트 중위가격)을 구입할 때 4억 원까지만 대출을 내준다는 의미로, 6억 원의 현금이 준비되어 있거나 주담대 이외의 다른 방법으로 동원해

---

7   2002년 김대중 정부 시절 집값 상승으로 인한 대출 수요 억제 정책으로 도입된 LTV 규제(당시 60%)는 2003년 노무현 정부에서 50%에서 40%까지 낮아졌다. 2008년 글로벌 금융위기 이후 집값 하락에 대한 대책으로 LTV 규제가 완화되기 시작했고 2014년 9월 50~60%의 LTV는 전국 동일하게 70%로 완화되었다.

야 한다는 것을 의미한다. 2020~2021년의 부동산 경기 활황기 동안 서울 중위가격 아파트를 구매하기를 원한 30~40대 주택 구매자 중 충분한 현금을 가지고 있지 않은 경우 주담대 이외의 방법을 통해 마련해야 하고, 상당수는 신용대출을 동원하여 주택 구매에 나선 것으로 생각된다.

그렇다면 주담대 증가율이 급등했던 2014년 말~2016년에는 왜 영끌 현상이 나타나지 않았을까? 당시의 가격과 LTV 규제 정도를 생각하면 주담대만으로 주택 구매가 어느 정도 가능했을 것으로 보인다. 소위 "빚내서 집 사라"라는 메시지로 시장에 받아들여지며 정부의 LTV 규제가 풀렸던 2014년 말~2015년 경우 서울 아파트 중위가격은 약 5억 원으로 2020~2021년 대비 절반 정도의 수준에 머물러 있었다. 이 당시 LTV 규제가 전국 동일하게 70%였다는 점을 고려할 때, 서울의 중위가격인 5억 원 상당의 아파트 구매를 위해 LTV 한도까지 주담대를 받게 되면 3억 5,000만 원의 대출이 가능하다. 따라서 1억 5,000만 원의 현금이 준비된 가구는 주담대만으로도 서울의 중위가격 아파트 구매가 가능하였다.[8]

2015년 당시의 주택가격과 소득수준, 대출규제를 종합적으로 고

---

8 물론 1억 5,000만 원의 저축액도 주택 구매에 참여하는 주 연령대인 40~50대 가구가 쉽게 모을 수 있는 금액인지는 엄밀히 따져봐야 할 필요가 있을 것이다. 예를 들어 2016년 기준 40~44세의 중위소득은 월 269만 원, 평균소득은 340만 원 정도로 알려져 있다(통계청). 1억 5,000만 원은 가구소득 연 약 7,000만 원의 (맞벌이) 가구가 소득의 20%인 1,400만 원을 저축한다고 할 경우 11년 동안 저축으로 마련할 수 있는 금액이다. 반면 비슷한 소득과 저축률 (20%)을 가진 가구가 2021년 6억 원의 현금을 마련하기 위해 걸리는 시간은 무려 42년이다.

려하면, 임대주택에 살면서 주택을 구입한 실수요자의 경우에도 전세보증금과 주담대를 합쳐서 주택 구매가 어느 정도 가능했을 것으로 보인다. 따라서 일반적인 주택 구매자가 신용대출이나 기타대출에 의존해야 할 필요성은 현저히 낮았을 것이라 생각된다.

3) 영끌에 대한 오해 1: 영끌의 연령대와 등장 시기

영끌이 주로 젊은 층에게 국한되었을 것으로 생각하고 이에 대한 논의도 20~40대를 중심으로 이루어지고 있으나, 사실 영끌은 'Young'끌이 아니다.[9] 신용 및 기타대출을 동원한 주택 구매자가 30~40대에 상대적으로 높은 비중을 보이는 것은 사실이지만 (2020년 서울시 구매자 기준 8~9%), 50대에서도 약 6%의 주택 구매자가 기타대출을 활용한 것으로 나타났다. 즉 영끌은 특정 연령층에 국한된 현상이 아니다.

2020년과 2021년 코로나 기간 동안 언론 보도를 통해 활발하게 알려지기는 했으나 영끌은 코로나19 이전부터 있었다. 서울의 경우 기타대출을 활용한 주택 구입자 수의 비중은 2017년 3분기경부터 30~40대를 중심으로 증가하였다. 영끌은 집값 상승이 최고조에 달할 때 집중된 현상도 아니다. 집값이 피크에 가까워졌던 2019년 이후에 특별히 주담대 이외 대출 보유 구매자의 비중이나 수도권 구

---

9   김성환·최성호 (2020). 앞의 글.

매자의 평균 비주담대 잔액이 증가한 것으로 나타나지 않는다.

4) 영끌에 대한 오해 2: 투자를 위한 무리한 대출인가?

영끌에 대한 비판에는 이들이 주택에 대한 투기를 위해 대출을 무리하게 받았다는 암묵적인 가정이 깔려 있는 경우가 많다. 그러나 앞에서 언급한 연구[10]에 따르면 영끌 구매자는 투자 목적이라기보다는 실거주 목적의 무주택자 비중이 높아 보인다. 영끌이 무리한 대출을 끌어들여 투자 목적으로 주택을 구매했다고 보기 어렵다는 것이다.

먼저 투자적 성향을 나타내는 다주택자 비율을 계산해서 살펴본 결과, 30~40대는 50대 이상 연령대 구매자에 비해 다주택자 비율이 비교적 낮아 실거주를 위한 구매가 많은 편으로 나타났다. 코로나19 기간 동안에 도입된 주택 규제는 다주택자의 투기를 억제하기 위해 도입되었고, 무주택자에게는 오히려 주택 구입에 유리한 여건이 형성되었다. 따라서 이 당시 무주택자의 주택 구입이 늘어난 것은 시장 여건 변화에 따른 무주택자의 합리적인 선택에 가깝다고 볼 수 있으며, 어느 정도 정책이 의도한 바이기도 하다.

수도권 주택 구매도 무주택자 중심으로 이루어졌다. 2020년 이후 유주택자의 주택 구매는 감소한 반면, 30~40대의 무주택자는

---

10 김성환·최성호 (2020). 앞의 글.

가능한 대출을 활용해 주택 구매에 나선 것으로 보인다. 2020년 1분기에 수도권에서 대출을 총동원하여 구매한 주택 수는 무주택자의 구매 주택 수와 큰 차이를 보이지 않는 것으로 나타난다. 연령대별로 보면 이 기간 동안 30대뿐 아니라 40~50대에서도 무주택자 아파트 구매 비중이 증가한 것으로 나타났다. 서울의 경우 연구가 진행된 2021년까지 무주택자 아파트 구매 비중이 상승세에 있었다. 한편 유주택자는 기타 지방에서 비중이 상승한 것으로 나타나, 개발호재가 있는 비규제지역의 투자로 옮겨가는 풍선효과가 있었던 것으로 보인다.

부동산 투기 문제와 관련해 주목받고 규제의 대상이 된 그룹은 다주택자 및 부동산 임대업자라는 점에서, 투자성향과 관련된 다른 지표로 주택임대사업자 비율을 고려할 수 있다. 부동산 임대업에 종사하는 비율도 30~40대의 주택 구매자들 중에서는 다주택 소유자 그룹 대비에서 상대적으로 낮게 나타났다. 30~40대 주택 매수자 중 다주택자와 부동산 임대업자가 차지하는 비중이 모두 낮다는 사실로 볼 때 이들이 주택을 투자 수단으로 활용했을 확률은 높아 보이지 않는다.

5) 영끌에 대한 오해 3: 영끌의 능력(소득과 구입 주택의 특징)

영끌 현상을 주택 구매 능력이 부족한 젊은 세대의 무리한 대출 행위로만 해석해야 하는가? 우선 소득 측면에서 볼 때, 영끌에 나선 이들은 대부분 주택 구매력을 갖춘 소득수준의 사람들로 볼 수 있다. 높아진 주택가격과 엄격해진 대출규제에 의해 저소득층이 주택을 구매하는 것은 예전보다 더욱 어려워졌기 때문이다. 가계금융복지조사를 바탕으로 한 연구 결과에 따르면, 상대적으로 높은 소득분위에 속하는 가구에서 금융부채를 진 가구의 비율이 높게 나타났으며, 이들은 거주 주택 구입 목적으로 담보대출을 받는 동시에 신용대출도 증가시킨 것으로 관찰된다.[11]

특히 2020년보다 2021년에 거주 목적 주택 구매를 위한 담보대출 비중은 소득이 높아질수록 증가하는 경향을 보인다. 코로나19 기간 동안 모든 소득분위에서 주택 구매를 목적으로 한 담보대출 실행 가구의 비중이 증가했는데, 특히 소득 4분위와 5분위에서 높게 나타났다.

신용대출의 경우 고소득층에 대출이 집중되는 현상이 더욱 확연하게 나타난다. 거주 주택 구입을 목적으로 신용대출을 실행한 가구 비중은 소득분위가 높을수록 증가하였다. 코로나19 기간 동안 신용대출을 실행한 비중이 가장 크게 증가한 그룹은 소득 5분위였다. 2020년과 2021년 사이에 소득 2분위와 3분위 가구의 신용대출 실행 비율이 각각 0.8%에서 1.1%, 1.1%에서 1.9%로 증가한 반면, 소득 4분위와 5분위 가구의 경우는 각각 2.1%에서 2.9%, 3.1%에

---

11 박만섭 (2022). 「가계부채 증가요인과 관리방안에 관한 연구」. 국회입법조사처 정책연구용역 보고서.

서 5.5%로 크게 증가했다.

투자나 임대 목적이라고 볼 수 있는, 거주 주택 이외의 부동산 구입을 위해 신용대출을 실행한 가구의 비중은 2020년과 2021년 사이에 증가하지 않았다. 이는 코로나 기간 주택 구매를 위해 신용대출을 동원한 영끌이 투자 목적보다는 거주 목적으로 대출을 했다는 앞의 연구 결과와 일치한다.

주택 구입과 관련해서도 영끌 구매자는 비이성적이라기보다는 신중하고 현명한 구매 패턴을 보이는 것으로 평가된다. 영끌 구매자는 평균 평수 대비 평균 구매가가 높은 주택을 구입했다는 점에서 상대적으로 '똑똑한' 신규주택을 구입한 것으로 보인다. 다만 20대의 경우 공격적인 성향을 보여 건축 연령 20년 이상의 비교적 노후된 소형주택을 매입하는 것으로 나타났다. 아마도 상대적인 자금 부족으로 인해 신축보다 저렴한 노후 주택을 구매했을 가능성이 있다. 다만 이들의 부모 세대인 50대 이상의 중장년층이 노후 소형주택을 투자 목적으로 주로 선호했던 점을 고려하면, 재건축을 통한 자산가치의 상승을 기대하며 불편함을 감수하면서 오래된 아파트에 사는 소위 '몸테크(몸+재테크)'를 선택했을 가능성도 배제하기 어렵다.

5. 영끌의 위험: 신용대출과 이자 상환 부담 증가

지금까지 소개한 연구 결과를 종합하면, 영끌이 영혼까지 소환한 비이성적인 행동으로 보기는 어렵다. 또한 총부채원리금상환비율(DSR) 규제가 적용되고 있었다는 점에서 은행이 DSR 규제 수준을 넘어서는 위험한 대출을 대거 내주었을 확률도 높지 않다. 다만 사전적으로는 합리적으로 보이는 판단에 의한 결정이라고 하더라도 이러한 결정이 2022년 이후에 나타난 주택가격의 하락이라든가 급격한 시장이자율 상승과 같은 위험을 어느 정도 예측하고 한 결정인지를 판단하기는 어려운 일이다. 현재 금리 수준에서는 합리적이고 능력에 맞는 대출이라고 하더라도 예상치 못하게 금리가 오르는 상황이 온다면 원리금 상환을 감당하지 못하고 연체율이 올라갈 수도 있다.

2021년 이후 급격한 인플레이션은 미국 연방준비은행과 한국은행을 포함한 전 세계 중앙은행이 공격적으로 정책금리를 올리는 상황으로 이끌었다. 2021년 8월 이전 0.5%였던 한국의 기준금리는 총 10차례의 인상을 거쳐 3.5%로 3%p 높아졌다. 30년 동안 금리가 고정되어 있는 고정금리 비중이 많은 미국과 달리 주담대의 경우에도 변동금리 비중이 높은 우리나라는 금리 변화에 더 민감하게 반응했을 것이다.

2023년 3월 기준으로 이자율 상환 부담 변화를 분석한 연구에

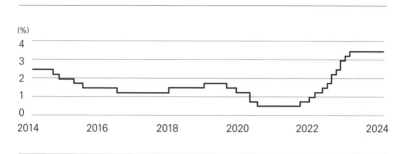

〈그림 2-2〉 기준금리 추이, 2014년 1월~2024년 1월

자료: 한국은행

따르면, 차주들 중 약 41.7%는 원금을 상환하는 디레버리징의 효과로 DSR이 감소했으나, 반대로 37.2%의 차주들은 DSR이 5%p 이상 증가했다.[12] 이는 1/3 이상의 차주들의 이자비용이 소득의 5% 이상 증가했다는 의미로 금리 상승으로 인한 이자비용 증가가 일부 차주들에게 상당한 부담으로 작용하고 있음을 시사한다.

이와 같은 정책금리의 상승은 영끌 차주들에게 더욱 큰 부담으로 다가왔을 것으로 생각된다. 이들은 주담대 외에 신용대출 등을 포함한 여러 형태의 대출을 활용했는데, 문제는 고정금리를 선택할 수 있는 주담대와는 달리 신용대출은 대부분 변동금리 상품으로 금리 상승에 대한 위험이 차주에게 고스란히 전해진다는 것이다. 신용대출은 계약에 따라 3개월, 6개월 혹은 1년마다 시장금리의 변

---

12 김영일·노신영·이윤수 (2023). 「코로나 이후 가계부채의 현황과 위험도 점검」.《금융연구》제 37권 제4호, 2023년 12월.

동에 따라 상환 이자율이 바뀌어 금리 상승의 영향을 더 많이 받게 된다. 대출 당시 금리 수준에서는 능력이라 볼 수 있는 대출이라고 하더라도 만약 금리가 오르는 상황이 온다면 연체율이 급격히 상승할 수도 있어 금융당국의 면밀한 검토가 필요한 사안이다.

2021년 초 최저 2%대의 신용대출 금리도 5~8% 수준으로 상승함에 따라 이자 상환액 부담도 3배 가까이 증가하였다. 이에 따른 이자 부담 증가를 추정한 연구에 따르면, 신용대출 의존도가 높은 차주의 원리금 부담이 더 많이 증가하였다. 같은 기간 신규로 주담대를 일으킨 차주 중 주담대 외 신용대출을 보유하지 않은 차주의 경우 DSR 증가가 5%p 이상인 차주의 비중은 17.4%로 나타났다.[13] 반면 신용대출 의존도가 높은 영끌 차주들의 경우, DSR 증가가 5%p 이상인 비율이 22.3%에 달했다. 금리 상승기 동안 영끌 차주들이 훨씬 더 큰 원리금 상환을 부담하게 된 것이다.

6. 가계부채의 위기는 어디에 있는가: 은행 위기에서 취약차주와 청년대출로 관심의 이동이 필요

그동안 가계부채와 관련된 논의는 주로 금융위기의 가능성을 중

---

13 김영일·노신영·이윤수 (2023). 앞의 글. 이 연구는 신규로 주담대를 보유한 차주 중 신용대출 보유 비중이 높은 20% 이상인 차주를 소위 '영끌 차주'로 구분하고 분석하였다.

심으로 이루어졌다. 코로나19 기간 중 발생한 새로운 대출과 이에 따른 차주들의 위험성, 그리고 은행 부문의 연체율을 분석한 연구들에 따르면, 한국 경제에 대한 심각한 위험을 초래할 정도로 은행 부문의 위험성이 높아 보이지는 않는다. 이는 엄격한 LTV 규제 및 전반적인 대출규제를 통한 신중한 신용 관리의 결과로 볼 수 있다.

그럼에도 불구하고 부동산 시장의 불안정성을 고려할 때, 부동산 시장에 크게 의존하는 일부 비은행 금융기관에서의 신용 리스크 및 유동성 위험의 증가는 여전히 우려되는 부분이다. 아울러 대출 규모는 상대적으로 작으나 취약차주가 저축은행 등에 집중되어 있다는 점에서 일부 업권에 대한 위험을 지속적으로 관찰하는 것이 중요하다.

앞으로 가계부채의 위기는 금융권과 대상 기업의 문제보다 부채 부담이 높은 차주 개인과 가계의 관점에서 접근해야 할 필요가 있다. 가계부채 문제에 대한 접근은 이제 금융권의 시스템적 위험에서 개별 차주의 금융 취약성으로 관점을 전환해야 할 시점이다.

가계부채에 대한 대책도 이자율 상승에 따른 대출 상환의 어려움을 겪는 차주들에게 초점을 맞추어, 문제가 있는 개별 차주와 가정에 대한 세부적인 조치를 마련하는 것이 필요하다. 비록 단기적으로 시스템 리스크로 확대될 가능성은 높지 않다고 하더라도, 가계부채는 10년이 넘는 기간 동안 한국 경제의 뇌관으로 지목된 오래된 폭탄이다. 최근 연체율 상승에서 나타나듯이 높은 이자율이 지속되고 부동산 경기의 침체가 계속될 경우 취약계층을 중심으로 가계부채 문제가 한국 경제의 발목을 잡을 수 있다.

최근의 연체율 상승은 특히 신용도가 낮고, 낮은 소득수준이거나 여러 금융기관과 채무를 지닌 취약차주들에게서 집중적으로 나타나고 있다. 연구에 따르면, 2022년 4분기에는 30대를 제외한 대부분의 연령대에서 취약차주의 비율이 증가했다.[14] 연령대를 따져보면, 70대 이상에서 취약차주의 비중이 높은 것으로 나타났다, 20대의 경우 2021년 하반기부터 취약차주 비중이 급격히 증가하는 추세다. 2023년 2월 기준으로 이러한 취약차주들의 잠재 부실률은 일반 차주들에 비해 약 10배 높았으며, 전년 동기 대비 부실 위험의 증가 속도도 가파르다.[15]

취약차주를 연령대별로 살펴보면, 특히 70대 이상의 취약차주에서 연체율이 높게 나타났으며, 최근에는 20대 취약차주의 잠재 부실률이 가파르게 증가하는 경향이 나타났다. 영끌로 주택을 구입할 수 있었던 사람들은 상대적으로 소득이 있는 계층이었던 반면, 20대의 취약차주들은 임대보증금을 마련하기 위해 전세대출 등 대출을 동원한 저소득층이다. 경제 상황이 악화될 경우, 일자리 및 소득 보완 대책이 부족하면 저소득층이 더 큰 어려움을 겪게 된다. 특

---

14 김영일·노신영·이윤수 (2023). 앞의 글. '취약차주'는 신용점수가 700점 이하이며 소득 하위 30%에 속하거나 3개 이상의 금융기관에 채무를 가진 다중 채무자로 정의하여 분석하였다.

15 전체 가계대출 보유 차주의 연체율은 3% 미만으로 안정적으로 유지되는 반면, 취약차주의 연체율은 20%대에서 2023년 초반에는 23.6%까지 상승했다.

히 70대 이상과 20대 취약차주에서 높게 나타난 잠재 부실률은 이러한 경제적 어려움이 두드러진 결과로 해석할 수 있다.

취약차주들은 사실상 일자리와 소득의 관점에서도 어려움을 겪고 있다는 점에서 이들의 문제를 대출로 연명할 수 있을지 의문이다. 취약차주의 부채가 가계부채 총량에서 차지하는 비중은 사실 크지 않다. 그러나 이들의 부채 문제는 소득 문제와 깊은 연관성이 있음을 인지하고, 단순히 대출로 대출을 막는 것이 아닌 재정적 해결책을 모색하는 것이 중요하다. 대출로 인한 부담을 경감시키기 위한 정책이 필요하며, 특히 취약차주들에 대한 집중적인 관리와 함께 장기적인 안정을 도모해야 할 것이다.

특히 코로나 기간 동안 부채를 크게 늘렸던 20~30대의 청년층들이 가파른 금리 상승으로 부채 상환 부담이 크게 가중되었을 것으로 보인다. 청년층의 경우 순자산이 부족하고 낮은 소득으로 추가 대출 여력도 부족한 나머지 소비를 큰 폭으로 줄이거나 연체로 인해 신용불량자의 위험에 노출될 가능성이 높다. 이와 같이 청년과 고령층의 대출차주들이 겪는 어려움은 금융기관과 정책 입안자들에게 소득층별, 연령대별로 차별화된 접근과 대책 마련의 중요성을 상기시켜준다.

7. 맺는말과 가계부채 정책의 방향

본 장은 가계부채 총량 증가 자체를 문제로 삼으며 성급한 위기론으로 몰아가기에 앞서, 가계부채 급증 현상의 배경에 대한 깊은 분석과 이해가 필요하다는 문제의식을 공유하고자 한다. 금융서비스 업계의 성장과 정부의 정책 방향이 어떻게 가계부채의 확대를 초래했는지를 고려하면, 가계부채의 증가가 반드시 금융위기로 이어진다는 결론에 이르기는 어렵다. 특히 한국에서 금융서비스의 발전은 부동산 시장의 활성화와 긴밀히 관련되어 있다.

코로나19 기간 동안 소득증가율을 뛰어넘는 주택가격의 상승과 이에 따른 젊은 세대의 주택 구매 욕구 증가는 가계부채 증가를 가속화시켰다. 영끌 현상은 금융규제를 피해 주택을 구입하려는 소비자가 비교적 금리가 높은 신용대출까지 동원하며 자금을 마련하는 과정에 나타난 현상이다. 무주택 서민이 영혼을 끌어모아 나타난 현상이라기보다는 30~40대 중 구매력이 충분한 무주택자가 실거주 목적으로 주택을 구매한 현상으로 이해해야 한다. 그러므로 단순히 무리한 대출로만 비판하기보다는 대한민국의 젊은 세대들이 영끌을 할 수밖에 없도록 만든 불안정한 주거환경과 부동산 대출 규제에 대해 고려하는 것이 우선시되어야 한다. 이렇게 가계부채가 주거를 위한 선택의 결과라는 사실은 가계부채 증가 문제와 영끌에 대한 정책적인 접근에서도 고려되어야 할 관점이다.

결국 가계부채의 문제는 총량이라는 현상에 집중할 것이 아니라, 실수요자가 구매하기에 주택가격이 비싸다는 점에서 총량보다 부동산 가격을 안정화하는 데서 해결점을 찾아야 한다. 가계부채 총량을 묶어놓기 위해 노력하기보다는 작은 부채 규모로 주택을 구입하거나 주택 구매가 없이도 안정적인 주거의 선택이 가능하도록 주거 선택의 폭을 넓혀주는 부동산 정책을 설계하는 게 먼저다.

우리나라의 가계부채 증가는 부동산 시장 안정화 목적에서 시도된 규제완화 정책이 조장한 측면도 있다. 2014년 "빚내서 집 사라" 이후 완화된 규제로 가계부채가 증가했으며, 2023년 초 한동안 줄어들던 가계대출 잔액이 4월부터 증가세로 전환하고 상당 기간 연속적으로 증가한 배경에는 한시적으로 제공된 특례보금자리론이 있다. 경제학의 논리와는 달리, 금리 상승기에도 주택담보대출이 늘어난 이유다.

임대주택의 부족과 주거의 불안정성을 대출로 해결하는 과정에서 가계부채가 늘어난 부분도 강조할 필요가 있다. 코로나19 이전의 주담대 증가는 사실상 전세 시장의 불안을 해결하기 위해 정부가 전세대출 보증을 도입하는 등 전세대출이 확장된 부분이 기여한바가 크다. 즉 정부의 정책으로 가계부채가 늘어난 측면이 있는 것이다. 그럼에도 불구하고 가계부채 증가의 심각성이 문제될 때마다 은행 대출 억제를 요구하는 모순되는 상황이 반복되고 있다.

'영끌' 현상의 배경에는 수도권 주택가격이 하락한 상황에서 미흡한 주택 공급정책이 부동산 가격 상승으로 이어질 것이라는 기대가 있었다. 다만 주담대에 적용되는 LTV 규제로는 수도권의 주택을 구매하기 어려운 소비자들은 이자율 변동 위험이 크고 이자율도 높은 주담대 이외의 가능한 다른 대출을 동원하게 되었고, 결과적으로 더 높은 이자율 부담에 노출된 측면이 있다. 우리의 현 금융시스템 아래 금리 변동의 위험이 모두 고스란히 은행에서 차주에게 전달된 것이다.

1) 영끌에 대한 대책과 금융 포용성

가계부채는 부동산 구매와 연관되어 있다는 점에서 청년들의 금융 포용성 관점에서 접근할 필요성이 있다. 총량규제와 부동산 가격 상승기의 대출규제로 주택 구매의 접근성을 제한하는 것은 세대 간 갈등 요인이 될 수도 있다. 1970년대 이후 주요 선진국에서의 투자수익률은 주택가격의 상승에 의존하는 것으로 나타났다.[16] 주택가격 상승이 세입자와 주택 소유자 사이의 분배를 악화시킨 한 원인이었다는 것이다. 주택자산의 세대 간 격차가 세대 간 부의 격차의 중요한 원인이 될 수 있다는 연구 결과는 한국 경제에 시사하는 바가 크다. 저축을 통해 주택매매 자금을 축적할 기간이 상대적으로 짧은 젊은 세대에게 부동산 구매에 대한 금융의 접근성을 제

---

16 Rognile, M. (2015). "Deciphering the Fall and Rise in the Net Capital Share: Accumulation or Scarcity?". *Brookings Papers on Economic Activity*, 1-54.

한하는 것은 바람직하지 않다.

금리 상승기에 영끌 차주들의 경제적 부담은 더 심각해진 것으로 보인다. 신용대출로 인해 금리 변동에 더 민감하게 반응할 수밖에 없었으며, 이로 인해 더 큰 금전적 압박을 받게 된 것이다. 물론 이자율이 이렇게 상승할 것이라고 예측했다면, 대출 양상도 달랐을 수 있다. 이자율 상승을 예측했는가의 여부와는 별개로, 영끌 문제와 연관된 현 금융제도의 핵심적인 문제점은 불합리한 LTV 규제로 인해 고정금리를 선택하기를 원했던 주택 구매자의 상당수도 어쩔 수 없이 변동금리에 노출되는 신용대출을 동원할 수밖에 없었다는 데 있다.

변동금리에 그대로 노출된 신용대출의 활용은 결과적으로 유동성 위험, 금리 상승 위험, 주택가격 하락 위험을 모두 가계가 부담하게 되는 문제를 낳았다. 대출은 부동산 구매에 필요한 금융서비스라는 관점에서 신혼부부나 청년층 등 주택 구매자의 LTV 한도를 미래 소득의 성장을 반영해서 높일 필요가 있다.

이에 더해 LTV 한도를 상황에 맞게 조정하고 은행의 자율에 일부 맡기되, 대출의 건전성은 DSR을 통해 엄격히 유지하는 방향으로 나아가야 한다. DSR을 통한 부동산 금융의 건전성 관리는 차주의 상환 능력을 엄격히 고려하여 적용되어야 하며, 가격 안정을 위한 목적으로 적용이 느슨해져서는 안 된다. 전세자금대출, 개인사업자대출, 중도금대출을 포함해 모든 대출의 건전성을 유지하는 것이 중요하다. 정책금융이라는 미명 아래 상환 능력을 느슨하게 적용한 대출은 결국은 연체율의 상승과 신용불량자의 양산으로 이어질 우려가 있다.

2) 영끌을 위한 채무조정

우리가 영끌 문제에 주목해야 하는 한 가지 이유는 30대와 40대의 주택 매입자들이 생애주기상 자산 형성에 있어 중요한 시기라는 점이다. 정부의 부적절한 부동산 규제정책으로 과도한 이자를 부담하게 될 경우, 저축해야 할 시기에 자본을 축적하지 못하게 되는 문제가 발생한다. 많은 청년층이 상대적으로 큰 대출을 안고 있는 경제는 자본 축적의 속도가 더딜 수밖에 없고, 결국 이들이 노년기에 도달했을 때는 국가 경제에 추가적 부담을 주게 될 것이다.

주택 구입을 목적으로 영끌 대출을 이용한 차주들의 채무 구조 조정에 대해서도 생각해볼 여지가 있다. 이자율의 급등은 차주들의 상환 부담(DSR)을 크게 증가시켰고, 높은 DSR을 가진 차주들의 소비는 더 큰 타격을 받는다. 채무 부담으로 인한 소비 감소는 향후 거시경제의 회복과 장기적인 경제성장에 부정적 영향을 미칠 가능성이 있다.

영끌이 소유하고 있는 변동금리 대출을 점진적으로 고정금리나 장기 주담대로 전환하는 것은 금융의 건전성을 유지하고 주택가격의 안정화에 이바지한다. 이 과정에서 정책적 수혜를 받은 차주가 향후 주택 매각에서 이익을 얻게 되는 경우, 해당 이익을 금융기관과 분배하는 방안도 함께 고려해야 할 것이다.

3) 한국의 가계부채 문제는 취약차주의 문제

마지막으로 가계부채 문제는 금융권의 위험을 평가하는 관점에서 차주 개인과 가계의 관점에서 접근해야 할 필요성에 대해 강조할 필요가 있다. 현재 한국의 가계부채 문제는 금융권의 문제라기보다는 취약차주의 문제이다. 가계부채로 이자도 못 갚는 가구와 이자는 갚아도 소비를 줄여야 하는 가구, 마땅한 소득이 없어 계속된 연체와 신용불량 위험에 빠진 차주에 대한 대책을 심각하게 고민할 필요가 있다. 은행권의 입장에서는 상대적으로 작은 금액에 불과해도 위험에 빠진 차주의 수는 생각보다 매우 많을 수 있다. 경제회복이 더디어지고 이자율이 계속 높은 수준에서 유지된다면, 취약차주의 수는 더욱 늘어날 수밖에 없다. 한국 경제의 뇌관, 가계부채 문제가 경제면이 아닌 사회면의 기사로 터지기 전에 이에 대한 구체적인 대책이 수립되어야 할 것이다.

제2부

인구 감소 시대를 위한 정책

보육, 직업, 건강보험

제3장

인구절벽 시대에 꼭 필요한
육아기 일·가정 양립

박윤수 | 숙명여대 경제학부

오늘날 한국 사회에서 가장 중요한 문제를 하나만 꼽으라면 아마도 대부분 저출산 문제를 꼽을 것이다. 1970년 4.53명이었던 합계출산율은 2022년 0.78명까지 하락하였다. 특히 2010년대부터 감소세가 매우 빠르다. 2017년 한국을 방문한 라가르드 국제통화기금(IMF) 총재는 한국이 '집단자살' 상태라고 평가했다고 전해진다.[1] 2022년 골드만삭스는 한국의 경제 규모가 2075년이면 필리핀이나 방글라데시보다 작아질 것으로 예측했다.[2]

---

1 "라가르드 '한국은 집단자살 사회'", 《중앙일보》, 2017.10.25.
2 "저출산-고령화…한국, 2075년 경제규모 필리핀보다 작아질것", 《동아일보》, 2022.12.11.

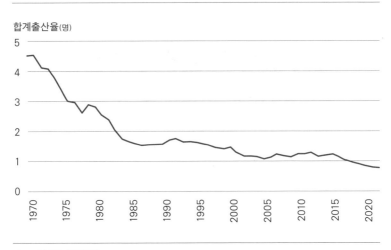

〈그림 3-1〉 한국의 합계출산율, 1970~2022

합계출산율(명)

자료: KOSIS 국가통계포털

1. 왜 출산을 꺼릴까?

왜 과거에 비해 출산을 꺼릴까? 경제학의 관점에서 생각해보자. 경제학에서는 자녀가 정상재(normal good)의 성격을 갖는다고 간주한다. 정상재란 다른 조건이 동일한 가운데 소득이 증가할 때 수요가 증가하는 재화를 말한다. 군이 연구 결과[3]를 인용하지 않더라도, 대개 부잣집일수록 자손을 많이 가지려 한다는 점을 생각해보

---

3 Becker, Gary S. (1960). "An Economic Analysis of Fertility", *Demographic and Economic Change in Developed Countries*. Columbia University Press, 209-240; Dan A. Black, Natalia Kolesnikova, Seth G. Sanders, Lowell J. Taylor (2013). "Are Children "Normal?", *The Review of Economics and Statistics*, 95(1), 21-33.

면 자녀가 정상재의 성격을 갖는다는 사실을 쉽게 이해할 수 있을 것이다.

지난 반세기 한국은 눈부신 경제성장을 이루었고 자연히 소득도 증가하였다. 1970년 280달러로 세네갈(320달러)보다 낮았던 한국의 1인당 국민총소득은 2022년 3만 5,990달러로 이탈리아(3만 7,700달러)와 어깨를 견주는 수준으로 성장했다. 경제학적으로 소득이 증가했는데 정상재 수요가 감소하는 상황은 소득 증가 효과를 압도할 정도로 가격이 상승한 경우에만 발생한다.

요약하면, 경제학의 관점에서는 지난 반세기 급속한 소득 증가를 이룩한 한국 사회에서 출산율이 하락한 주된 이유는 자녀 양육을 위해 치러야 하는 가격 또는 자녀 양육비가 소득 증가 효과를 압도할 만큼 상승했기 때문으로 해석된다.

2. 사교육비나 주거비보다 중요한 경력 단절의 기회비용

자녀 양육비가 증가했다고 하면, 아마도 사교육비를 떠올리는 경우가 많을 것이다. 실제로 통계청이 매년 발표하는 사교육비 조사에서는 매년 신기록이 경신된다. 2022년 초·중·고 학생 1인당 월평균 사교육비는 41만 원으로 2021년에 비해 무려 12%나 증가하였다. 통계청 조사는 초·중·고 재학생만을 대상으로 하므로 영어유치원이나 소위 'N수생'과 관련된 지출은 포착되지 않는다. 따라서 실제 부모들이 체감하는 사교육비 부담은 통계청 조사 결과보다 클 것이다.

2021년 한국보건사회연구원 보고서[4]에서도 사교육비는 자녀 양육비에서 단일 항목으로는 가장 큰 비중을 차지하였다. 이 조사에서는 자녀 한 명을 키우는 데 월평균 72만 원이 필요한 것으로 분석되었고, 이 중 사교육비는 26만 원으로, 의복·장난감·분유·기저귀·육아용품·용돈·의료·교통·통신 등을 모두 포괄한 기타 비용(36만 원)을 제외하면 가장 큰 지출 항목이었다.

주거비[5]도 빼놓을 수 없다. 부동산R114가 2022년 12월부터 2023년 1월까지 전국 아파트 전월세 실거래가를 분석한 결과[6]에 따르면, 평균 월세액은 65만 원이고 보증금은 1억 2,000만 원이다. 이 조사 결과에 2022년 12월 전국 아파트 평균 전월세 전환율(연율 5.0%)을 적용하여 월 주거비를 산출하면 대략 115만 원[7]이 계산된다.[8]

4　박종서·임지영·김은정·변수정·이소영·장인수·조성호·최선영·이혜정·송지은 (2021). 「2021년도 가족과 출산 조사: (구) 전국 출산력 및 가족보건·복지실태조사」, 한국보건사회연구원.

5　여기서 주거비란, 주거 서비스 비용만을 의미한다. 주거 서비스 비용뿐만 아니라 자산 투자의 성격도 갖는 주택가격과는 구분된다.

6　"전국 아파트 월세액 2년새 25% 올라…서울 평균 92만 원". 《동아일보》, 2023.3.2.

7　월 주거비 산출 과정은 다음과 같다. 보증금 1억 2,000만 원에 2022년 12월 전국 아파트 평균 전월세 전환율(연율 5.0%, 출처: 국가통계포털)을 곱하고 12개월로 나누면 월 50만 원이 산출된다. 여기에 월세액 65만 원을 합산하면 115만 원이 계산된다.

8　물론 주거비는 사교육비와 달리 자녀를 양육하지 않더라도 지출해야 하는 비용이므로 주거비 전체를 자녀 양육비로 산정하기는 어렵고, 자녀 양육에 적합한 주거환경을 갖추기 위해 추가로

반면 사교육비나 주거비보다 훨씬 중요한 비용은 간과되는 것 같다. 바로 출산과 육아 부담으로 인한 경력 단절에 따른 기회비용이다.

현재 한국 사회에서는 30대 여성의 노동시장 참여가 빠르게 증가 중이다. 〈그림 3-2〉는 2000~2022년 기간 중 여성 경제활동참가율 추이를 보여준다. 경제활동참가율이란 노동시장에서 취업자로 일을 하거나 실업자로 적극적인 구직활동을 하는 사람의 비중을 의미한다.

소요된 비용만을 자녀 양육비로 이해해야 할 것이다.

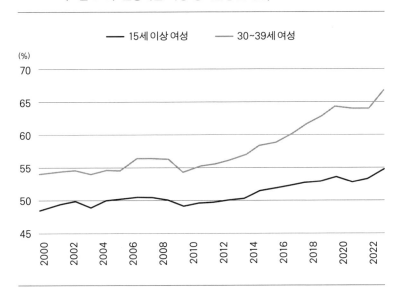

〈그림 3-2〉 연령대별 여성 경제활동참가율, 2000~2022

자료: KOSIS 국가통계포털

2010년대 이후 30대 여성의 경제활동참가율이 전체 여성에 비해 빠르게 증가하고 있음을 확인할 수 있다. 2022년 30대 여성의 경제활동참가율은 66%이다. 30대 여성 세 명 중 두 명은 노동시장에서 경제활동을 하고 있음을 의미한다.[9]

30대 여성 근로자의 임금 수준은 얼마나 될까? 고용노동부의 2022년 「고용형태별 근로실태조사 보고서」에 따르면, 30~34세 여성의 평균 연봉은 4,360만 원이고, 35~39세 대졸 여성의 경우에는 5,500만 원에 육박한다. 실수령액[10]으로는 월 300만~400만 원 정도일 것이다.

월 300만~400만 원의 급여를 받는 여성 근로자가 출산과 육아 부담으로 경력이 단절된다면 매월 300만~400만 원을 지출하는 셈이다. 앞서 논의한 사교육비나 주거비보다 훨씬 큰 손실이다. 더욱이 임금은 승진과 연차에 따라 인상되고 은퇴 후 연금소득도 생애 임금을 기반으로 산출되므로 경력 단절에 따른 임금 손실은 생애 전체적으로 누증될 것이다. 어디 돈뿐인가? 경제활동이 주는 보람과 자아 성취감을 잃는 것은 덤이다.

과거에는 여성이 경제활동을 할 기회가 충분치 않았고, 그만큼

---

9 30대 여성의 경제활동 증가는 30대 가구의 맞벌이 증가로 이어졌다. 30대의 배우자가 있는 가구 중 맞벌이 가구의 비중은 관련 통계가 수집되기 시작한 2015년 44%에서 2022년 54%로 빠르게 증가 중이다. 출산·육아기에 해당하는 30대 가구의 경우, 맞벌이 가구가 외벌이 가구보다 일반적인 상황에 이르렀다고 볼 수 있다.

10 「고용형태별 근로실태조사 보고서」에서 조사된 급여액이 세전 임금인지 세후 임금인지는 불분명하나, 기업의 임금대장 또는 근로자 명부에 기입된 급여액을 조사한 자료이므로 세전 임금으로 해석되는 것이 타당할 것이다.

여성이 출산·육아 부담으로 직면해야 할 경력 단절의 기회비용도 미미했다. 반면 오늘날에는 여성의 경제활동이 활성화되었고 그만큼 출산·육아기 여성이 직면하는 경력 단절의 기회비용도 커졌다. 경력 단절의 기회비용은 사교육비나 주거비보다 훨씬 크지만, 사교육비나 주거비와 달리 직접적인 지출 행위가 눈에 띄지 않는 성격이라 간과되기 쉬울 뿐이다.

출산·육아기 여성이 직면하는 경력 단절의 기회비용은 한국만의 문제가 아니다. 2019년 프린스턴대학교 클레벤(Kleven) 교수와 국제 공동 연구팀은 주요 6개국(미국, 영국, 독일, 오스트리아, 스웨덴, 덴마크)을 대상으로 자녀를 가진 남성, 여성 근로자들의 생애 임금 추이가 자녀 출산 전후로 어떻게 변화하는지를 분석하였다.[11] 이들은 6개국 모두에서 매우 유사한 패턴을 관찰하였다. 자녀 출산 이후 남성 근로자는 임금이 감소하지 않았으나, 여성 근로자는 임금이 감소하는 '모성 페널티(motherhood penalty)'를 겪는다는 것이다.

여성 근로자가 자녀를 출산하고 10년 동안 겪는 근로소득 감소율, 즉 모성 페널티는 독일에서 61%로 가장 높았고, 오스트리아 51%, 영국 44%, 미국 31%, 스웨덴 27%, 덴마크 21%로 각각 추정되었다. 이 연구에서는 출산 후 10년의 기간에 대해서만 분석했지

11 Kleven, Henrik, et al. (2019). "Child penalties across countries: Evidence and explanations". *AEA Papers and Proceedings*. Vol. 109. 2014 Broadway, Suite 305, Nashville, TN 37203: American Economic Association.

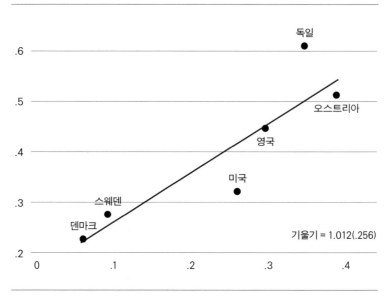

자료: Kleven, Henrik, et al.(2019)의 Figure 4를 재인용

만, 만약 분석 기간을 10년 이후로 확장했다면 더 큰 임금 손실이 관측되었을 가능성이 높다. 임금은 근로자의 근속기간과 축적된 경력에 상당한 영향을 받기 때문이다.

더욱 흥미로운 점은 여성이 자녀를 주로 양육해야 한다는 성역할 관념이 강한 사회일수록 여성 근로자가 출산 이후 겪는 모성 페널티가 강하게 추정되었다는 점이다. 〈그림 3-3〉에서 세로축은 클레벤 교수 연구팀이 추정한, 여성 근로자가 출산 후 10년간 겪는 근로소득 감소율(모성 페널티)을 의미하고, 가로축은 국제 설문조사에서

'미취학 또는 학령기 자녀가 있는 경우 어머니가 집에 있어야 한다'
는 문항에 동의한 사람의 비중을 의미한다. 여성의 자녀 양육자 역
할을 강조하는 사회일수록 여성 근로자가 겪는 모성 페널티도 강한
경향을 확인할 수 있다.

3. 30대 맞벌이 부부의 관점에서 본 육아기
일·가정 양립 제도

오늘날 한국 사회에서 육아기 근로자의 일·가정 양립은 얼마나
보장되어 있는가? 출산을 앞둔 30대 전일제 맞벌이 부부를 상정하
여 이 문제를 고민해보자.

30대 여성 김 씨와 남편 이 씨는 각자의 직장에서 열심히 일하며
보람을 느끼는 맞벌이 부부이다. 이 부부는 곧 출산을 앞두고 있다.
아이가 태어난다고 생각하니 행복하면서도 걱정이 된다. 양가 부모
님은 고령이시거나 멀리 계셔서 도와주실 형편이 못 된다. 부모가
아이를 혼자 둘 수 있으려면 몇 살이나 되어야 하는지 주변에 물어
보니 초등학교 2학년(만 8세)까지는 기다려야 한다는 사람도 있고,
초등학교 6학년(만 12세)까지도 불안하다는 사람도 있다. 어림잡아
10년은 걸리는 셈이다.

아이가 태어나니 행복하다. 직장에서의 경력도 소중하지만 사랑

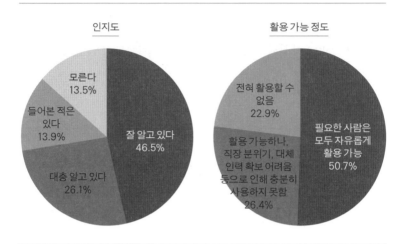

〈그림 3-4〉 육아휴직에 대한 기업 인사담당자의 인식, 2021

인지도

모른다 13.5%

들어본 적은 있다 13.9%

잘 알고 있다 46.5%

대충 알고 있다 26.1%

활용 가능 정도

전혀 활용할 수 없음 22.9%

활용 가능하나, 직장 분위기, 대체 인력 확보 어려움 등으로 인해 충분히 사용하지 못함 26.4%

필요한 사람은 모두 자유롭게 활용 가능 50.7%

주: 전국의 5인 이상 사업체 인사담당자들을 대상으로 육아휴직 제도에 대한 인지도와 활용 가능 정도를 설문한 조사 결과임. 활용 가능 정도는 육아휴직 제도를 '모른다'고 답하지 않은 응답자에 대해서만 조사되었음.
자료: 전기택 외(2022.12)의 viii쪽 그림을 재인용

스러운 아이를 두고 출근할 엄두가 안 난다. 자연히 육아휴직을 해야겠다는 생각이 들었다. 알아보니 2023년 한국은 1년의 유급 육아휴직이 법적으로 보장된다. 남녀고용평등법 제19조에 따르면, 육아휴직은 사업주의 의무이고 정당한 사유 없이 육아휴직을 허용하지 않은 사업주에게는 벌금 500만 원이 부과된다. 남녀고용평등법은 종사자 1인 이상 모든 사업장에 적용된다. 대표적 노동법인 근로기준법과 기간제법(기간제 및 단시간 근로자 보호 등에 관한 법률)이 종사자 5인 이상 사업장만을 대상으로 한다는 점을 고려하면, 육아휴직에 대한 법적 보호는 상당한 편이다.

그러나 현실에서 육아휴직을 사용할 수 있는 근로자는 많지 않다. 2021년 한국여성정책연구원이 전국의 5인 이상 사업체 인사담당자들을 대상으로 육아휴직 제도를 알고 있는지를 설문한 결과[12]에 따르면, 13.5%가 육아휴직 제도를 전혀 모른다고 응답했다. 13.9%는 들어본 적은 있고, 26.1%는 대충 알고 있다고 응답했다. 잘 알고 있다는 응답은 절반에 못 미치는 46.6%에 불과했다.

육아휴직은 사업주의 법적 의무이고 인사담당자는 육아휴직 신청, 승인 업무를 담당하는 사람인데 잘 모른다고 한다. 육아휴직 제도를 적어도 들어는 봤다고 응답한 인사담당자들을 대상으로 다시 육아휴직 활용이 가능한지를 질문했더니, 22.9%는 전혀 활용할 수 없다고 응답했고, 26.4%는 가능은 하지만 충분히 활용하기 어렵다고 응답했다. 언제나 법은 현실에서 멀리 떨어져 있는 것 같다.

다행히 김 씨는 대기업에 종사하여 육아휴직 사용이 자유로운 편이다. 엄마인 김 씨가 모유 수유도 할 겸 1년의 육아휴직을 사용하기로 했다. 그러나 막상 육아휴직을 신청하려니 상급자와 동료들에게 눈치가 보인다. 업무 공백이 발생할 것이 불을 보듯 뻔하기 때문이다. 내가 자리를 비운 사이 내 업무를 대신할 대체인력이 있으면 마음이 편할 것 같다. 정부도 기업이 육아휴직 대체인력을 신규 채용하면 월 80만 원의 대체인력 지원금을 보조해준다고 한다. 그

---

12 전기택·김종숙·김난주·신우리·최진희·노우리 (2022). 「2021년 일·가정 양립 실태조사」. 고용노동부 용역보고서. 2022년 12월.

런데 알아보니 중소기업만을 대상으로 하여 김 씨가 다니는 대기업은 지원대상이 아니라고 한다.

설령 지원금을 받을 수 있다고 하더라도 대체인력을 찾는 일 자체가 만만치 않을 것이다. 1년의 육아휴직 기간은 기업이 대체인력을 채용하여 업무에 숙달시키고 활용하기에 참 애매한 시간이다. 인적자본(human capital)이라는 말처럼 근로자의 업무 능력은 서서히 축적되는 자본재의 성격을 갖고, 따라서 어느 날 갑자기 벽돌처럼 쉽게 갈아 끼울 수 있는 성격이 아니다. 고작 1년만 일할 수 있는 자리에 지원하려는 구직자를 찾기도 어렵다. 결국 동료들이 김 씨 업무를 십시일반 맡을 것이다. 앞서 소개한 한국여성정책연구원의 조사에서 육아휴직 제도를 알고 있고 활용 가능하다고 응답한 인사담당자들에게 업무 공백 해결 방법을 설문한 결과, '계약직 대체인력 채용'(40.1%)보다 '남은 인력끼리 나눠서 해결'(46.3%)한다는 응답이 더 많았다. 이러한 사정을 잘 아는 김 씨는 자신의 법적 권리인 육아휴직을 신청하면서도 내심 미안한 마음뿐이다.

어느덧 1년의 육아휴직 기간이 만료되었다. 김 씨는 직장으로 복귀하며 자녀를 직장어린이집에 맡기기로 하였다. 영유아보육법 시행령 제20조에 따르면 근로자를 500명 이상 고용하거나 여성 근로자를 300명 이상 고용한 사업장은 직장어린이집을 의무적으로 설치해야 한다. 다행히 김 씨의 직장은 대기업이어서 직장어린이집이 있었다. 중소기업이나 남성 위주 직장에 다니는 부모들은 어떤 마음일까 생각하니 안쓰럽다. 아침 9시 출근할 때 아이를 직장어린이 집에 맡기고 저녁 6시 퇴근할 때 아이를 찾는 생활이 반복되었다.

어린이집에서는 아이가 잘 지낸다고 하지만, 아침마다 엄마와 헤어지기 싫어하는 아이를 보면 항상 불안하다. 더 큰 문제는 아이가 어린이집 생활을 시작하면서 시도 때도 없이 아프다는 점이다. 어린 나이에 단체생활을 하다 보니 감염에 취약한 것 같다. 어린이집에서 발열이 있다는 연락이라도 오면 당장 반차를 쓰고 병원에 가야 한다. 갑작스러운 반차를 쓸 때마다 회사에 미안하다.

결국 남편이 육아휴직을 쓰기로 했다. 정부에서 육아휴직 근로자에게 통상임금의 80%에 해당하는 육아휴직 급여를 준다고 하니 참 고마운 일이다, 그런데 육아휴직 급여 상한액이 월 200만 원이라고 한다. 2023년 최저임금(9,160원)을 주 40시간 근무를 가정하여 월 급여로 환산하면 대략 201만 원이다. 육아휴직 급여 상한액 200만 원은 최저임금보다 낮은 셈이다.

남편 이 씨는 김 씨보다 급여가 높은 편이다. 주위의 맞벌이 부부들을 봐도 주로 남편이 부인보다 벌이가 좋다. 한국은 OECD 회원국 중 남녀 임금 격차가 가장 큰 국가라고 한다. 이것이 차별인지, 아니면 남성과 여성이 서로 종사하는 분야나 하는 일이 달라서인지는 모르겠으나, 여하간 남녀 임금 격차가 큰 사회에서 육아휴직 급여 상한액이 최저임금 미만이니 부부 중 한 사람이 육아휴직을 해야 한다면 아빠보다는 엄마가 휴직하는 것이 가정경제에 유리할 것

이다. 왜 여자들만 육아휴직을 신청하는지 이해가 간다. 육아휴직
자의 대부분이 여성인 상황에서 남편이 육아휴직을 신청하면 상급
자들이 이상하게 보지는 않을지 걱정이다. 아니나 다를까, 남편이
육아휴직을 신청한다고 하니 주위에서 앞으로 승진은 포기했냐는
말을 들었다고 한다.

알아보니 육아기 근로시간 단축이라는 제도가 있다고 한다. 원
래 육아휴직을 사용하기 어려운 여건의 근로자들이 육아휴직 대
신 사용할 수 있도록 만들어진 제도였으나, 2019년 11월부터는 육
아휴직과 별도로 1년 단축 근무가 가능하다고 한다. 이미 1년의 육

〈그림 3-5〉 육아기 근로시간 단축에 대한 기업 인사담당자의 인식, 2021

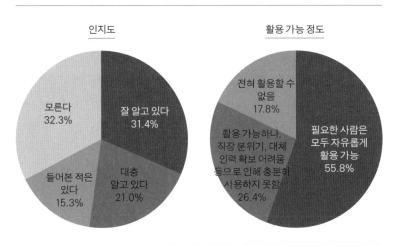

주: 전국의 5인 이상 사업체 인사담당자들을 대상으로 육아기 근로시간 단축 제도에 대한 인지도와 활용 가능 정도를
설문한 조사 결과임. 활용 가능 정도는 육아기 근로시간 단축 제도를 '모른다'고 답하지 않은 응답자에 대해서만 조사
되었음.
자료: 전기택 외(2022.12)의 xi쪽 그림을 재인용

아휴직 기간을 소진한 김 씨도 사용할 수 있는 셈이다. 남녀고용평등법 제19조의2에 따르면, 육아기 근로시간 단축은 종사자 1인 이상 모든 사업주의 의무 사항이다. 또한 정부는 육아기 근로시간 단축을 사용한 근로자에게 1년간 통상임금의 80~100%에 해당하는 육아기 근로시간 단축 급여를 지급해준다고 한다. 육아휴직 급여와 마찬가지로 월 상한액은 200만 원이지만, 단축 근무에 해당하는 급여를 회사에서 별도로 받을 수 있으니 소득 감소 부담도 적다.

그러나 육아기 근로시간 단축의 경우에도 법과 현실은 먼 것 같다. 앞서 소개한 2021년 한국여성정책연구원 조사에 따르면, 전국의 5인 이상 사업체 인사담당자 중 32.3%는 육아기 근로시간 단축 제도를 모른다고 응답했다. 적어도 들어는 봤다고 응답한 인사담당자들을 대상으로 다시 육아기 근로시간 단축 활용이 가능한지를 질문했더니, 17.8%는 전혀 활용할 수 없다고 응답했고, 26.4%는 가능은 하지만 충분히 활용하기 어렵다고 응답했다.

다행히 김 씨 직장은 육아기 근로시간 단축 사용이 가능한 분위기다. 그런데 주위 선배들이 아직은 쓸 때가 아니라며 최대한 아껴 두라고 권한다. 아이가 초등학교에 들어가면 하교 시간이 너무 빨라져 대책이 없다는 것이다. 유치원에서는 오후 3~4시까지 있었는데, 초등학교에 들어가면 오후 1시 무렵에 하교한다고 한다.

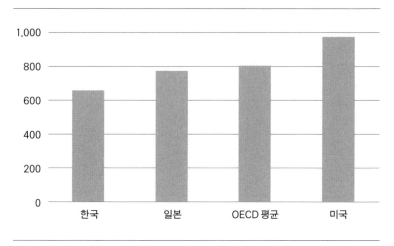

〈그림 3-6〉 주요국의 연평균 초등학교 수업 시수, 2022

자료: OECD(2023) 353쪽의 Figure D1.1의 일부를 재인용

2023년 OECD 보고서[13]에 따르면, 한국의 초등학교 수업 시수는 연평균 655시간으로, 일본(778시간), 프랑스(864시간), 미국(974시간), OECD 회원국 평균(805시간)보다 유의하게 적다. 실제로 육아기 근로시간 단축은 초등학교 입학에 따른 돌봄 공백을 해소하기 위한 목적으로 많이 사용되는 상황이다. 2014~2022년 중 육아휴직 및 육아기 근로시간 단축 제도를 사용한 여성 근로자 전수 자료를 분석한 결과[14]에 따르면, 육아휴직은 자녀 출생 직후에 주로 사

13 OECD (2023). *Education at a Glance 2023: OECD Indicators*, OECD Publishing, Paris. https://doi.org/10.1787/e13bef63-en
14 박윤수·강지원·손연정·한성민 (2023). 「아동돌봄 친화적 근로여건 조성을 위한 정책연구」. 교육부·한국재정학회.

용되었으나, 육아기 근로시간 단축은 자녀의 초등학교 입학 직후에 가장 많이 사용된 것으로 보고되었다.

4. 돌봄은 중요하나 만병통치약은 아니다

육아기 일·가정 양립을 고민하기보다는 돌봄을 확대하는 데 주력하는 것이 효율적이지 않겠냐는 인식이 있을 수 있다. 기업 경영에 부담을 주는 육아휴직이나 육아기 근로시간 단축을 굳이 확대하려 노력하기보다는 부모가 일에 집중할 수 있도록 어린이집과 같은 돌봄 서비스를 충분히 공급하는 것이 효율적이지 않겠느냐는 인식이다.

이는 절반은 맞고 절반은 틀린 지적이다. 1990년대 캐나다 퀘벡주는 유자녀 여성의 경제활동을 촉진하기 위해 만 5세 이상 모든 아동에게는 전일제 유치원을, 만 5세 미만에게는 돌봄 시설 이용료를 지원하는 대규모 돌봄 지원 정책을 시행하였다. 이 정책의 장단기 효과를 분석한 연구들에 따르면, 단기적으로 유자녀 여성의 경제활동은 촉진되었으나 아동의 불안 증세도 함께 증가했고,[15] 장기

---

15 Baker, Michael, Jonathan Gruber, and Kevin Milligan (2008). "Universal child care, maternal labor supply, and family well-being". *Journal of Political Economy* 116.4: 709-745.

적으로 이 정책에 영향을 받은 아동들이 성인으로 성장했을 때 범죄율이 증가했다고 한다.[16]

캐나다 퀘벡주만의 문제였을까? 서구 선진국의 대규모 돌봄 지원 정책이 아동 발달에 미친 영향을 분석한 250개 추정 결과를 종합한 연구에 따르면, 16%는 아동 발달에 부정적 영향을 보고하였다.[17] 참고로 50%는 유의한 효과를 보고하지 않았고, 34%는 긍정적 영향을 보고하였다. 긍정적 영향이 부정적 영향보다 많이 보고되었지만, 16%는 무시하기 어려운 수치다. 더욱이 아동 발달에 미친 영향은 긍정적이건 부정적이건 10년 이상 장기적으로 지속되는 경향이 관찰되었다.

부정적 영향은 아동이 어리고 돌봄 교사의 자격 요건이 낮을수록 빈번하게 관측되었고, 인지적 역량보다는 비인지적 역량에서 주로 관측되었다. 이러한 결과는 앞서 소개한 캐나다 퀘벡주의 사례와 일관된다. 아동이 부모로부터 장시간 분리되면 정서적 불안이 발생할 수 있고, 그 영향은 아동의 생애 전반에 걸쳐 지속될 수 있음을 유념해야 한다. 공적 돌봄의 확대는 중요하나, 돌봄이 단순히 아동을 맡아주는 수준이 아니라 아동 발달을 촉진하는 질 높은 서

---

16 Baker, Michael, Jonathan Gruber, and Kevin Milligan (2019). "The long-run impacts of a universal child care program." *American Economic Journal: Economic Policy* 11.3: 1-26.

17 van Huizen, Thomas, and Janneke Plantenga (2018). "Do children benefit from universal early childhood education and care? A meta-analysis of evidence from natural experiments". *Economics of Education Review* 66: 206-222.

비스를 제공하는 것을 목표로 해야 한다. 또한 아동이 부모와 교감할 수 있는 최소한의 시간이 보장되어야 하고, 이는 육아기 일·가정 양립 지원으로 접근할 문제이다.

5. 육아기 일·가정 양립을 위해 무엇을 해야 하는가?

이제 논의를 정리해보자. 지난 반세기 역사상 유례없는 눈부신 소득 증가를 이뤄낸 한국 사회는 오늘날 역사상 유례없는 저출산을 경험하고 있다. 경제학적으로 이 두 가지 현상은 자녀 양육비가 소득 증가 효과를 압도할 만큼 빠르게 상승했음을 의미한다. 자녀 양육비에는 사교육비나 주거비와 같은 직접 비용도 중요하나, 출산·육아로 인한 경력 단절의 기회비용이 훨씬 중요하다. 2022년 기준 30대 여성의 2/3는 경제활동을 하고, 30대 가구의 절반 이상은 맞벌이 가구이다. 여성의 경제활동과 맞벌이가 일반화된 오늘날, 일과 육아를 양립할 수 있는 노동환경이 조성되지 않는다면 저출산 해결은 불가능할 것이다. 일과 육아를 양립할 수 있는 사회를 이룩하기 위해 몇 가지 제언을 하면 다음과 같다.

첫째, 육아휴직, 육아기 근로시간 단축 급여 상한을 인상하여 근로자의 제도 사용 유인을 강화해야 한다. 육아기 부모라면 휴직이나 단축 근로를 사용하는 것이 당연한 분위기가 형성되어야 하고,

이를 위해서는 근로자들부터 각 제도 사용을 적극적으로 신청할 유인이 있어야 한다. 맞벌이 가정에서는 엄마와 아빠의 맞돌봄이 당연하지만, 여전히 남성이 육아휴직이나 단축 근로를 하면 백안시하는 문화가 존재한다. 남녀 임금 격차가 OECD 회원국 최고 수준인 한국 사회에서 최저임금 수준의 급여로는 남성의 제도 사용이 활성화되기 어렵다.

둘째, 기업의 부담을 덜어줘야 한다. 육아기 일·가정 양립 지원(휴직, 단축 근로)은 모든 사업주가 지켜야 할 법적 의무이다. 그러나 〈그림 3-4〉와 〈그림 3-5〉에서 볼 수 있듯이 법과 현실은 너무나 멀다. 일단 대체인력 구하기가 만만치 않다. 길어야 1년 일할 수 있는 일자리에 관심 있는 구직자를 찾기도 어렵고, 찾더라도 대체인력이 업무에 적응하는 데 시간이 소요되므로 활용도가 낮다. 결국 기존 인력을 활용하여 업무 공백을 해결하게 되는데, 대기업의 경우 어느 정도 대처가 가능할지도 모르나 중소기업에서는 한 명만 휴직해도 업무 공백이 상당하다.

현행 월 80만 원의 대체인력 지원금 수준을 대폭 강화하되, 기업이 충분한 구직공고 이후에도 대체인력을 채용하지 못하면 휴직자(또는 단축 근무자)의 업무를 대신한 기존 직원들에게 대체인력 지원금을 지급할 수 있도록 하는 방안을 제안한다.[18] 기업이 기존 인력

---

18 일례로 휴직자의 대체인력으로 지정된 동료 직원이 연장근로를 하면 근로기준법상 연장근로 임금 할증을 추가 우대해주는 방안 등을 검토할 수 있을 것이다.

을 최대한 활용하여 업무 공백을 해소하는 데 도움이 될 것이다. 파견 규제완화도 검토할 만하다. 파견직은 기업의 일시적 인력 수요에 대응하기 위한 간접고용 방식으로 대체인력으로 유용할 수 있다. 현행 파견법(파견근로자 보호 등에 관한 법률) 제5조는 파견직 사용 가능 업무를 매우 협소하게 규정하고 있으나, 제5조의2에서는 출산, 질병, 부상 등으로 결원이 생긴 경우에 한해서는 파견직 사용 금지 예외로 인정하고 있다. 파견법 제5조의2가 적시한 파견 규제 예외 사유에 육아휴직, 육아기 근로시간 단축에 따른 대체인력을 추가하는 방안을 고려할 수 있을 것이다.[19]

셋째, 육아기 일·가정 양립 지원에 필요한 재원 조달 구조를 다변화하여 가용 예산을 확대해야 한다. 현재 육아휴직, 육아기 근로시간 단축과 관련한 각종 지원금은 대부분 고용보험기금으로 충당하고 있다. 앞서 제시한 두 가지 제언을 실현하기 위해서는 예산 확대가 필요하나, 고용보험기금만으로는 재원을 확보하기 어렵다. 육아휴직, 육아기 근로시간 단축 제도는 육아기 근로자의 경력 단절을 예방하여 고용을 안정시키는 기능도 있으나, 육아기 근로자의 자녀가 부모와 교감할 수 있는 최소한의 시간을 지원하여 미래 세대인 아동의 정서적 발달을 지원하는 인재 정책의 기능도 있고, 여성의 경제활동과 맞벌이가 일반화된 사회에서 가장 중요한 출산 장려책

---

19 참고로 파견법과 유사하게 비정규직을 보호하는 취지인 기간제법의 경우에는 휴직자 대체인력은 기간제법 적용 예외로 인정(제4조)하고 있다.

이기도 하다. 고용보험기금 위주의 현행 재원 조달 구조를 다변화하여 가용 예산을 확대해야 한다.

넷째, 육아기 일·가정 양립을 포함한 출산 및 육아 지원을 총괄하는 부처를 신설해야 한다. 현재 출산, 육아 관련 정책은 보건복지부(출산휴가, 부모급여, 어린이집, 지역아동센터), 교육부(유치원, 초등돌봄교실), 고용노동부(육아휴직, 육아기 근로시간 단축, 직장어린이집), 여성가족부(청소년방과후아카데미) 등으로 분산되어 있다. 저출산 고령사회 위원회가 있지만, 독자적인 예산권과 행정권을 갖지 못한 위원회 조직으로 한계를 갖는다. 서양 속담에 "아이 한 명을 키우려면 온 마을이 필요하다(It takes a village to raise a child)"라는 말이 있다. 미래 세대를 육성하기 위해서는 사회 구성원 모두가 힘을 합쳐야 한다는 의미다. 그만큼 정부의 리더십이 중요할 것이다. 여성의 경제활동과 맞벌이가 일반화된 오늘날, 부모가 경제활동을 하면서도 아이를 키울 수 있는 근로환경과 돌봄 여건을 조성하기 위해서는 여러 부처에 분산된 정책 기능을 통합하고 독립된 예산권과 행정권을 갖는 부처가 필요한 시점이라고 판단된다.

제4장

최근 노동시장 미스매치 현황과 개선 방향

김지운 | 홍익대 경제학부

1. 한국의 노동시장 미스매치 개괄

본 장에서는 한국 노동시장의 미스매치 현황을 자세히 살펴보고 이를 통해 미스매치 완화를 위한 정책 방향에 대해 논의한다. 노동시장 미스매치는 관점에 따라 다양한 차원에서 정의할 수 있다. 크게 고용 전에 발생하는 미스매치와 고용 후에 발생하는 미스매치로 구분할 수 있다.[1] 고용 전에 발생하는 미스매치는 구직자와 일자리가 원활히 연결되지 못하여 발생하는 미스매치를 말한다. 구직자

---

[1] 김지운 (2020). 「한국의 산업 미스매치 실업」. 《경제학연구》 제68권 제3호.

와 일자리 특성에 따라 연령, 학력, 기술, 성, 지역, 산업, 직업, 사업체 규모, 종사상지위 등의 측면에서 다양한 정의가 가능하다. 한편 고용 후에 발생하는 미스매치는 이미 고용된 근로자와 일자리 사이의 궁합(match quality)과 관련된 미스매치로 임금 및 생산성 격차, 근속기간과 관련된 개념이다.

한편 미스매치의 원인에 따라 노동시장 미스매치를 임금(또는 보상) 미스매치, 기술 미스매치, 정보 미스매치, 지역 미스매치로 구분할 수도 있다. 임금 미스매치는 임금, 근로조건 등 구직자가 원하는 보상 수준이 기업의 제시 수준보다 높아 발생한다. 기술 미스매치는 기업이 원하는 기술 또는 숙련을 가진 구직자가 없어 충분한 임금 제시에도 불구하고 구인이 어려운 경우에 발생한다. 정보 미스매치는 구직자와 기업 간 정보의 부족·왜곡에 의해 발생하며, 지역 미스매치는 구직자와 일자리의 지역 차이에서 발생한다.

여기서는 고용 전에 발생하는 미스매치에 대해 집중해서 논의한다. 노동시장 미스매치가 문제 되는 경우는 일반적으로 구직자와 빈 일자리가 모두 많을 때이기 때문이다. 고용 전 미스매치 정도의 변화를 판단할 때, 보통 실업률과 빈 일자리율[2] 사이의 관계를 나타내는 베버리지 곡선(Beveridge Curve)의 변화를 살펴본다. 실업률과 빈 일자리율은 일반적으로 반대로 움직이는 것으로 알려져 있다.

---

2 실업률(%)은 실업자(구직자) 수를 경제활동인구 수로 나누어 100을 곱한 값이며, 빈 일자리율은 빈 일자리 수를 경제활동인구 수로 나누어 100을 곱한 값이다.

경기가 좋을 때는 기업의 노동수요 증가로 빈 일자리 수가 늘어나면서 동시에 빠르게 채워져 구직자 수는 줄어들게 되며, 경기가 나쁠 때는 반대의 현상이 일어나기 때문이다.

〈그림 4-1〉은 2010~2023년 기간에 대한 한국의 베버리지 곡선을 나타낸다. 2010~2023년 전체 기간에 대한 베버리지 곡선을 나타내는 위쪽 그림에서, 실업률과 빈 일자리율의 관계를 요약한 직선의 기울기가 음수로 나타나고 있다. 즉 한국에서도 2010~2023년 전체 기간에 대해서는 두 변수 사이에 음(-)의 관계가 나타나고 있다. 그러나 세부 기간(2010~2014년, 2015~2019년, 2020~2023년)에 대한 베버리지 곡선을 보여주는 아래쪽 그림에서는 세부 구간별로 베버리지 곡선의 모양이 다르게 나타나고 있다. 이러한 베버리지 곡선의 변화는 한국 노동시장에서 미스매치 정도가 시간에 따라 변화하고 있음을 시사한다.

2015~2019년 기간에는 실업률과 빈 일자리율 사이에 양(+)의 관계가 나타나고 있는데, 이는 빈 일자리율과 실업률이 동시에 늘어난다는 점에서 미스매치 정도가 심해졌다고 해석할 수 있다. 한편 2020~2023년 기간에는 실업률과 빈 일자리율 사이의 관계가 음의 관계로 다시 회복되었다. 그러나 2010~2014년과 비교하여 베버리지 곡선이 위쪽으로 이동했다. 이는 동일한 실업률 수준에서 빈 일자리율이 높아졌다는 것을 의미하므로 노동시장 미스매치 정도가 이전에 비교하여 더 심화되었음을 의미한다.

〈그림 4-1〉 베버리지 곡선

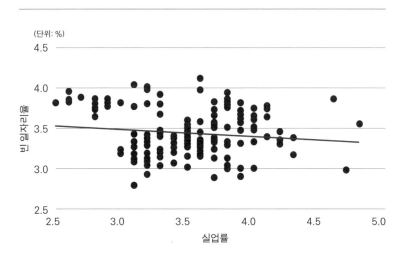

(단위: %)

● 2010~2014년   ▲ 2015~2019년   ■ 2020~2023년

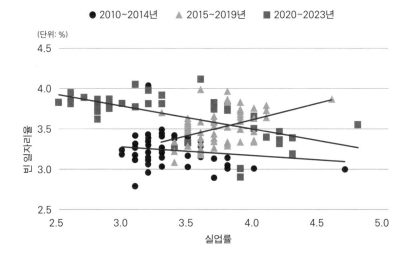

(단위: %)

주: 계절조정 실업률과 계절조정 빈 일자리율을 사용하여 저자가 작성
자료: 통계청 경제활동인구조사, 2010.1.~2023.5.; 고용노동부 사업체노동력조사, 2010.1~2023.5

2. 산업·직종별 노동시장 미스매치 현황

노동시장 미스매치의 변화 양상을 더 자세하게 살펴보자. 구체적으로 산업, 직종별로 미스매치 정도를 미충원율로 파악하고자 한다. 미충원율[3]은 구인 인원 중에 채워지지 않은 인원 비율로 단순한 형태의 미스매치 지표로 활용된다. 구체적으로 5인 이상 사업체를 대상으로 산업(중분류), 직종(소분류)별로 미스매치 정도가 큰 부문을 식별하고, 미충원 사유 분석을 통해 미스매치 완화를 위한 정책적 시사점을 도출하고자 한다.

먼저 산업별 미스매치 현황을 보기 위해 산업별 인력 수요의 특징을 알아보자. 사업체의 노동수요는 현재 인원 대비 구인 인원이 어느 정도인지를 나타내는 구인율로 알 수 있다. 2023년 상반기 구인율은 사업시설 관리·사업 지원·임대 서비스업(13.3%), 교육 서비스업(12.6%), 숙박 및 음식점업(11.4%), 건설업(10.9%), 보건업 및 사회복지서비스업(9.9%) 등에서 가장 높게 나타나고 있다. 그리고 산업별 노동수요는 2020년 이후 전반적으로 상승하고 있다. 이는 전 산업에 걸쳐 코로나19의 영향으로 노동수요가 위축되었다가 최근 들어 점차 회복하는 모습이 반영된 결과로 해석할 수 있다.

노동수요 분포와 다르게 미충원율로 측정된 미스매치 정도는 운

3　여기서는 고용노동부의 2023년 상반기 직종별사업체노동력조사에서의 미충원율을 살펴볼 것이다.

수 및 창고업(48.3%), 제조업(24.8%), 정보통신업(23.6%), 전기·가스·증기 및 공기 조절 공급업(18.2%) 등에서 높게 나타난다. 그리고 전 산업에 걸쳐 코로나19 이전보다 미스매치 정도가 심화된 것으로 보인다. 특히 전기·가스·증기 및 공기 조절 공급업, 운수 및 창고업, 제조업, 예술·스포츠·여가 관련 서비스업에서 미스매치가 크게 확대된 것으로 나타났다.

미스매치가 심한 산업을 더 구체적으로 확인하기 위해 산업 중

<표 4-1> 산업(중분류)별 미충원율 추이

(단위: %)

산업 중분류	2019	2020	2021	2022	2023	2020년 전후 차이
육상 운송 및 파이프라인 운송업	48.1	40.5	53.1	62.7	**59.0**	8.4
1차 금속 제조업	14.8	19.5	29.7	38.9	**33.0**	13.0
펄프·종이 및 종이 제품 제조업	27.3	6.6	22.3	33.7	**32.6**	−5.9
금속 가공제품 제조업 (기계 및 가구 제외)	21.9	13.1	28.0	34.3	**30.3**	2.6
기타 기계 및 장비 제조업	19.5	12.2	23.2	27.7	**28.9**	2.9
출판업	20.3	11.9	21.4	21.3	**27.3**	2.2
화학물질 및 화학제품 제조업 (의약품 제외)	13.0	10.7	23.7	31.2	**27.3**	4.8
고무 및 플라스틱 제품 제조업	12.2	13.3	20.2	30.3	**26.0**	6.5
의료·정밀·광학 기기 및 시계 제조업	10.9	13.5	13.4	31.1	**24.5**	12.5
컴퓨터 프로그래밍·시스템 통합 및 관리업	16.3	10.2	16.8	13.3	**23.9**	2.6

자료: 고용노동부 직종별사업체노동력조사(상반기), 2019~2023

분류 기준으로 최근 미스매치 추이를 살펴보았다. 〈표 4-1〉은 미충원 인원이 1,000명 이상인 산업 중 미충원율이 높은 10개 중분류 산업의 미충원율을 보여준다. 2023년 기준으로 육상 운송 및 파이프라인 운송업(59.0%), 1차 금속 제조업(33.0%), 펄프·종이 및 종이 제품 제조업(32.6%), 금속 가공제품 제조업(30.3%) 등에서 미스매치 정도가 특히 크게 나타났다.

코로나19 시기 전후의 산업 미스매치 정도를 비교해보면, 〈표 4-1〉에 나타난 산업 대부분에서 미스매치 정도가 심화된 것으로 보인다. 특히 1차 금속 제조업, 의료·정밀·광학 기기 및 시계 제조업, 육상 운송 및 파이프라인 운송업 등에서 미스매치 정도가 많이 증가하였다. 예외적으로 펄프·종이 및 종이 제품 제조업에서는 코로나19 시기 전보다 미스매치 정도가 소폭 감소한 것으로 나타났다.

직종별사업체노동력조사에서의 미충원 인원에 대한 미충원 사유[4] 정보를 사용하여 〈표 4-1〉에 제시된 산업에 대해 미스매치의 원인을 대략 파악할 수 있다. 8개 미충원 사유 중 인력 유치 경쟁, 구직자가 기피하는 직종, 임금 등 근로조건 불일치 사유는 임금 미스매치로 구분하였다. 그리고 학력·자격 및 경력 불일치 사유는 기

---

[4] 직종별사업체노동력조사에서 미충원 사유는 다음의 8개로 구분된다. ① 적극적인 구인활동을 못 했기 때문, ② 다른 사업체와의 격심한 인력 유치 경쟁 때문, ③ 구직자가 기피하는 직종이기 때문, ④ 사업체에서 제시하는 임금 수준 등 근로조건이 구직자의 기대와 맞지 않기 때문, ⑤ 사업체에서 요구하는 학력·자격을 갖춘 지원자가 없기 때문, ⑥ 사업체에서 요구하는 경력을 갖춘 지원자가 없기 때문, ⑦ 통근 거리가 멀거나 대중교통 이용이 불편하기 때문, ⑧ 기타.

술 미스매치, 통근 관련 사유는 지역 미스매치, 나머지는 기타 미스매치로 분류하였다.

〈표 4-2〉에서 확인할 수 있듯이 산업별로는 주로 임금 또는 기술 불일치가 미스매치의 주원인으로 나타났다. 육상 운송 및 파이프라인 운송업, 1차 금속 제조업, 펄프·종이 및 종이 제품 제조업, 금속 가공제품 제조업, 기타 기계 및 장비 제조업, 화학물질 및 화학제품 제조업, 고무 및 플라스틱 제품 제조업에서는 구직자가 원하는

〈표 4-2〉 산업(중분류)별 미스매치 원인

(단위: %)

산업 중분류	임금	기술	지역	기타	주원인
육상 운송 및 파이프라인 운송업	91.8	4.2	0.4	3.6	임금
1차 금속 제조업	71.2	16.5	9.3	3.0	임금
펄프·종이 및 종이 제품 제조업	82.6	9.0	6.2	2.1	임금
금속 가공제품 제조업 (기계 및 가구 제외)	56.7	23.5	10.8	8.9	임금
기타 기계 및 장비 제조업	53.5	31.7	6.4	8.4	임금
출판업	32.3	61.7	2.4	3.6	기술
화학물질 및 화학제품 제조업 (의약품 제외)	57.5	21.5	10.3	10.7	임금
고무 및 플라스틱 제품 제조업	79.7	9.9	4.9	5.5	임금
의료·정밀·광학 기기 및 시계 제조업	42.6	43.9	7.8	5.6	기술
컴퓨터 프로그래밍·시스템 통합 및 관리업	36.1	48.6	0.0	15.3	기술

자료: 고용노동부 직종별사업체노동력조사(상반기), 2023

임금 수준이 기업이 제시하는 임금 수준보다 높아 미스매치가 발생(임금 미스매치)하고 있으며, 이들 산업은 대체로 생산성이 낮고 구직자들이 기피하는 산업들에 해당한다. 한편 소프트웨어 산업을 포함하고 있는 출판업, 의료·정밀·광학 기기 및 시계 제조업, 컴퓨터 프로그래밍·시스템 통합 및 관리업 등 고부가가치 또는 신기술 산업에서는 구직자의 기술 수준이 기업이 요구하는 기술 수준에 미치지 못해 미스매치가 발생(기술 미스매치)하고 있다.

이번에는 직종별 미스매치 현황을 살펴보자. 먼저 직종별 인력 수요 특징을 확인해보면, 2023년 상반기 구인율은 농림어업직(22.2%), 건설·채굴직(17.1%), 교육·법률·사회복지·경찰·소방직 및 군인(12.9%), 미용·여행·숙박·음식·경비·청소직(11.8%) 등에서 가장 높게 나타나고 있다. 그리고 2020년 이후 전 직종에 걸쳐 직종별 노동수요는 상승하고 있으며, 이러한 추세는 특히 농림어업직, 건설·채굴직에서 두드러지게 나타난다. 이는 산업별 노동수요와 마찬가지로 코로나19의 영향으로 노동수요가 위축되었다가 최근 들어 점차 회복하는 모습이 반영된 결과로 해석할 수 있다.

그러나 미충원율로 측정된 미스매치 정도는 역시 노동수요 분포와 다르게 영업·판매·운전·운송직(26.5%), 설치·정비·생산직(20.5%), 연구직 및 공학기술직(18.7%), 예술·디자인·방송·스포츠직(18.0%) 등에서 높게 나타난다. 그리고 전 직종에 걸쳐 코로나19 이전보다 미스매치 정도가 심화되고 있다.

<표 4-3> 직종(소분류)별 미충원율 추이

(단위: %)

직종 소분류	2020	2021	2022	2023	2020-2023년 차이
자동차 운전원	36.0	48.2	53.7	50.1	14.1
단조원 및 주조원	12.7	36.0	47.0	35.1	22.4
금형원 및 공작기계 조작원	16.2	24.3	40.0	33.8	17.7
용접원	6.4	34.5	37.4	32.3	25.9
도장원 및 도금원	9.8	33.7	39.0	30.7	20.9
소프트웨어 개발자	16.5	22.8	24.0	29.6	13.1
식품 가공 기능원	10.3	25.9	29.0	28.4	18.1
금속 관련 기계·설비 조작원	20.5	29.5	37.9	25.7	5.3
전기·전자기기 설치·수리원	5.8	22.1	36.7	25.4	19.6
고무·플라스틱 및 화학제품 생산기계 조작원 및 조립원	12.7	23.1	33.8	25.2	12.4

자료: 고용노동부 직종별사업체노동력조사(상반기), 2020~2023

미스매치가 심한 직종을 더 구체적으로 확인하기 위해 직종 소분류 기준으로 최근 미스매치 추이를 살펴보았다. 〈표 4-3〉은 미충원 인원이 500명 이상인 직종 중 미충원율이 높은 10개 소분류 직종의 미충원율을 보여준다. 2023년 기준으로 자동차 운전원(50.1%), 단조원 및 주조원(35.1%), 금형원 및 공작기계 조작원(33.8%), 용접원(32.3%), 도장원 및 도금원(30.7%) 직종에서 미스매치 정도가 특히 크게 나타났다.

자동차 운전원 직종에서 미스매치 정도가 심하게 나타난 것은 산업 측면에서 육상 운송 및 파이프라인 운송업에서 미스매치가 가장 크게 나타난 결과와 부합한다. 단조원 및 주조원, 금형원 및 공작기계 조작원, 용접원, 도장원 및 도금원에서 미스매치 정도가 크게 나타난 것은 산업 측면에서 1차 금속 제조업, 금속 가공제품 제조업, 기타 기계 및 장비 제조업에서 미스매치가 높게 나타나는 결과와 관련이 있는 것으로 보인다.

2000년 이후의 직종 미스매치 추이를 살펴보면, 〈표 4-3〉에 제시된 대부분의 직종에서 미스매치 정도가 심화된 것으로 보인다. 특히 용접원, 단조원 및 주조원, 도장원 및 도금원, 전기·전자기기 설치·수리원 등에서 미스매치 정도가 많이 증가하였다. 다른 9개 직종에 비교하여 예외적으로 금속 관련 기계·설비 조작원 직종에서는 미스매치 정도가 상대적으로 적게 증가하였다.

〈표 4-4〉는 직종별로 미스매치의 주원인을 보여준다. 자동차 운전원, 단조원 및 주조원, 금형원 및 공작기계 조작원, 용접원, 도장원 및 도금원, 식품 가공 기능원, 금속 관련 기계·설비 조작원, 고무·플라스틱 및 화학제품 생산기계 조작원 및 조립원은 임금 불일치(임금 미스매치), 소프트웨어 개발자, 전기·전자기기 설치·수리원은 기술 불일치(기술 미스매치) 사유로 인해 미스매치가 크게 나타나는 것으로 확인되었다. 임금 미스매치가 주원인인 직종은 〈표 4-2〉에서 임금 미스매치가 크게 나타난 산업, 기술 미스매치가 주원인인 직종은 〈표 4-2〉에서 기술 미스매치가 크게 나타난 산업과 밀접한 관계가 있다.

<표 4-4> 직종(소분류)별 미스매치 원인

(단위: %)

직종 소분류	임금	기술	지역	기타	주원인
자동차 운전원	90.7	4.7	0.3	4.3	임금
단조원 및 주조원	91.2	2.1	2.3	4.5	임금
금형원 및 공작기계 조작원	72.1	12.5	10.1	5.2	임금
용접원	73.2	22.4	0.7	3.7	임금
도장원 및 도금원	86.0	6.2	1.6	6.2	임금
소프트웨어 개발자	41.5	52.2	0.2	6.1	기술
식품 가공 기능원	76.4	3.6	4.2	15.7	임금
금속 관련 기계·설비 조작원	59.3	19.8	15.3	5.6	임금
전기·전자기기 설치·수리원	38.5	45.1	4.7	11.7	기술
고무·플라스틱 및 화학제품 생산기계 조작원 및 조립원	76.5	7.4	8.7	7.4	임금

자료: 고용노동부 직종별사업체노동력조사(상반기), 2023

3. 노동시장 미스매치 완화를 위한 정책 방향

이상의 내용을 통해 한국에서는 산업, 직종 측면에서 미스매치가 발생하고 있으며, 그 정도는 2020년 이후에 대체로 심화되고 있음을 확인할 수 있었다. 또한 한국 노동시장에서 발생하는 미스매치는 대부분 임금 미스매치와 기술 미스매치였다.

임금 미스매치의 표면적인 원인은 기업이 제시하는 임금 수준이 구직자가 원하는 임금 수준보다 낮다는 점이다. 따라서 근로자 고용이 꼭 필요한 기업이라면 임금 수준을 높여 원하는 근로자를 고용할 것이기 때문에 임금 미스매치 문제를 완화하기 위한 정부의 노력은 필요하지 않을 것이다. 그러나 문제는 임금 미스매치를 겪고 있는 대부분 기업이 중소기업이며, 낮은 생산성으로 인해 더 높은 임금을 지급할 수 없다는 데 있다.

중소기업에서 생산성이 낮은 문제는 해당 중소기업 자체의 문제일 수도 있고, 불공정 원하청 이중구조, 중소기업 지원정책 등 경제 전반의 문제일 수도 있다. 어떤 이유에서든지 임금 미스매치 문제를 근본적으로 해결하기 위해서는 중소기업의 낮은 생산성을 끌어올려야 할 것이다. 중소기업의 생산성 향상을 위해서는 기업 스스로의 생산성 제고 노력과 함께 기업의 성장을 돕는 정부의 정책지원이 필요하다. 추가적인 생산성 향상이 어려우나 우리 경제에 꼭 필요한 산업, 직종에 대해서는 외국인 근로자 도입 확대 등을 통해 인건비를 낮추는 방안도 검토할 수 있다. 그러나 이러한 해결 방안들은 여러 현실적인 제약으로 인해 단기간에 적용되기는 어려울 것이다.

이처럼 임금 미스매치 문제는 기업의 낮은 생산성 문제와 연결되어 있어 정부의 정책 노력만으로는 해결되기 어렵고, 정부 개입의 필요성도 명확하지 않다. 반면 임금 미스매치와 다르게 기술이 빠르게 변화하는 상황에서 불가피하게 발생하는 기술 미스매치 문제는 교육과 직업훈련 정책을 통해 정부가 적극적으로 미스매치 문제를 완화할 필요가 있다. 한국에서는 주로 임금 미스매치와 기술 미스매치가 나타나고 있지만, 정보 미스매치 문제도 여전히 중요하므로 정보 미스매치 완화 측면에서의 정책 방향도 간략히 논의한다.

먼저 임금 미스매치를 완화할 수 있는 방안을 살펴보려고 한다. 임금 미스매치 문제를 근본적으로 해결하기는 쉽지 않으나, 단기적으로 문제를 일부 완화하려고 한다면 고용장려금(또는 고용보조금) 정책을 고려할 수 있다. 고용장려금은 기업 또는 근로자에게 보조금을 지급하여 근로자가 원하는 임금 수준과 기업이 원하는 임금 수준의 차이를 좁히는 정책이다. 2022년 재정지원 일자리사업 중 기업에 제공하는 대표적인 고용장려금 사업은 고용촉진장려금(1,257억 원)과 청년일자리도약장려금(8,891억 원)이 있다. 사업의 대상과 구체적 지원 내용은 다르지만, 두 사업 모두 근로자를 새롭게 고용했을 때 기업에 일정 기간 해당 근로자에 대한 인건비를 보조하는 정책이다.

고용촉진장려금은 취업에 어려움을 겪는 취약계층(여성 가장, 중증장애인, 취업지원 프로그램 이수자 등)의 고용을 돕는 사업으로 취업 취약계층을 고용한 기업의 사업주에게 보조금을 지원한다. 취업 취약계층 근로자를 신규 고용하여 6개월 이상 고용을 유지한 경우, 1년간 6개월마다 1인당 연간 360~720만 원 수준의 인건비를 지원하며, 특정 취약계층(기초생활수급자, 중증장애인 등)에 대해서는 지원 기간을 최대 2년까지 연장할 수 있다. 청년일자리도약장려금은 취업애로청년(6개월 이상 실업을 유지한 청년 등)을 정규직으로 채용하여 6개월 이상 고용을 유지한 5인 이상 우선지원대상기업 사업주에게 청년 1인당 월 60만 원(연 최대 720만 원)을 1년간 지원하는 제도이다. 지원대상 청년 근로자가 2년 이상 근속하는 경우 480만 원을 추가로 지원하여 청년 근로자 1인당 최대 1,200만 원을 지원한다.[5]

이론적인 측면에서 고용촉진지원금과 청년일자리도약장려금은 근로자가 원하는 임금 수준과 기업이 원하는 임금 수준의 차이를 줄여 임금 미스매치를 완화하는 데 도움이 될 것으로 기대할 수 있다. 그러나 기업에 보조금을 지급하는 형태의 고용장려금 제도는 여러 문제점을 발생시킬 수 있다.[6]

보조금이 없었더라도 본래의 필요로 고용을 창출하려는 기업이 무상으로 보조금의 혜택을 누리게 되는 문제(사중손실)가 대표적이다. 그리고 기업 내에서 보조금을 받은 근로자가 보조금을 받지 않은 근로자를 대체하여 고용의 순효과가 발생하지 않는 문제(대체효과), 보조금을 받은 기업이 보조금에 힘입은 가격경쟁력으로 보조금을 받지 않은 기업을 상품시장 경쟁에서 밀어낼 때 시장에서 밀려나는 기업의 고용이 감소하는 문제(전치효과)도 나타날 가능성이 있다.

---

5 청년일자리도약장려금은 2017년에서 2021년 5월까지 시행되었던 청년추가고용장려금, 2021년 6월부터 2022년까지 시행되었던 청년채용특별장려금 제도의 후속 제도로 볼 수 있으며, 이전의 제도들과 비교하여 대체로 지원조건이 강화되고 지원금 수준이 낮아졌다.

6 박철성·최강식 (2021). 「청년추가고용장려금의 고용효과에 관한 연구」, 《경제학연구》 제69권 제2호.

이와 별개로 고용장려금 제도가 실제 임금 미스매치 완화에 도움이 되지 않을 가능성도 있다. 고용장려금 제도를 통해 기업에 신규 고용 근로자에 대한 인건비를 보조하지만, 실제 인건비 보조금만큼 신규 고용 근로자의 임금이 상승하지 않을 가능성이 높기 때문이다. 임금 미스매치 문제는 기업이 제시하는 임금 수준이 근로자가 원하는 임금 수준보다 낮아 발생하는 것이다. 따라서 정부의 임금 보조금이 신규 고용의 임금에 충분히 반영되지 않는다면 근로자 입장에서는 여전히 해당 기업에 취업을 원하지 않을 것이다.

결과적으로 고용장려금 제도는 임금 미스매치 문제를 완화하기보다는 기업의 전반적인 운영비용을 낮춰 노동수요를 늘리는 방향으로 낮은 임금을 원하는 근로자를 고용하는 효과를 낼 것이다. 기존 근로자가 있는 상황에서 신규 근로자에게만 높은 임금을 지급하는 것이 현실적으로 어려운 상황을 고려한다면, 고용장려금의 긍정적 노동시장 효과는 임금 미스매치 완화보다는 노동수요 확대의 효과로 볼 수 있다.

이처럼 기업 지원 형태의 고용장려금 제도의 문제점을 생각할 때, 대안으로 근로자 지원 형태의 고용장려금 제도를 고려할 수 있다. 2022년 재정지원 일자리사업 중 근로자에게 제공하는 대표적인 고용장려금 사업은 청년내일채움공제(1조 2,306억 원) 사업이다. 청년내일채움공제는 미취업 청년(만 15~34세)의 중소기업 유입을 촉진하고 청년 근로자의 장기근속과 자산 형성을 지원하기 위해

2016년 7월부터 시행되었다. 2023년 기준 중소기업(5인 이상 50인 미만 제조업, 건설업)에 취업한 월급여 300만 원 이하 청년이 2년간 400만 원을 적립하면 정부와 기업이 각각 400만 원을 공동 적립하여 2년 만기 시 1,200만 원의 적립금과 이자를 지원대상 청년 근로자에게 지급하는 제도이다.

청년내일채움공제는 기업에 임금 보조금을 지원하는 고용장려금 제도와 달리 청년들에게 직접 임금 보조금을 지급하는 형태이므로 임금 미스매치 완화에 직접적인 효과가 있을 것으로 예상된다. 실제로 청년내일채움공제는 취업 소요 기간 단축 및 고용유지율 측면에서 긍정적 효과가 나타나고 있으며, 청년층의 정책 인지도와 만족도도 높은 것으로 나타났다.[7] 그런데도 2024년 정부 예산에는 기존에 지원을 받던 근로자에 대한 예산만 편성되고, 신규 대상자에 대한 예산은 편성되지 않아 사실상 청년내일채움공제 사업은 폐지 절차에 들어간 것으로 보인다. 청년인구 감소 추세와 청년내일채움공제의 일부 운영상 문제점 등이 반영된 결과로 추론된다.

물론 청년내일채움공제 사업의 지원금을 받기 위해서는 청년들이 2년간 특정 기업에 근로해야 하므로 발생하는 부작용도 있을 수 있다. 근로자는 원치 않는 기업에 2년 동안 억지로 일하다가 2년 만기가 지나면 바로 다른 기업으로 이직할 유인이 있다. 반대로 기업

---

7 김유빈·방형준·윤윤규·이성희·최충 (2020). 「청년내일채움공제의 성과분석 및 개선방안 연구」. 한국노동연구원.

입장에서는 청년 근로자가 지원금을 받기 위해 2년 동안 이직하기 어렵다는 점을 악용하여 청년 근로자를 부당하게 대우할 가능성도 있다. 이러한 청년내일채움공제의 문제점들은 분명 해결되어야 할 부분이나, 제도의 순기능과 정책 인지도를 고려할 때 제도 자체를 폐지할 정도의 문제점은 아니라고 판단된다.

2024년부터 청년내일채움공제를 폐지하는 대신 빈 일자리 업종에 취업하는 근로자에게 임금을 보조하는 '빈 일자리 청년 취업지원금' 제도가 신설될 예정이다. 정부가 정한 빈 일자리 업종에 취업한 청년에게 취업 3개월 뒤 취업성공수당 100만 원, 6개월 뒤 근속지원금 100만 원을 지급하여 최대 200만 원을 지원하는 제도로, 2024년에 2만 4,000여 명에 대해 483억 규모로 사업이 계획되었다. 빈 일자리 청년 취업지원금 제도는 빈 일자리를 줄여 임금 미스매치를 완화하겠다는 명시적인 목표를 가지고 있으므로 임금 미스매치 완화 측면만 보면 기존의 청년내일채움공제보다 발전된 제도인 것으로 보인다.

그러나 청년내일채움공제가 2년 동안 근로자에게 총 800만 원(근로자 기여분, 이자 제외)을 지원하는 것에 비교하여 빈 일자리 청년 취업지원금은 총 200만 원으로 지원금이 큰 폭으로 줄어들었다. 빈 일자리 청년 취업지원금이 없었다면 빈 일자리 산업에 취업하지 않았을 것이지만, 취업지원금으로 인해 빈 일자리 산업에 취업하게 되는 청년 근로자가 많을 때 본 사업의 실제 효과성은 높아진다. 그런데 보조금 수준이 충분하지 않으면 취업지원금과 상관없이 빈 일자리 산업에 원래 취업하려고 했던 청년들이 주로 사업을 신청하여 보조금이 낭비되는 사중손실 효과가 매우 크게 나타날 수 있다. 이러한 측면에서 빈 일자리 청년 취업지원금 수준(200만 원)은 정책 효과를 내기에 충분하지 않을 수 있다.

아직 사업의 정확한 내용이 공개되지 않아 제도의 효과성에 대해 논하기는 이르지만, 본 사업의 효과성을 높이기 위해서는 우선 임금 미스매치가 발생하는 부문을 명확히 식별할 필요가 있다. 이미 살펴본 것처럼 미스매치가 발생하는 산업과 직종이 다르고, 부문별 미스매치의 원인이 임금 수준 차이가 아닐 수 있다. 본 사업이 효과적으로 수행되기 위해서는 임금 미스매치가 발생하는 산업, 직종을 명확히 구분하여 사업을 운영할 필요가 있다.

현재는 조선업·뿌리산업·물류운송업·보건복지업 등 10개 빈 일자리 산업에 대한 지원을 계획하고 있는 것으로 보인다. 제도의 효과를 높이기 위해서는 기술, 정보, 지역 미스매치가 아닌 임금 미스매치가 심한 산업을 선정할 필요가 있으며, 중장기적으로는 산업뿐 아니라 직종 측면도 참작하여 더 세밀하게 빈 일자리 지원 부문을 선정해야 할 것이다. 2024년 사업을 운영하면서 사업의 효과 및 문제점을 자세히 파악하여 적정 지원금 수준과 보조금 지원 부문을 재검토해볼 필요가 있다.

다음으로는 기술 미스매치를 완화할 수 있는 방안에 대해 알아보자.[8] 기술 미스매치를 완화하기 위해서는 근로자가 기업이 원하는 수준의 기술 또는 숙련을 원활히 습득할 수 있도록 돕는 직업훈련 정책을 내실화할 필요가 있다. 산업·직업별로 기업이 원하는 기술 및 숙련 수준을 파악하고 해당 분야의 직업훈련이 효과적으로 수행될 수 있도록 정부의 체계적인 관리와 지원이 필요하다.

한국의 직업훈련 제도의 가장 큰 문제 중 하나는 여러 중앙부처 및 지자체의 직업훈련(또는 인력양성 사업) 사업들이 체계적으로 관리되고 있지 않다는 점이다. 중앙부처와 지자체별로 직업훈련 사업을 독립적으로 수행하고 있어 유사·중복성이 많이 발생하고 참여자 및 성과 관리가 체계적으로 수행되지 않고 있다. 중앙부처의 인력양성 사업 225개 중 52개 사업이 직업훈련 사업과 성격이 유사하나 고용노동부가 체계적으로 관리하고 있는 재정지원 일자리사업의 직업훈련 목록에 반영되지 않은 것으로 나타났다.[9]

기술 미스매치 완화를 위해서, 우선 재정지원 일자리사업의 직업훈련 사업과 다른 중앙부처 및 지자체의 다양한 인력양성 사업에 대한 부처 간 역할 배분을 명확히 해야 한다. 이를 통해 유사한 성격의 사업에 대해서는 경쟁력 있는 부처를 중심으로 사업을 통합할 필요가 있다. 특히 소프트웨어, 빅데이터, 반도체, 미래 자동차 관

---

8 「재정지원 일자리사업 종합평가 및 향후 개선방향」(한요섭 외, 한국개발연구원, 2022)에서 저자(김지운)가 작성한 제5장(직업훈련 분야)의 내용을 바탕으로 작성되었다.
9 최영섭·정동열·홍은선 (2021). 「재정지원 직업훈련 사업에 대한 통합 연계 조정 개편 방안」. 한국고용정보원.

련 신기술·신산업에 유사·중복 사업이 많다. 이러한 사업들에 대해서는 경쟁력 있는 부처를 중심으로 사업을 통합하거나 각 부처의 비교우위를 반영하여 숙련 수준별로 직업훈련의 효율적 역할 분담을 수행할 필요가 있다. 예를 들어 광범위한 대상에 대한 기본적인 수준의 기초 훈련과정은 직업훈련 사업의 체계적 성가평가 및 관리 경험이 많은 고용노동부가 담당하고, 상위 숙련에 해당하는 고급 과정은 보다 전문성이 있는 개별 부처가 담당하는 방식을 고려할 수 있다. 그리고 여러 중앙부처 및 지자체가 다양한 직업훈련 사업을 운영하더라도, 특정 담당 부처(예: 국무조정실, 기획재정부, 고용노동부 등)가 직업훈련 사업의 참여자 정보와 사업 성과를 종합적이며 체계적인 방식으로 관리할 필요가 있다.

기술 미스매치는 기술 습득의 특성상 단기간에 해소되기 어려운 부분이 있다. 특히 기술 수준이 빠르게 변화하는 상황에서는 기술 미스매치 정도가 심화될 가능성이 높은데, 이를 완화하기 위해서는 기술 미스매치에 선제적으로 대응할 필요가 있다. 미충원율 정보 등을 통해 현재 기술 미스매치가 심한 산업과 직종을 파악하여 적절한 직업훈련 사업으로 대응하는 것이 일차적으로 중요할 것이다. 그러나 기술 미스매치가 발생할 부문을 미리 예측하여 선제적인 직업훈련을 통해 기술 미스매치 심화를 미리 예방하는 것도 중요하다.

이를 위해서는 체계적인 분야별 인력수급 전망이 필수적이다.

현재는 산업부(유망신산업 산업기술인력 전망), 고용부(중장기 인력수급 전망), 과기부(과학기술인력 중장기 수급전망) 등 다양한 부처에서 중기(시계 10년) 인력수요 전망을 독립적으로 수행하고 있다. 이처럼 각 부처에서 독립적으로 전망을 수행하고 개별 전망치를 환류하지 않기 때문에 전망 방법론, 전망 전제가 서로 달라 같은 부문에 대해 서로 다른 전망치가 제시될 가능성도 있다. 부처별 인력수급 전망치의 현실성을 확보하기 위해서는 경제성장률 전망치와 같이 다수의 기관 전망치가 공개, 비교, 평가, 환류되어 전망치 간 정합성 및 일관성을 제고할 필요가 있다.

특히 각 부처와 밀접하게 연관된 분야의 인력에 대한 자체 인력수급 전망치는 과대측정될 가능성이 있으며, 이를 바탕으로 무분별하게 직업훈련이 확장되고 중복투자되어 직업훈련의 효과성이 낮아질 가능성이 있다. 양질의 직업훈련기관이 충분히 많지 않기 때문에 특정 분야에서 직업훈련 물량이 급격하게 확대되면 직업훈련 사업의 품질 저하로 이어질 수 있다. 과대추계된 인력수급 전망에 따라 과도하게 책정된 물량을 채우기 위해 경쟁력 없는 훈련기관이 사업에 참여하게 되거나 퇴출되지 못하는 상황이 발생할 수 있기 때문이다. 직업훈련기관의 경쟁력 제고 측면에서도 체계적인 중장기 인력수급 전망과 환류 작업은 필수적이다.

기술 미스매치가 심한 부문이 정밀하게 선정되고 중기 분야별 인력수급 전망이 고도화되어 미래 기술 미스매치 부문을 체계적으로 예측할 수 있다고 하더라도, 직업훈련기관이 경쟁력을 갖추지 못한 다면 기술 미스매치를 줄이기는 어려울 것이다. 직업훈련기관의 경쟁력이 낮은 경우에는 직업훈련을 통해 근로자의 취업 가능성을 높이기 어려워 기술 미스매치가 사라지지 않을 것이기 때문이다. 다시 말해 직업훈련의 효과는 훈련을 담당하는 직업훈련기관의 경쟁력에 달려 있다고 볼 수 있으므로 직업훈련기관의 경쟁력이 낮은 경우 기술 미스매치 문제는 해결되기 어렵다.

훈련기관의 경쟁력 제고를 위해서는 훈련기관의 진입 및 퇴출이 활발히 일어나고 민간 직업훈련시장이 활성화되기 위한 구조개혁이 필요할 것으로 보인다. 직업훈련기관의 경쟁력 강화를 위해 공공 직업훈련기관, 민간 학원, 공동훈련센터, 일학습병행 참여기업 등 직업훈련기관에 대한 실효성 있는 성과평가를 바탕으로 훈련기관의 진입과 퇴출이 활발히 일어나도록 훈련기관이 관리될 필요가 있다. 수요자 중심의 내실 있는 직업훈련이 제공될 수 있도록 직업훈련기관에 대한 실효성 있는 성과관리를 통해 직업훈련기관의 경쟁력을 강화해야 할 것이다.

경쟁력 없는 직업훈련기관의 퇴출을 활성화하기 위해 훈련기관에 대한 불필요한 재정지원을 줄일 필요가 있다. 이를 위해 훈련생이 직접 부담하는 훈련비 자비부담비용 인상을 검토할 수 있다. 훈련비용 중 훈련생이 직접 부담하는 자비부담비용 인상은 훈련 수요자가 훈련 참여 및 훈련기관 선택을 신중하게 만들 것이다. 이는 훈련기관의 품질관리 유인을 높이는 방향으로 작용하여 훈련기관들의 활발한 경쟁을 가능하게 할 것이다. 다만 저소득층 등 취약계층에게 꼭 필요한 훈련과정에 대해서는 정부지원 사업의 취지에 맞게 훈련비를 충분히 지원할 필요가 있다.

마지막으로 신산업·신기술 분야의 중·고급 훈련과정에 대해서는 정부의 지원과 간섭을 최소화할 필요가 있다. 재정지원 의존도가 높지 않은 직업훈련기관, 즉 시장에서 자생할 능력을 가진 양질의 민간 직업훈련기관들이 자유롭게 경쟁할 수 있는 환경을 조성하는 역할에 집중하고 직접적인 개입은 자제해야 할 것이다. 이러한 방식으로 경쟁력 있는 민간 직업훈련기관이 정부 재정지원에 의존하여 경쟁력을 잃게 되는 문제를 예방할 수 있을 것이다.

한국 직업훈련 제도의 문제점은 정부가 사실상 훈련시장의 수량과 가격 결정을 주도하는 등 정부 주도 훈련이 중심이 되어 민간의 직업훈련 역량이 제한되고 있다는 점이다. 짧은 기간에 저숙련 또는 중숙련 근로자를 대량으로 훈련시킬 필요가 있었던 한국의 고도성장기에는 정부 주도의 직업훈련이 효과적일 수 있었다. 그러나 기술 수준이 빠르게 변화하고 다양한 고급 숙련·기술이 요구되는 현재의 상황에서는 정부 주도의 직업훈련으로 기술 미스매치 문제를 완화하기에는 한계가 있다.

따라서 정부는 직업훈련기관의 수익성이 보장되지 않아 민간 직업훈련이 활성화될 수 없는 분야에 한정해서, 훈련기관에 대한 체계적인 성과평가를 전제로 지금과 비슷한 방식으로 직업훈련의 주도적인 역할을 이어가야 할 것이다. 그리고 민간 직업훈련기관이 참여할 유인이 있고 직업훈련기관들이 경쟁할 수 있는 환경이 조성된 분야에 대해서는 민간 직업훈련시장의 원활한 작동을 지원하는 수준에서 정부의 역할이 제한될 필요가 있다.

한국에서는 주로 임금 미스매치와 기술 미스매치가 나타나고 있지만, 정보 미스매치 문제도 여전히 중요하므로 정보 미스매치 완화 측면에서의 정책 방향도 간략히 살펴보자. 정보 미스매치를 줄이기 위해서는 구직자가 구인기업에 대한 정보를, 구인기업이 구직자에 대한 정보를 보다 원활하게 취득할 수 있도록 정책지원이 필요하다. 여기서는 구직자 입장에서 구인 기업의 일자리 정보에 더 쉽게 접근할 수 있는 방안을 논의한다. 온라인 또는 오프라인 공간에서 구직자의 정보와 구인기업의 정보가 함께 공유되어야 정보 미스매치가 완화될 수 있으므로 구직자 기준의 정보 미스매치 완화 정책은 곧 구인기업 입장의 정보 미스매치 완화 정책으로 직결될 것이다.

〈표 4-5〉는 한국고용정보원의 청년패널조사에서 조사된 일자리 정보 취득 경로에 대한 현황 분석 결과이다. 취업자 기준으로 살펴보면, 일자리 정보 취득 경로 중 가장 비중이 높은 경로는 사람인, 잡코리아 등 민간 취업포털사이트 및 앱이다. 그리고 이어서 친구 또는 선후배, 학교 선생님(교수), 부모 또는 친척, 워크넷 등 공공 취업포털사이트 및 앱이 중요한 일자리 정보 취득 경로로 나타났다.

〈표 4-5〉 일자리 정보 취득 경로

(단위: %)

일자리 정보 취득 경로	취업자		실업자	
	비중	순위	비중	순위
학교 선생님(교수)	10.9	3	7.5	6
학교에서 운영하는 취업정보센터, 경력개발센터 등	5.1	7	6.0	7
신문, TV 등 언론매체	2.3	10	2.4	10
부모 또는 친척	8.4	5	1.4	11
친구 또는 선후배 등 지인	22.6	2	8.7	3
공공 취업알선기관	3.7	8	8.3	4
민간 취업알선기관	7.4	6	8.2	5
공공 취업포털사이트 및 앱(워크넷 등)	9.1	4	16.4	2
민간 취업포털사이트 및 앱(사람인, 잡코리아 등)	22.7	1	32.1	1
취업 준비 커뮤니티 웹(블로그, 카페, 유튜브 등)	1.7	11	3.2	9
기업 공식 홈페이지 및 기업 SNS(페이스북, 블로그, 유튜브 등)	3.3	9	4.4	8
채용 설명회·채용 박람회	1.2	12	0.9	12
학원	0.7	14	0.3	13
현장실습/인턴십	0.9	13	0.2	14
헤드헌터(서치 컨설턴트)	0.1	15	0.0	15

자료: 한국고용정보원, 청년패널조사, Y2021 1년차, 2021

주목할 점은 친구, 선후배, 학교 선생님, 부모, 친척 등 개인의 네트워크에 의한 일자리 정보 취득 비율(41.9%)이 매우 높게 나타난다는 점이다.

실업자에 대해서는 취득 경로의 우선순위가 취업자와 소폭 다르게 나타나지만, 민간 취업포털사이트 및 앱의 의존도가 가장 높게 나타난 점은 동일하다. 가장 큰 차이점은 취업자에 비교하여 지인 등 개인 네트워크로부터의 정보 취득 비율(17.6%)이 낮은 대신 공공 취업포털사이트 및 앱을 활용하는 비율이 높다는 점이다.

이러한 현황 분석 내용을 참고할 때, 정보 미스매치 완화를 위해서 정부는 공공 취업포털사이트 및 앱의 활용도를 민간 수준으로 끌어올리기 위해 노력하기보다는 구직자 및 구인기업이 민간 취업포털사이트 및 앱을 원활히 활용할 수 있도록 지원하는 정책에 집중할 필요가 있다. 정부의 구인구직 포털사이트인 워크넷, 직업훈련 포털사이트인 HRD-net, 청년정책 포털사이트인 청년포털 등은 취지와는 다르게 공급자의 편의가 많이 반영된 포털사이트이다. 유용한 정보들이 많이 포함되어 있으나, 정책 이름 등 관련된 정보를 이미 아는 사람들이 사용하기 편하도록 설계되어 있다.

그러나 정부의 공공 포털사이트를 찾는 사람들 대부분은 해당 포털사이트에 어떤 정보들이 담겨 있는지 모르는 경우가 많아 포털사이트가 실제 도움이 되지 못한다. 정부 입장에서는 포털사이트 운영, 유지 및 개선을 위해 노력할 유인이 충분하지 않으므로 사람인, 잡코리아 등 민간 취업포털사이트와 같이 수요자의 편의를 충분히 반영하기 어려울 것이다. 따라서 정부 공공 포털사이트를 민간 포털사이트 수준으로 발전시키기 위해 노력하는 방식의 정책 접근은 현실적이지 못할 가능성이 높다. 이보다는 구직자 및 구인기업이 민간 취업포털사이트 및 앱을 원활히 활용할 수 있도록 이용료를 지원하거나, 민간 취업포털사이트를 정부 차원에서 지원할 수 있는 방안을 고려하는 것이 더 효과적인 정책 방향이라 판단된다.

〈표 4-5〉에서 확인된 내용 중 흥미로운 부분은 취업자의 경우에는 상당수가 친구 또는 선후배, 학교 선생님(교수), 부모 또는 친척 등의 지인으로부터 일자리 정보를 취득했다는 점이다. 반면 실업자의 경우에는 취업자에 비교하여 지인으로부터의 정보 취득 비율이 크게 낮았다. 이러한 차이는 비공식적인 일자리 정보 획득이 취업에 미치는 영향이 상당할 수 있다는 것을 시사한다. 지인으로부터 비공식적이면서 구체적인 일자리 정보를 취득하게 되면 취업 가능성이 높아질 것이다. 임금, 근로조건, 근로환경 등에 대한 자세한 정보는 민간 및 공공 취업포털사이트에 자세히 공개되기 어려운 민감한 정보일 수 있기 때문이다.

취업자에 비교하여 양질의 일자리 정보를 제공해줄 지인이 상대적으로 부족한 실업자들에게 비공식적인 일자리 정보를 취득할 수 있는 방안에 대해 고민해볼 필요가 있다. 비공식적인 일자리 정보를 정부가 공식적인 정책을 통해 제공할 수 있을지는 의문이지만, 정보 미스매치 완화를 통해 고용률을 높이기 위해서는 실업자의 일자리 정보 접근성을 높이는 정책은 중요하다. 실업자들의 공공 및 민간 취업알선기관 활용률이 상대적으로 높다는 점을 감안할 때, 취업알선기관 및 담당자의 역량 강화를 통해 실업자의 비공식적 일자리 정보 접근성을 다소 높일 수 있을 것으로 기대된다.

4. 소결

 한국에서는 산업, 직종 측면에서 미스매치가 발생하고 있으며, 그 정도는 2020년 이후에 대체로 심화되고 있다. 한국 노동시장의 미스매치는 주로 구직자가 원하는 임금 수준이 기업이 제시하는 임금 수준보다 높거나, 기업이 요구하는 기술 수준에 근로자의 기술 수준이 미치지 못해 발생하고 있다.

 임금 불일치에 따라 발생하는 임금 미스매치를 근본적으로 해결하기 위해서는 중소기업의 낮은 생산성을 끌어올려야 하며, 이를 위해 기업 스스로의 생산성 제고 노력과 함께 기업의 성장을 돕는 정부의 정책지원이 필요하다. 이와 더불어 단기적으로는 근로자 지원 형태의 고용장려금 제도를 강화하여 기업이 제시하는 임금 수준과 근로자가 원하는 임금 수준의 차이를 좁히는 방식으로 임금 미스매치를 일부 완화할 수 있을 것이다.

 한편 기술 불일치에 따라 발생하는 기술 미스매치를 완화하기 위해서는 근로자가 기업이 원하는 수준의 기술 또는 숙련을 원활히 습득할 수 있도록 돕는 직업훈련 정책을 내실화할 필요가 있다. 산업, 직업별로 기업이 원하는 기술 및 숙련 수준을 파악하고 해당 분야의 직업훈련이 효과적으로 수행될 수 있도록 정부의 체계적인 관리와 지원이 필요하다. 정부는 민간 직업훈련이 활성화될 수 없는 분야에 대해서는 주도적인 역할을 이어가되, 민간 직업훈련기관들의 자유로운 경쟁이 가능한 분야에 대해서는 훈련시장의 원활한 작동을 지원하는 정도로 정부의 역할을 줄여나갈 필요가 있다.

제5장

건강보험,
힘이 될 것인가 짐이 될 것인가

신자은 | KDI 국제정책대학원

1. 건강보험 재정, 정말 위기인가?

건강보험의 재정위기, 지속가능성 문제는 국민적 관심사이면서 국가재정에서도 매우 중요한 의제이다. 전 국민 건강보험이 시행된 이래 국민소득 증대, 보건의료기술의 발전, 저출산 고령화 등으로 의료서비스의 수요와 건강보험 지출이 지속적으로 증가해왔고, 경제위기를 거치면서는 국가재정의 투입 없이는 안정적인 재정 운용이 어려운 상태가 되었기 때문이다. 건강보험 재정적자 문제가 처음 대두된 1997~1998년 외환위기 당시로 거슬러 올라가 건강보험 재정이 걸어온 궤적을 짚어보면 현재 논의되는 재정위기가 의미하는 바와 원인과 대책에 대한 실마리를 찾을 수 있다.

건강보험 재정안정성은 보험료 수입과 정부지원금으로 주로 구성되는 당해 연도 총수입이 보험급여비와 관리운영비에 소요되는 총지출을 충족하는지, 즉 당기수지 추세를 점검하면 쉽게 파악된다. 1989년에 전 국민 건강보험이 달성된 이후 1994년까지는 총수입 대비 총지출 비율이 80% 이하 수준에서 안정적으로 유지되었다. 그러나 1995년에 이 비율이 90%를 넘어섰고 1996년에는 97%를 상회한다. 건강보험 급여 지출이 수입에 비해 빠르게 증가한 것이다. 결국 1996년에 1,667억 원이었던 당기수지 흑자가 1997년에는 2,409억 원 적자로 전환되고, 2001년에는 적자 규모가 2조 1,775억 원에 달했다.

2002년까지 지속된 당기수지 적자로 같은 기간 누적 적립금도 급속히 고갈되었다. 건강보험 누적 적립금은 당해 연도 총수입이 총지출에 미달하여 보험급여비가 미지급되는 일이 없도록 당해 연도 총 보험급여비의 50%까지 보유하도록 정해놓은 법정준비금이다(국민건강보험법 제38조). 누적 적립금은 1996년 3조 1,880억 원에서 2000년 1조 9,949억 원으로 감소, 이후 2001년과 2002년 연속 당기수지 적자로 인해 완전히 고갈되었다가 2004년부터 점차 회복되었는데, 이는 2002년에 국고와 담배세로 조성된 국민건강진흥기금(현 국민건강증진기금)을 건강보험 재정에 투입하는 것을 주요 골자로 하는 '국민건강보험재정건전화특별법' 제정에 힘입은 결과다.

국가재정의 투입에도 불구하고 건강보험 당기수지는 2010년, 2018년과 2019년에 재차 적자를 겪었다. 1997년 72.9%에서 2004년 0.5%로 급락했던 누적 준비금 적립률은 2008년 8.4%까지 더디나마 회복했지만, 글로벌 금융위기를 맞아 2010년에 2.8%로 다시 감소하는 등 불안한 등락을 거듭해왔다. 이후 2017년 36.6% 까지 적립률이 상당히 개선되었으나 이후 2년 연속 당기수지 적자가 발생한 상태에서 코로나19를 맞았고 2021년 22.7%로 적립금 규모는 다시 하락세로 돌아섰다. 적립금이 아예 소진되었던 때도 있었으니 17조 4,181억 원(2021년 기준)의 적립금이 예비되어 있고 그간의 경험으로 건강보험 재정관리에 경계를 늦추지 않고 있다는 점은 고무적이다. 그럼에도 경제 상황에 따라 당기수지 변동성이 심하고, 앞으로도 건강보험 지출의 빠른 증가가 예상되니 현재의 적립금이 법정 기준의 절반에도 미치지 못하고 있음은 유의해야 한다.

건강보험 재정의 지난 30여 년 굴곡진 궤적을 복기해보건대, 건강보험 재정위기, 지속가능성 문제는 근거 있는 우려인가, 아니면 과장된 기우인가? 건강보험 재정은 저출산 저성장, 보장성 강화의 여파로 수년 내 고갈되고 제도가 파탄 날 것인가, 아니면 이 모든 우려는 비현실적 재정 추계로 인한 허구에 불과한가? 건강보험료가 매년 꾸준히 인상되어왔고, 그때마다 건강보험 재정위기가 보험료 인상의 근거로 회자되면서, 동일한 통계를 두고 상반된 해석이 대치하는 건강보험 재정위기 진실 공방이 현재진행 중이다.

건강보험 재정 지속가능성에 문제가 없다고 주장하는 쪽에서는 건강보험 재정이 당기수지로나 누적 적립금으로나 견고한 흑자인데 보험료를 계속 인상해서 국민 부담을 가중시키고, 사회보험이 기금을 쌓아놓고 흑자 운영을 한다고 비판한다. 몇 차례 재정위기가 있었던 것은 사실이지만 시기적으로 외생적인 거시경제 충격과 맞물려 있고, 코로나19라는 초유의 감염병 사태도 통과해서 건강보험 재정이 비교적 안정적으로 유지되고 있는 데다, 국고와 국민건강증진기금의 지원도 2027년까지 한시적이나마 확보가 되었으니, 건강보험 재정위기를 논하는 것이 근거가 빈약한 과장된 경보음으로 여겨질 만하다.

문재인 정부가 건강보험 보장성 강화 정책을 추진할 당시 재정에도 문제가 없고 보험료 인상도 필요하지 않다고 장담했던 것은 사상 최대 규모의 누적 적립금 덕분이었다. 문재인 정부 첫해였던 2018년 건강보험 누적 적립금은 20조 7,700억 원 수준으로, 적립률이 36.6%에 달했다. 이는 2000년에 건강보험공단이 단일보험자로 출범한 이래 가장 높은 적립률이었고 건강보험 전체 재정 규모가 워낙 확대된 탓에 적립금 규모가 20조 원에 달했으니, 수십 년째 정체되어 있는 건강보험 보장률을 개선하겠다는 주장을 재정 부담을 근거로 반대하는 것은 설득력을 갖기 어려웠다.

공보험자인 건강보험이 보험료를 계속 인상하면서 엄청난 규모의 적립금을 쌓아두는 것은 국고 지원을 늘리지 않으려는, 혹은 중장기적으로 건강보험에의 국고 지원을 중단하려는 의중이 아니냐는 의심도 보험료 인상이 결정될 때마다, 국고 지원을 5년씩 연장하는 국민건강보험법 개정 때마다 불거져 나온다.

그렇지만 매년 변동되는 당해 연도 누적 적립금 규모만 보고 건강보험 재정위기가 허구라고 단정 짓는 것은, 건강보험 재정위기가 구조적이고 장기적인 문제라는 점을 간과한 것으로 누적 적립금 착시 효과다.

건강보험 재정위기는 여러 각도에서 그 근거를 찾아볼 수 있다. 첫째, 경제사회 구조적 요인으로 인해 앞으로 지출이 수입을 빠르게 압도하여 지금의 추세라면 수년 내 적립금이 소진될 것이다. 경제위기나 코로나19 같은 국민 건강상의 응급재난 상황이 없다고 가정하더라도, 탈출구가 보이지 않는 초저출산과 급속한 인구 고령화, 이미 시작된 저성장으로 수입에 비해 월등히 빠른 속도로 지출이 증가하고 있고 이러한 추세가 잦아들기 위한 인구학적·경제적 조건의 성립은 당분간 기대하기 어렵다.

둘째, 건강보험 수입 확보 방식이 경직적이어서 지출 증가에 효과적으로 대응하지 못한다. 건강보험 주 수입원인 보험료는 소득과 자산의 일정 비율로 부과되기 때문에 경제 여건과 고용 상황에 민감하고, 보험료율은 근로자와 기업을 대표하는 위원들이 참여하여 매년 결정하게 되므로 급격한 인상이 어렵다. 현재의 건강보험 적립금 규모를 확보하기 위해 2000년 2.8%였던 직장가입자 기준 보험료율이 2023년 7.09%까지 인상되었으니, 앞으로도 건강보험 재정이 고갈되지 않기 위해 보험료 수입이 매년 확대되어야 한다. 2030년까지 법정 상한인 8%로 보험료율을 인상해도 2028년에 누적 준비금은 적자로 전환되고, 2032년에는 누적 적자액이 61.6조 원이 될 것으로 추정된다(국회예산정책처, 2023).

마지막으로, 지출 증가를 통제하는 기제가 취약하다. 건강보험 지출 규모는 제도 외적 요소에 의해 결정된다. 건강위험의 특성상 완벽한 예측이나 통제가 불가능한 역학적 요인, 의료서비스 수요와 이용 행태의 변화뿐 아니라 보험급여 개편 같은 정책 요인, 감염병 등 돌발변수가 지출에 영향을 준다. 先진료 後지불로 운영되는 건강보험 재정 흐름의 특성상 당해에 예상치 못한 적자가 발생하더라도 차년도 수입을 즉시 증액하거나 지출을 수입에 맞게 감축하는 단기 조정은 사실상 불가능하다. 적정 수준의 누적 적립금을 안정적으로 보유하는 것이 중요한 이유다.

건강보험 보장성 확대라는 정책 방향이 옳다고 할지라도 보험급여를 확대하는 경우 실제로 의료 이용이 어느 정도 증가할 것인지는 정확한 예측이 어려워서 예상보다 큰 재정 부담으로 귀결될 수 있다. 하나의 급여 혜택이 연계된 다른 의료서비스 이용을 동반 증가시킬 수 있기 때문이다. 어떤 서비스가 어느 정도까지 추가로 이용될 것인지는 환자와 의료공급자 간 상호작용에 의해 복합적인 요인에 영향을 받아 결정되니 정책당국이 개입할 여지가 거의 없다.

문재인 정부의 보장성 강화 정책이 결국 직장가입자 기준 건강보험료율 인상과 함께 누적 준비금 적립률 하락으로 귀결된 것이 이를 방증한다.

확대된 보험급여는 되돌리기가 쉽지 않고 지출에의 영향은 영구적이다. 따라서 보장성을 강화할 때에는, 질병 부담과 비용효과성 등 명확한 원칙과 과학적 근거에 기반하고 재정 소요에 대한 대비를 잘 갖추어야 한다. 누적 적립금은 서비스 이용과 급여비 지출 변동성, 급여비 지연 지급에 대한 예비금으로서 건강보험의 안정적 운영의 버팀목이지, 편히 꺼내 써도 되는 여윳돈이 아니다. 단기적으로 넉넉한 적립금에 기대어 보장성 확대를 정치적으로 결정해서는 안 된다.

요약하면, 건강보험 재정의 진짜 위기는, 예상되는 수입-지출 변동성에 유연하게 대응할 수 있는 체계적이고 장기적인 전략을 갖고 있지 못하다는 것이다. 우리 사회의 인구구조, 질병구조, 경제구조는 현재의 건강보험 재정 운영체계가 감당해본 적 없는 도전으로, 완전히 새로운 대응 전략을 요구한다. 보험료 부과체계의 미시적 개편이나 국고 지원에 대한 막연한 기대, 정교한 중장기 계획이 뒷받침되지 않는 정치적 결정으로 건강보험 재정의 앞날이 담보될 수 없다. 변화된 제도적 환경과 우리 경제사회 여건에 부합하는 건강보험 재정 안정 기제를 더 늦기 전에 공론화하고 기민하게 구축하는 것, 이것이 건강보험 재정위기로 축약된 건강보험제도의 지속가능성 확보 문제의 해답이다. 45년 역사의 건강보험제도가 앞으로도 대한민국 미래 사회의 국민건강과 보건의료체계를 뒷받침하는 중추적인 역할과 책임을 다하려면, 현재의 역량과 한계를 냉철히 점검하고 필요한 개혁과 재정비에 지체 없이 임해야 한다. 건강보험 재정 위기는 멀리 있지 않다.

2. 지출 증가와 수입 확대, 건강보험 성숙의 명암

지출 증가가 건강보험 재정 지속가능성 문제의 원인이라고 한껏 지적했지만, 사실 지출 증가는 건강보험이 성숙하고 그 기능을 다할 때 자연스럽게 수반되는 성과 지표이기도 하다. 건강보험 지출 증가가 왜 성과이고, 왜 문제인지 공정하게 평가하기 위해 성과로서의 지출 증가에 대해 먼저 살펴볼 필요가 있다.

1977년에 시행된 건강보험은 단계적으로 대상자와 보장성을 확대하면서 의료 이용에 대한 국민들의 접근성과 형평성을 비약적으로 향상시켰다. 영유아 사망률은 낮아지고 기대수명은 세계 최고 수준으로 연장되었다(1977년 65세에서 2021년 83.6세). 전 국민 건강보험이 달성된 1989년에 총의료비 지출의 58.8%에 달하던 자기부담금 비율은 2022년 28.0%로 감소했다. 이는 국제연합(UN)과 국제사회가 공동 지향하는 지속가능발전목표 중 하나인 보편적 의료보장

(universal health coverage)에 부합하는 성과이다(OECD Data, 2022).

이처럼 공적 의료보험이 성숙해지고 그 본연의 기능을 성공적으로 수행하게 되면 의료서비스 수요가 창출되고 보험료 재원이 보건의료시장으로 유입되어 의료공급자 시장도 발전한다. 가입자 수가 증가하고 의료서비스 접근성과 질이 개선되니 서비스 이용과 함께 국민 총의료비 지출이 증가한다. 또한 국민소득 향상으로 삶의 질에 대한 관심이 증대하고, 기대수명이 연장되고 의료기술이 발전하는 등 국민 경제가 전반적 성장하면 국민 총의료비가 증가한다.

지난 30년간의 건강보험 총지출은 명목금액 기준 39배로 증가했다. 1990년 2조 1,640억에서 2000년 10조 6,735억으로 5배, 2010년 34억 9,263억, 그리고 2021년 78조 9,511억이 된 것이다(건강보험통계연보, 2000, 2021). 건강보험 총지출에는 건강검진비, 관리운영비 등도 포함되지만 주 항목은 급여비다(2021년 기준 총지출의 97.2%). 급여비는 가입자에게 지급된 보험 혜택이니 건강보험 지출의 증가는 우리 사회경제의 발전, 국민의 의료적 수요에 부응하여 건강보험이 전 국민 의료보장체계로서 그 역할을 다했다는 증거이고 국제사회도 높이 평가하는 자랑스러운 성과다.

그러나 모든 투자가 그러하듯 보건의료 분야도 총의료비 지출 수준이 낮을 때는 자원의 투입이 조금만 확대되어도 건강 성과에 큰 개선이 일어나지만, 총의료비 지출 수준이 높아질수록 건강성과의 개선 폭이 점차 감소하여 의료비 지출 효율성을 위협하게 된다. 지출 효율성이 지출 증가를 따라잡지 못하면 지출 증가는 성과가 아니라 재정위기의 원인으로 돌변하게 된다. 건강보험은 성장에서 성숙으로, 그리고 이제는 노화가 우려되는 단계로 접어들었고 지출 효율성을 점검하지 않으면 안 될 수준으로 그 덩치도, 증가 속도도 임계점에 다다랐다.

만약 지출 증가만큼 수입을 확보할 수 있다면 지출 효율성에 대한 점검도, 건강보험 재정 안정에 대한 우려도 할 필요가 없다. 그렇다면 수입 확보는 어떻게, 얼마나 가능할까?

건강보험 수입의 일차적 재원은 가입자가 납입하는 보험료다. 전 국민 건강보험이 완성된 초기에는 총의료비 지출 증가율보다 경제성장률이 높았기에 낮은 보험료율로도 재정에 큰 문제가 없었다. 하지만 2000년대 이후 총의료비 증가율이 경제성장률을 초과했다. 경제성장률이 정체, 하락세를 보이며 저성장 기조로 진입한 것과 달리 총의료비 증가율 상승세는 잦아들지 않고 있다. 경제활동인구의 감소와 저성장은 보험료 수입의 감소를, 65세 이상 인구의 증가는 보험급여 지출의 증가를 의미하니, 보험료율 인상은 피할 수 없는 선택이다. 그나마 아직은 보험료율 인상을 통해 적립금도 어느 수준에서 유지, 확보하면서 보장성 강화도 도모할 수 있었지만 앞으로도 건강보험 재정을 이런 방식으로 운영할 수 있는 여력은 그리 크지 않다.

먼저, 직장가입자 기준 2023년 건강보험료율은 7.09%로 건강보험료율 법정 상한인 8%까지 1% 이내로 근접해 있다. 재정구조에 획기적인 변화가 있지 않은 한, 향후 폭증이 예상되는 건강보험 지출을 건강보험료율 인상만으로 충당하는 것은 해법으로서 명확한 한계가 있는 것이다. 법 개정을 통한 건강보험료율 상한의 상향은 수동적인 임시방편일 뿐 본질적인 해결 방법이 아니다.

수차례의 보장성 강화 정책에도 불구하고 건강보험 보장률은 2021년 64.5%로,[1] 노무현 정부 이후 선언적 목표 보장률인 70%에 미치지 못하고, 지난 25년간 보장률 수준은 사실상 정체 상태다.[2] 급여 혹은 소득에서 의무 부과되는 건강보험료는 계속 늘어나는데 국민들이 체감하는 건강보험의 보장성은 크게 좋아지지 않은 것이다. 건강보험료율은 보험료를 분담하는 기업과 근로자 단체 대표가 심의 의결에 참여하는 건강보험정책심의위원회에서 매년 결정하기 때문에 보험료 인상에 호의적이지 않다. 건강보험의 재정 운영, 수가 결정, 본인부담금 책정이 모두 건강보험공단에서 이루어지고, 국고 지원을 늘리거나 적립금 규모를 조정하는 방법도 있기 때문에 보험료 인상을 밀어붙일 명분이 서지 않는다. 보장성이 제자리걸음인 상태에서 건강보험 지출 관리 실패의 책임을 가입자인 국민들에게 전가한다는 비판도 부담이다. 보험료율을 인상하더라도 단기 재정 상

---

1 건강보험 보장률 = { 건강보험급여비/(건강보험급여비+법정본인부담금+비급여본인부담금) } ×100 건강보험 급여율 = { 건강보험급여비/(건강보험급여비+법정본인부담금) } ×100
2 2021년도 건강보험환자 진료비 실태조사에 따르면 급여 본인부담률이 19.9%, 비급여 본인부담률 15.6%로 건강보험 보장률은 64.5%이다.

황에 따른 급격한 변동성은 피하고 장기적인 추세를 고려하여 매년 단계적으로 인상해야 하니 지출 변동을 보험료 수입의 즉각적 조정으로 대응하기는 힘들다. 지지부진한 보장률과 상한에 근접한 보험료율로 인해 건강보험 수입 확대는 난맥상이다. 따라서 지금 당장은 사뭇 큰 문제가 없어 보일지라도 건강보험 재정에 정말로 위기가 닥친다면 보험료 수입은 든든히 의지할 방어막이 되어주지 못한다.

건강보험 재정 수입원에는 보험료 수입 외에도 국고 지원과 담배세로 충당되는 국민건강증진기금도 포함되어 있지만, 기여분이 일정 수준으로 각각 정해져 있고 이를 명시한 법률은 5년 기한의 시한부다. 법정 기여분 투입을 강제하는 조항이 없어 실제로 건강보험 재정에 투입되는 이 두 재원의 규모는 법정 기준에 미달한다. 그럼에도 국고와 국민건강증진기금의 재원이 없다면 현재의 보험료 수입으로는 지출을 충당할 수 없다. 따라서 이 두 재원이 건강보험 재정수입 구조에서 어떤 역할을 해야 할 것인지에 대한 논의와 함께 수입구조 전반에 대한 재정비가 시급하다.

국고 지원의 유지 여부와 수준, 법정 적립률의 적정 수준, 건강보험료율 상한선에 대한 결정을 포함한 법 개정이 필요하다. 국회와 정부, 가입자와 의료공급자 모두가 참여해서 이루어내야 하는 중차대한 과업이나, 정교한 정책 설계가 요구되고 사회적 합의 도출을 위한 지난하고 험난한 길, 그래서 피하고픈 과정이다. 하여 보험료율을 매년 소폭 인상하고, 적립금을 조금씩 소진하면서 적립률을 법정 수준보다 낮게 유지하고, 국고 지원을 5년씩 연장하면서, 앞으로 몇 년까지 건강보험을 지탱할 수 있을까 예의주시하며 살얼음판을 걷는다. 큰 틀의 개혁은 하염없이 미뤄지고 있다.

3. 짐이 되는 건강보험, 바로 닥친 도전들

건강보험 재정위기가 멀리 있지 않고 기존의 방식으로는 한계가 분명하므로 즉각적이고 유연하게 대응하기 위한 정책도구의 개발이 절실하다.

국민연금이 가입자 본인에 대해, 은퇴 전 소득에 기준하여 고정된 금액의 급여를 지급하는 것과 달리, 건강보험은 가입자 1인의 보험료 납부로 피부양자까지 보장한다. 건강 상태와 질병의 종류, 요양기관과 치료방식의 선택에 따라 진료비 지급 규모가 결정되기 때문에 보험료 수입과 진료비 지출과의 연동성이 매우 낮다. 경직적인 보험료 수입과 변동성이 큰 지출 사이의 괴리를 메우는 데 효과적이기도 하고, 국민 건강의 국가 책임을 강화하는 차원에서 국고 지원을 늘려야 한다는 주장이 있다. 그러나 주 재원을 보험료 수입에 의존하는 사회보험 원칙에 기반한 제도인 건강보험에서 정부지원금이 재정에서 어떤 역할, 어떤 책임을 짊어져야 할지는 단순한 문제가 아니다.

복지선진국들과 비교할 때 건강보험 재정에서 국고 지원 기여율이 낮다는 지적도 있으나 영국과 캐나다는 조세 기반의 공공의료보험을 운영하므로 사회보험인 우리나라 건강보험과의 직접 비교는 적절치 않다. 우리와 유사하게 사회보험방식의 공공의료보험을 운영하는 독일, 프랑스, 일본과 비교하면 조세에 기반한 정부지원금 기여분은 이들 국가와 크게 차이가 없다. 오히려 보험료 수입 기여분이 70% 선인 이들 국가에 비해 우리나라는 47% 수준으로 차이가 많이 난다. 따라서 건강보험 재정안정성을 위해 국고 지원을 늘려야 한다는 주장에 대해서는, 사회보험이라는 건강보험 재원 원칙과 건강보험을 조세 기반의 사회보장제도로 전환할 것인지, 사회보험으로 남겨둘 것인지에 대한 근본적 차원의 논의 위에 국고 비율 적정선 설정이라는 기술적 해법 도출이 모두 필요하다.

건강보험 재정위기와 국고 지원 확대 이슈와 맞물려 대두되는 문제가 건강보험의 기금화이다. 현재 우리나라의 건강보험기금은 보건복지부에서 운용한다. 국고 지원을 확대한다면 이를 개별 부처에 일임하기보다 국회의 심의를 받게 해야 한다는 것이 사안의 핵심이다. 조세수입 의존도를 높이고 국회가 건강보험 기금 운용에 적극적인 역할을 한다면, 건강보험의 지속가능성, 그리고 건강보험을 중심으로 운영되는 우리나라의 보건의료체계를 국가가 전격적으로 책임진다는 의미이므로 그에 따른 장점도 분명히 있다. 그러나 조세수입 자체가 경기 상황에 따라 부침을 겪고 국회가 정치적인 성향과 이해관계에 따라 건강보험에 대한 철학과 정책 방향을 달리하는 경우 제도 자체의 안정성이 크게 훼손될 여지가 있다. 따라서 조세 기반 공보험 혹은 공공의료제도를 운영하는 국가의 경우를 면밀히 참고하여 기금화 논의가 이루어져야 한다.

건강보험의 재정위기란 결국 수입을 초과하는 지출이므로 수입 구조의 개편, 개선에 선행되어야 하는, 풀어야 할 진짜 문제는 지출 효율성임에도 개인이든 국가든 살림의 기본은 알뜰한 지출일진대 유독 건강보험에서는 지출 효율성 문제에 소극적이다. 건강보험의 지출이 국민들에게는 보험의 혜택이어서 지출의 합리화, 효율화가 급여 혜택의 축소, 국민 건강에 대한 공공의 책임 회피로 받아들여지고 민간 의료공급자들에게 지출 효율화는 수익구조의 악화, 건강보험의 관리 강화로 해석되는 탓이다. 가입자인 전 국민과 민간 부문 의료서비스 공급자의 불만을 해소하고, 필요불급한 제도적 개혁을 추진하기 위한 정책 소통과 합의 도출은 만만한 과정이 아니다.

지출 효율성을 위해서는 환자의 의료서비스 이용에 결정적 역할을 하는 공급자가 비용 효율성에 대한 인식과 책임을 공유하는 유인체계를 구축하는 것이 매우 중요하다. 환자는 어떤 의료서비스가 필요하고 적절한지에 대한 의학적 지식이 제한적이므로 공급자에 의존한다. 그 결과 사실상 공급자 주도로 의료서비스의 양과 내용이 결정되는 정보 비대칭성 문제가 발생한다. 이 과정에서 환자의 건강성이나 건강보험 재정 지출에 대한 고려보다 공급자의 수익 극대화를 목적으로 공급자가 환자를 대리해서 의료서비스 이용을 결정하는 주인(principal)-대리인(agent) 문제가 야기된다. 환자는 급여 혜택 덕분에 비용에 대한 고려를 크게 하지 않은 채 서비스 이용 결정을 공급자에 의존하고 공급자 또한 수가 통제하에서 수익 극대화를 추구하는 의료서비스 의사결정 메커니즘으로 인해 의학적 필요나 건강성과, 지출 효율성과 무관하게 혹은 과도하게 의료비를 지출하는 결과가 초래되는 것이다.

건강보험은 서비스 종류, 즉 의료 행위별로 가격(수가)을 책정하고 서비스 제공량에 이 수가를 적용한 금액을 공급자에게 지급한다. 외래횟수나 입원일수를 늘리거나 의학적으로 비용효과성이 낮은 고가의 치료나 시술, 수술을 통해 공급자는 수입을 늘릴 수 있다. 모든 공급자가 사익을 환자의 유익에 앞세우지는 않을 것이지만, 수익 극대화를 위한 다양한 전략적 행동은 주어진 시스템하에서 공급자의 최적화 결과이다. 그러므로 그 결과로서 건강보험 지출 비효율성이 발생하고 있다면 공급자의 의사결정이 비용효율성에 부합하도록 유인체계를 조정해야 한다.

건강보험 체계 내에서 민간 공급자의 유인체계는 당연지정제와 행위별 수가제로 요약될 수 있다. 민간의료기관은 비영리 법인으로만 설립되지만 결국 수익성이 있어야 하므로 영리 법인과 이해관계가 크게 다르지 않다. 그럼에도 당연지정제에 의해 이들 민간의료기관은 건강보험제도에 의무적으로 편입되어 서비스 가격을 수가로 통제받는다. 민간 공급자는 경쟁 속에서 이익을 창출해야 하는데 가격이 통제되어 있으니 수량을 증가시키거나, 가격이 통제되지 않는 비급여 서비스를 개발, 제공하는 것을 통해 수익 증대를 추구할 유인을 갖는다.

행위별 수가제는 공급자가 제공한 의료 행위에 대해 정해진 단위 가격을 적용하는 사후 지불방식으로, 의료 행위의 양에 대한 관리가 미비하여 공급자 주도로 의료서비스 이용이 결정되는 구조에서는 서비스 이용 팽창과 지출 증가 대응에 무력하다. 이러한 한계 때문에 많은 국가가 행위별 수가제를 사전 지불방식의 보상체계로 전환하는 지불제도 개혁을 추진하고 있다. 그러나 우리나라에서는 건강보험제도의 성숙도에 비해 지불제도 개혁에서 큰 진전을 이루지 못한 상태다.

사전적 지불제도들에는 포괄수가제, 인두제, 총액예산제 등이 있는데, 질병군당, 환자 1인당, 혹은 연간 총지급액 등 지급 단위당 사전적으로 정해진 금액을 공급자에게 지불한다. 따라서 공급자가 의료서비스의 양과 종류를 결정하는 권한을 발휘해서 수익을 증가시키기 어렵다. 지출 효율화에는 도움이 되겠지만, 공급자들에게는 불리한 방식이어서 민간 공급자 중심인 우리나라에서 사전적 지불제도로의 개편은 쉽지 않은 과제다.

2013년에 7개 질병군에 대해서 포괄수가제가 도입되었고 현재는 포괄수가제와 행위별 수가제를 결합한 신포괄수가제가 시행되고 있다. 적용 대상 기관과 질병군에 제한이 있고 공급자들의 참여를 유인하기 위해 수가가 높게 책정되어 있어서 의료비 총지출에의 효과는 명확하지 않다. 그럼에도 사전적 지불제도 도입 및 단계적 전환의 첫걸음을 떼었다는 점에서 의의가 있고, 공급자가 비용에 대한 민감성을 갖고 적정 수가와 지출 효율성에 대해 건강보험과 보다 긴밀히 협업할 수 있는 여지를 갖게 된 점, 이를 통해 장기적으로는 건강보험 재정안정성에 대한 공급자의 적극적이고 책임 있는 역할을 기대할 수 있는 기반이 닦인 점은 고무적이다.

4. 힘이 되는 건강보험, 어떻게 가능한가?

새 술은 새 부대에 담아야 하듯, 지금의 건강보험제도는 전 국민 단일보험자 체제로 정비된 2000년을 기준으로 해도 이미 23년이나 되었다. 건강보험제도는 변화된 우리 경제사회의 구조와 체질에 맞게, 양적·질적으로 그 양상이 달라진 국민들의 의료수요와 건강보험에 대한 기대, 그리고 더 이상 간과할 수 없을 만큼 심화된 보건의료체계의 한계와 왜곡들을 직시하면서 새 부대로 옮겨가야만 한다. 지금까지처럼 부분적인 덧대기 방식의 단기 처방이 아니라 건강보험제도와 보건의료체계 전반을 미래 사회에 맞게 재설계해서 완전히 거듭난다는 각오로 말이다.

1) 수입구조의 재설계와 국고 지원의 역할 정립

경제성장이나 일자리 상황에 따른 보험료 수입의 변동성, 인구 고령화와 질병구조 변화에 따른 서비스 이용의 질적·양적 변화, 여타의 보건의료 정책에 따른 영향을 충분히 감당할 수 있도록 보험료와 국고의 최적 조합과 적정 적립금 수준을 설정해서 건강보험 재정에서의 역할과 책임 소재를 분명히 하고 불확실성을 해소해야 한다.

조세 기반의 국고 재정으로 운영하는 사회보장과 달리, 사회보험은 가입자들이 납부하는 보험료에 기반하여 실업, 질병 등 개인의 불확실한 위험을 사회가 서로 분담하여 대비해주는 것이 원칙이다. 건강보험은 사회보험제도이지만 제도의 시작 단계부터 국고 보조금이 투입되었다. 의무가입 대상자를 확대하는 과정에서 소득수준이 낮고 흐름이 불규칙한 지역가입자는 보험료의 정기적인 납부가 부담되어 가입을 꺼려했고 직장가입자들이 회사로부터 보험료의 절반을 지원받는 점을 고려해서 지역가입자 기금에 국고를 투입했다. 직장가입자 기금과 지역가입자 기금이 2003년에 통합된 이후에도, 외환위기를 지나면서 국고 지원의 필요성이 대두되어 보험료 예상 수입의 총 20%의 정부지원금이 국고와 국민건강증진기금에서 건강보험 재정으로 투입되도록 되어 있다.

하지만 국고 지원을 규정한 법률에 제재 조항이 없어 실제 정부지원금은 매해 예산 편성과 담배세 수입에 따라 결정된다. 2021년 기준 정부지원금은 보험료 수입 대비 13.8%, 이 중 국고 지원이 11%, 국민건강증진기금 지원이 2.8%다. 법으로 정한 총 20%, 국고 14%, 국민건강증진기금 6% 기준에 미달한다. 2023년에도 보험료 예상 수입액의 14.4% 수준으로 예산을 편성했다. 금액으로는 10조 9,576억, 보건복지 분야 총예산(109조 9,918억)의 10%에 육박하지만 법정 20% 기준 대비로는 4조 2,788억이나 적다. 2021년의 보험료 수입 대비 보험급여비의 비율(110.4%)을 가정해보면 2023년에는 보험료 수입보다 보험급여비가 7조 9,229억 원 부족하다. 국고 지원이 없다면 보험료 수입만으로는 건강보험 급여를 제대로 지급하지 못한다는 뜻이고, 건강증진기금을 합한다 해도 적립률은 크게 개선되지 못할 수준의 국고지원금이다.

현재의 건강보험기금 적립률 20% 수준으로 충분하다는 주장도 있다. 그러나 이 적립률은 한시적 법률에 의존해서 확보된 것이다. 해당 법의 일몰 시기가 도래할 때마다 한시지원을 영구지원으로 못 박고 국고 지원 수준을 높이는 동시에 현실화하라는 주장, 사회보험의 원칙에 부합하게 국고 지원을 종료하라는 주장이 맞붙는다. 법에 정해진 수준보다는 낮지만 정부지원금은 적립금 고갈 방지, 보험료 인상 억제, 보장성 확대의 여력이 되어주는 것이 사실이다. 국민 건강에 대한 국가의 책임과 건강보험의 공공성 강화에 대한 사회적 요구가 높기 때문에 건강보험 정부지원금을 국회에서 폐기 처분할 가능성은 높지 않다. 그러나 5년 기한의 한시적 지원을 20년째 연장하고 있는 것은 건강보험 국고 지원에 대한 원칙이나 의지가 확고히 정립되지 않은 상태임을 방증한다. 해당 법이 일몰되어 정부 지원이 종료될 것에 대비하고 있지도 않고 정부가 20% 기준에 부합하려고 예산을 대폭 확대 편성하는 것도 아니다. 정부는 지원을 중단할 여지를 남겨두고 있고, 건강보험은 정부 지원이 20%에 한참 미달해도 항의할 수 없다.

국가가 반드시 정부지원금 투입으로 건강보험을 책임져야 하는 것은 아니다. 이미 누적된, 그리고 앞으로 누적될 국가 채무를 감안할 때 계속 늘어나는 건강보험 지원금을 언제까지나 정부가 책임져주기를 막연히 기대할 수도 없다. 사회보험 원칙에 부합하도록 개인의 보험료 기여분을 늘려야 한다는 주장이 국민연금 개혁 방향과의 일관성을 근거로 더 설득력이 있다.

보편적 건강보장 달성을 위해 전 국민을 대상의 공보험을 출범시켰으나 급여비 지출과 재정관리가 제대로 이루어지지 못한 국가들이 경험하고 있는 바와 같이, 건강보험 재정적자로 급여 지급의 지연 혹은 중지되는 사태가 한 번이라도 발생하면 보험료 납부 거부, 건강보험 의무가입 거부, 의료기관 당연지정제 폐지 요구라는 후폭풍이 일어나 건강보험제도 자체의 존속이 위협받게 된다. 2027년 국고 지원 일몰 시점까지 겨우 3년이 남았다. 연장이나 폐지냐를 치열하게 논하지만 결국 한시적 지원 5년 연장만 반복해온 임시처방, 건강보험의 국가 책임에 대한 해묵은 원론적 논쟁에서 한 걸음 나아가야 한다. 최악의 시나리오를 피하려면 건강보험제도 운영 주무부처인 보건복지부, 나라 살림을 맡고 있는 기획재정부, 그리고 국민건강보험법을 뒷받침하는 국회가 건강보험 수입구조 재정비를 위한 의사결정과 재정 안정을 위한 각각의 책임에 적극 임해야 한다.

2) 전략적 구매 기능의 강화를 통한 지출구조의 재설계

부족한 재정은 보편적 의료보장 목표 달성에서 가장 치명적인 제약조건이다. 전 국민 대상의 공보험 혹은 의료보장제도를 수립하고 의료인력을 양성하고 보건소와 병원을 정비하여 의료서비스 체계를 확충하고 급여를 확대하다 보면 결국 재정 문제에 봉착한다. 보편적 의료보장을 위한 비용 효율성 확보의 묘책으로 강조되는 것이 전략적 구매라는 개념인데, 간단히 말하면 보험자가 공급자로부터의 서비스 구매를 전략적으로 해야 한다는 것이다.

우리나라의 경우 보험자(즉, 구매자)는 건강보험공단이다. 건강보험공단은 가입자들의 보험료를 하나의 대규모 기금으로 조성하여 무엇을 구매할 것인지(급여), 누구로부터 구매할 것인지(공급자 선택), 얼마나 어떻게 지불할 것인지(지불제도)를 결정한다. 서비스의 질과 효과성에 대한 기준을 바탕으로 이에 부합하는 공급자들을 선별해서 이들과 서비스 구매 계약을 체결하고, 이 계약에 어떤 서비스에 대해 어느 수준의 가격을 책정해서 어떤 방식으로 지급할 것인지를 정하는 것이 구매자가 해야 할 일이다.

건강보험은 전 국민을 대표해서 엄청난 규모의 구매 계약을 체결하니 개별 공급자들에 대해서 주도적인 협상력을 발휘할 수 있다. 조세 기반의 단일지불자 체계인 캐나다가 구매 협상력을 이용해서 미국보다 훨씬 저렴하게 처방약을 공급해서 미국 고령층이 처방약 구매 목적으로 캐나다에 단체 방문하는 사례는 공공의 단일보험자가 다수의 민간보험자에 비해 가입자에게 더 유리한 급여조건을 확보해줄 수 있음을 보여준다.

전략적 구매의 원칙적 장점에도 불구하고 공적 의료보장이 다수의 보험자로 분산되어 있거나, 기금이 쪼개어져 있는 경우 협상과 계약 체결을 수행할 행정력이나 인센티브가 제한적이고 대표하는 가입자 수나 기금 규모가 적기 때문에 민간 공급자에 대한 협상력도 크지 않아 효과적 전략적 구매 행위가 가능하지 않다. 그에 비해 우리나라의 건강보험은 전 국민을 대상으로 단일보험자가 구매를 대행하기 때문에 최고 수준의 협상력을 발휘할 수 있는 구조다.

다만 우리나라의 경우 모든 공급자가 당연지정제로 편입되어 있어서 선별적 구매 계약 체결은 이루어질 수 없다. 모든 의료기관이 건강보험과 구매 계약을 당연 체결하도록 되어 있어서 국민들은 전국의 어느 의료기관이든 제한 없이 이용하고 건강보험 급여 혜택을 누릴 수 있으니 의료접근성 측면에서 대단한 장점이다.

하지만 서비스의 질과 의료 행위가 기준에 부합하지 못하는 공급자를 구매에서 제외하는 것이 불가능하다. 양질의 우수 공급자와 그렇지 못한 공급자를 구분하지 않고 동일한 수가를 적용하니 서비스 질은 하향 평준화되고 낮은 수가를 충당하기 위한 비급여 서비스 제공이 확대된다. 특정 진료과로의 의료인력 쏠림과 필수 의료인력 부족도 전략적 구매가 적절하지 못한 결과다. 지역 병의원과 대도시 소재 대형병원 수가 차이가 미미하여 의료 공급의 지역 불균형이 심화되는 문제도 전략적 구매가 제대로 이루어지면 개선이 가능하다. 건강보험공단이 전략적 구매자로서 보험급여 우선순위와 수가, 지불제도를 어떻게 설계, 운영하느냐에 따라 의료서비스의 공급과 수요의 효율성이 좌우되기 때문이다.

당연지정제라는 제약조건 아래에서도 건강보험공단은 수가 협상과 의료기관 평가 등을 통해 공급자가 국민건강 목표, 보건의료 정책에 협력하도록 유도할 수 있다. 해외 제약사의 신약을 보험급여로 도입하는 경우에도 엄격한 비용-효과 평가를 통해 단일구매자로서 가격 협상력을 발휘하고, 보험급여 신규 인정에 대해서는 경제성 평가를 포함한 의료기술평가를 시행한다. 급여 적정성과 수가의 결정, 의약품 관리에서도 세계적인 수준의 데이터 플랫폼을 활용한 근거 기반 의사결정이 자리 잡았다. 하지만 서비스의 질, 의료공급자의 행태 변화, 보건의료체계 전반의 자원배분을 쇄신할 수 있을 만큼의 적극적인 전략적 구매에는 아직 못 미친다.

건강보험공단의 전략적 구매자로의 역할이 수가 통제라는 국한된 범위를 넘어서서, 우리나라 보건의료제도의 목표와 국민 건강상

우선순위에 맞는 자원배분이 비용 효율적으로 이루어지도록 그 기능이 고도화되어야 한다. 당연지정제가 갖는 접근성의 장점을 유지하되 의료기관에 대한 질과 성과 관리를 강화해서 이를 수가에 차등 적용하면 민간 기관이 공급자의 수익 창출과 건강보험을 통한 국민 보건의료 목표 달성의 간극을 좁히는 데 도움이 될 것이다. 또한 건강보험공단과 건강보험심사평가원에서 수집하는 급여비 및 급여심사청구 자료를 결합한 보건의료 빅데이터 플랫폼을 통해 의료 행위 및 서비스 질 모니터링을 구동하고, 그 결과를 대국민 공시하여 온라인상으로 모든 의료기관의 평가 등급을 쉽게 확인하도록 정보를 공개하면 소비자의 합리적 선택권을 보장하고 의료기관 간의 서비스 질 및 가격 경쟁을 촉진시킬 수 있을 것이다.

의료기관의 평가에는 비급여 서비스가 반드시 포함되어야 한다. 의료공급자가 비급여 서비스를 환자에게 추천하는 경우 비급여 서비스 여부와 비용을 반드시 환자에게 사전에 알려주도록 하고, 해당 비급여 서비스의 의학적 필요성과 비용 적절성을 심사평가원이 상시 모니터링하여 그 결과를 의료기관의 평가 및 수가에 연동시키는 방안도 고려해볼 필요가 있다.

3) 지불제도의 재설계

지불제도는 의료공급자의 자율성과 책임성을 동시에 강화해서 보건의료기술과 산업적 발전을 진흥하면서도 건강보험의 목표 달성에 대한 공적인 책임과 역할에 협력적으로 참여하도록 관계를 새롭게 만들어가는 열쇠다. 지불제도는 곧 자원의 배분 방식이고 공급자 의사결정의 핵심적인 유인이다.

현재의 행위별 수가제는 더 많은 서비스를 제공할수록 수익이 확대되는 구조이므로 코로나19와 같은 공공의료적 위험이 발생했을 때 민간 공급자가 추가적인 서비스를 빠르고 집중적으로 제공하도록 협력을 이끌어내는 데는 매우 효과적이다. 하지만 그러한 공공의 목표나 필요가 없을 때에도 서비스 공급을 늘릴 유인으로 작용한다. 사전적 지불제도는 형태는 다양하지만 지불금액이 사전적 상한이 정해져 있어 지출 관리에 유리한 것이 공통적인 특징이다. 단, 사전적 지불제도를 통해 지출을 즉각적으로 대폭 삭감하려는 시도는 바람직하지 않다. 지불금액이 삭감되면 비용을 감소시켜 수익을 증대하는 방식으로 공급자 행동 변화가 일어나서 서비스 질 저하가 일어날 수 있기 때문이다. 고위험 고비용 환자의 진료 거부 및 상급 병원 전원, 대기시간 연장, 입원일수 축소로 수술 후 퇴원 환자의 응급실 이용 증가와 같은 문제를 방지하기 위해서는 사전적 지불제도를 도입하더라도 기존의 지불금액이 보존되는 수준으로 설계되는 것이 맞다.

포괄수가제를 도입할 때 서비스 질 저하를 예방하고 공급자의 적극적 참여를 유도하기 위해 지불 수준이 행위별 수가제에 비해 금액적으로 오히려 유리하게 책정되었다. 그럼에도 포괄수가제하에서는 행위별 수가제에 비해 추가적인 의료 행위가 발생할 가능성이 적고 건강보험에서 지출해야 할 비용에 대한 예측과 관리가 가능하므로 서비스 공급이 완료된 후 청구되는 대로 지불하는 현재의 행위별 수가제에 비해 장점이 있다. 단기적으로는 지출 통제의 효과가 제한적일 수 있지만, 장기적으로 사전적 지불제도는 보험자와 공급자가 지출 안정화와 서비스 질 확보라는 공동의 목표를 위해 긴장과 협력을 도모할 수 있는 플랫폼이 될 수 있다.

사전 지불제도 운영 사례로 대만을 참고해볼 만하다.[3] 대만의 전 국민 건강보험제도는 사회보험 기반의 단일보험자 구조로 운영되어 우리나라의 건강보험과 거버넌스가 유사하다. 1995년에 시행되어 우리나라의 건강보험보다 그 출발이 늦지만 지불제도의 운영에서는 한발 앞서 있다. 대만도 제도 초기에는 행위별 수가제 방식을 적용했지만 제도가 성숙함에 따라 의료비 지출이 급증하는 홍역을 겪었고, 이에 여러 지불제도를 혼합하여 연간 상한 총액을 계약하는 방식인 총액계약제로 신속히 전환했다.

총액계약제는 공급자에게 지불하는 총액 상한을 사전에 계약하는 방식이어서 국민 총의료비 지출 안정에 유용하다. 다만 상한예산 내에서 의료서비스 수요와 의학적 필요를 충족시키고, 서비스의 질과 의료자원을 확보하고, 인력에 대한 합리적인 보상, 의료기술

---

3 박지은·김계현 (2018). 「대만총액계약제의 현황과 시사점」. 의료정책연구소. 2018년 4월.

혁신을 위한 투자 등 국가 보건의료정책 목표를 달성하기 위해 여러 지불제도를 혼합한다. 상한 총액은 행위별 수가제에 기초하여 산정하되 입원 부분에는 포괄수가제, 8개 질환군에 대해서는 성과보상제, 만성정신과와 당일 입퇴원에 대해서는 일당정액제, 도서벽지 등을 대상으로는 인두제 시범사업을 운영하여 개별 공급자가 건강보험 재정과 국가 보건의료 목표에 협력자 역할을 하도록 보상 최적화를 추구한 것이다.

사전에 정한 지불금액에, 성과에 따라 사후적 추가 보상을 더해주는 혼합 지불제도를 우리나라도 시범사업으로 추진해서 최적 지불제도 설계를 시작해야 한다. 현재 수익의 일정 비율을 보전하는 수준으로 사전 지불금 상한을 정하면 지불제도 개편에 대한 저항을 줄일 수 있다. 사후 성과 보상의 기준에는 비용 효율성이 포함되어야 한다.

매우 극단적인 대안으로 여겨지는 총액계약제가 우리와 유사한 건강보험제도를 운영하는 대만에서 성공적으로 도입, 운영되고 있는 것은 우리나라 건강보험의 지불제도 개혁에 시사하는 바가 크다. 지불제도를 변화시켜감에 있어서 뚜렷한 정책 목표를 설정하고, 각 지불제도의 장단점을 고려해서 다양한 지불제도를 적재적소에 배치, 연계하고 이 과정에서 이해관계자들과 소통하여 협력을 이끌어내는 정책 역량과 집행의 기민함 또한 우리나라 보건의료 거버넌스가 배울 점이다.

4) 민간의료보험과의 상생 방안 모색

건강보험 재정안정성 논의의 지평을 확장해서 반드시 짚어야 하는 것이 민간의료보험이다. 건강보험과 연계해서 주로 논의되는 것은 실손보장형 민간의료보험으로, 건강보험 급여가 적용되는 서비스의 법정 본인부담금, 그리고 건강보험 급여가 적용되지 않는 비급여 서비스 이용 시 발생하는 본인부담금을 보장한다. 건강보험 급여가 미치지 못하는 재정적 부담을 덜어준다는 면에서 국민의료보장에서 건강보험을 보완하는 기능을 해주는 측면도 있지만, 의료이용의 필요, 임상적 효과, 지출효율성을 고려한 장치들인 급여 본인부담금과 급여 제외 기능을 무력화시켜서 건강보험 지출 증가, 재정안정성 위협 요인으로 여겨지기도 한다.

민간의료보험이 갖는 기능적 양면성, 그리고 높은 민간의료보험 가입률로 인해 건강보험과 민간보험의 합리적 역할 설정에 대한 논의가 꾸준히 이루어져 왔지만, 아직까지 명확히 두 보험의 역할에 대한 합의는 이루어지지 않았다. 한계에 다다른 보장률 개선 문제를 건강보험만으로 해결하려고 하지 말고 민간의료보험을 활용하자는 주장이나 민간의료보험 확대에 대한 긍정적 논의가 있을 때마다 건강보험 민영화냐 하는 논쟁도 지속되어왔다.

건강보험이 모든 의료서비스를 보장할 수는 없다. 보장해야 할 의료서비스의 범위는 기술 발전과 수요 확대로 계속 확장되기 때문이다. 따라서 건강보험은 반드시 모든 국민들에게 보장되어야 할 필수

의료를 책임지고, 그 외의 의료서비스 보장은 민간의료보험이 맡는 역할 분담도 고려해볼 수 있는 대안이다. 다만 이 대안이 현실화되기 위해서는 건강보험이 보장해야 할 필수 의료가 무엇인가를 정하는 만만치 않은 문제와, 민간의료보험이 갖는 특성이 먼저 점검되어야 한다.

민간의료보험은 의무가입이 아니고 상품의 종류와 보장성이 모두 다르기 때문에 건강보험이 보장하지 않는 서비스에 대해서는 민간의료보험 가입자와 비가입자 간, 보장성이 높은 상품에 가입한 사람과 그렇지 않은 사람 간의 접근성 격차가 발생하게 된다. 전 국민이 의무가입하여 동일한 급여 보장을 받는 건강보험과 달리, 민간의료보험에서 고위험군은 가입 거부 혹은 높은 보험료를 감수해야 하고 저위험군은 상대적으로 가입 유인이 적기 때문에 역선택의 문제가 발생하게 되고, 보험사는 수익성 확보를 위해 고위험군의 가입을 거부하거나 높은 보험료를 부과하게 된다. 민간의료보험이 담당하는 영역에서 발생하게 될 형평성 상실을 우리 사회가 어느 정도까지 허용, 감당할 것인지에 대한 사회적 합의가 필요하다.

민간의료보험의 보장성이 제대로 기능하기 위해서는 보장의 범위나 내용, 보상제외 항목을 충분히 파악해서 자신에게 맞는 상품을 합리적으로 선택하는 것이 전제되어야 한다. 그러나 전문 용어들로 가득한 길고 복잡한 약관으로 인해 불완전 판매 문제가 발생한다.

고령층과 저소득층을 제외한 일반 국민에 대해서는 공적 의료보험이 없는 거의 유일한 국가인 미국이, 민간의료보험이 가진 이러한 한계들을 보완하기 위해 가입심사, 보험료와 보장범위 책정에서 민간의료보험들이 행사하던 권한들을 제한하고 전 국민이 의무적으로 보험에 가입하도록 하는 한편, 보험 가입의 부담에 대해 정부와 기업이 지원하는 오바마 케어를 시행한 것은 건강보험의 기능을 민간의료보험에 위임하고 더 많은 역할을 민간의료보험이 수행하게 될 때 어떤 문제들이 발생할 것인지를 보여주는 좋은 사례이다.

현재 우리나라의 민간보험은 건강보험에 비해 많은 제약조건하에서 운용된다. 가입자의 역선택과 비급여 관리 기제가 제한적인 점, 다른 상품들과의 경쟁, 상품 개발, 보험료 책정, 홍보 등 건강보험에 없는 운영비용이 발생하고 정부지원금이 부재하니 수익성 확보가 과제다. 건강보험이 보험료 10만 원에 대해 평균 17만 원의 급여를 지급하는 반면, 생명보험사는 5만 7,000원, 손해보험사는 8만 5,000원을 지급한다. 운영비용을 포함하면 민간의료보험사는 10만 원 보험료에 대해 13만 원을 지출한다.[4] 가입자가 납입한 보험료에서 운영비용과 영업이익을 남겨야 하는 민간보험상품의 특성상 가입자가 받는 기대 급여는 보험료보다 낮은데 수익성도 좋지 않은 것이다.

민간의료보험이 수익성을 확보하면서 건강보험을 보완하는 역할을 적극적으로 수행하려면 건강보험에 준하는 권한의 허용, 즉 규제

---

4 최기춘·이현복 (2017). 「국민건강보험과 민간의료 보험의 역할 정립을 위한 쟁점」. 보건복지 포럼. 2017년 6월.

완화가 불가피하다. 민간의료보험의 확대가 건강보험과의 경쟁 심화, 공적 보험의 잠식으로 이어질 것을 우려하는 이유다. 민간의료보험이 발전 양상이나 시장 규모를 고려할 때, 건강보험과 민간보험의 관계와 역할 분담에 대한 논의에 진전이 필요하지만 건강보험과 민간보험의 상생을 위한 선결과제들이 만만치 않음을 유의해야 한다.

현재의 민간의료보험이 건강보험과 역할을 분담할 수 있을 것인지, 그렇지 못하다면 어떻게 민간의료보험이 발전되어야 하는지, 민간의료보험이 확대되면 건강보험 재정에 악영향이 어느 정도 있을 것인지, 두 보험의 균형적 역할 정립이 국민건강보장과 보건의료제도 발전이라는 소기의 목적 달성에 도움이 될 것인지, 궁극적으로 우리나라의 보건의료체계에 어떤 구조적 변화를 초래할 것인지 등 아직 살펴봐야 할 부분이 많다. 건강보험이 관리하지 않고 민간의료보험이 보장하는 비급여 서비스에 대한 통합 데이터베이스 구축과 모니터링 체계 마련은, 건강보험 보장성 강화와 민간의료보험과 건강보험의 역할 정립을 위한 의미 있는 출발점이 될 것이다.

5. 위기의 건강보험, 구출은 멀지 않다

건강보험 재정 지속가능성은 두 번의 경제위기 동안에는 단기적·일시적 위험에 불과했다. 그러나 이제는 인구 고령화와 저성장으로 인해 건강보험제도의 존립 자체를 위협하는 장기적이고 구조적인 문제다. 아직까지는 기존 제도의 틀 내에서 가능한 방법과 자원을 총동원해서 간신히 재정수지를 맞추고 있지만 앞으로가 문제다. 수년 내에 건강보험 재정 고갈에 직면할 것인데, 이를 극복하려면 고성장과 인구 보너스 시대에 설계된 건강보험제도와 보건의료체계를 우리 사회의 현재와 미래의 제약조건과 기대목표에 부합하도록 전면 재구성하고 한 단계 업그레이드해야 한다.

중복 과다 진료를 방지하고 치료효과성을 높이는 통합형 의료서비스 전달체계의 구축, 디지털 기술을 활용한 e-헬스(health) 도입 등 투입 중심의 건강보험 지출을 성과 중심으로 전환하고 곳곳에서 발생하는 도덕적 해이를 최소화하는 동시에, 보건의료체계 패러다임을 미래지향적으로 재편하는 획기적 방안들을 적극 활용해야 한다. 이미 많은 대안과 각 대안을 뒷받침하는 연구가 축적되어 있다. 보건의료인력과 기술이 갖추어져 있고, 미래 산업으로 보건의료의 잠재력은 건강보험뿐 아니라 우리 경제에 무궁무진한 기회이다. 제도의 역사와 규모에서 기인하는 변화에의 저항을 극복하고, 변화의 방향과 방법에 대한 사회적 합의를 이루어서 실질적인 변화를 일구어내기만 하면 된다.

건강보험 지속가능성을 둘러싼 논의를 보험료율 인상과 국고 지원 확대 사이의 줄다리기, 적립금을 두고 벌이는 흑자·적자 논쟁에 국한시켜서는 조삼모사의 굴레에서 한 걸음도 벗어나지 못한다. 정체된 건강보험 보장률과 총의료비 증가 문제에서 간과될 수 없는 비급여는 여전히 건강보험제도의 관리 사각지대로 남아 있다. 코로나19로 공공의료의 필요와 지역 간 의료 불균형이 명백히 확인되었음에도 의대 정원 확대를 통한 의료인력 확보 시도는 지난 정부에서 좌초되었다. 국민 건강을 책임지는 버팀목인 건강보험제도의 개혁이 더는 미뤄져서는 안 될 필요불급한 과제임에도 정부와 정치권이 몸을 사리는 사이, 개혁이 필요한 각 지점마다 도사리고 있는 지엽적인 이해관계에 발목이 잡혀 있다.

건강보험 재정위기는 몇 년마다 찾아오는 당기수지 적자, 불안한 등락을 거듭하는 누적 준비금 문제에 국한되지 않는다. 인구구조와 질병구조의 변화, 경제와 고용 상황과 같은 우리 사회의 체질과 병증에 밀접히 연관되어 있고, 제도로서의 건강보험, 보건의료체계의 전반적 특성과도 맞물려 있는 거대한 빙산과도 같다. 어떤 근거로 건강보험 재정위기를 논하는 것이 타당한지, 위기의 원인은 무엇인지를 정직하게 이해하고, 중장기적 안목에서 대안을 모색해야 한다. 수입구조 측면에서는 국고 지원의 한계와 역할을 분명히 하여 그에 준하여 보험료율 상한 개정 논의를 시작해야 한다. 지출구조 측면에서는 예방과 1차 의료 등 저비용으로 건강성과를 개선할 수 있는 방식으로 서비스 전달체계와 지불제도를 개편해서 공급자가 지출 효율화에 기여할 수 있는 유인체계를 구축해야 한다.

제3부

산업환경의 변화와 대응

서비스, 금융, 경제안보

제6장

더 이상 미룰 수 없는 서비스업 선진화

전현배 | 서강대 경제학부

1. 왜 서비스업인가?

한국 경제의 저성장 극복을 위해서는 서비스 선진화가 필요하다는 주장은 지난 20년간 꾸준히 제기되어왔다. 대다수 국민도 서비스업 선진화에 대해 큰 틀에서는 동의하고 있다. 하지만 반도체, 자동차 등과 같이 혁신이 활발한 것도 아니고 해외로의 수출도 어려운 서비스업이 과연 성장동력이 될 수 있는가에 대한 의구심 또한 가지고 있다. 서비스업에서 큰 부분을 차지하는 소매, 숙박, 음식점 등 자영업이 주를 이루는 업종과 교육, 보건의료서비스 업종은 우리나라의 저성장 문제 해결과는 관련이 없다고 생각하기 쉽다. 실제로 서비스 산업의 활성화와 경쟁력 강화를 위해 2012년에 발의된 서비스산업발전기본법은 2024년 초 기준으로 아직도 국회의 문턱을 넘지 못하고 있다.[1] 그만큼 아직도 서비스업의 혁신과 경쟁력 강화의 시급성과 중요성에 대한 국민적 공감대가 크지는 않다.

2020년 코로나 팬데믹은 서비스업의 중요성을 새롭게 인식하는 계기가 되었다. 팬데믹 기간 식당, 주점, 노래방 등 영세한 자영업자가 주를 이루는 대면 서비스업이 가장 큰 피해를 보았다. 팬데믹 이후에도 온라인 확산으로 줄어든 대면 서비스 수요와 그동안 늘어난 부채로 자영업자들은 어려움을 겪고 있다. 자영업 비중이 높은 한국 경제는 미국, 일본 등 다른 선진국과는 달리 팬데믹 회복에서도 취약함을 드러내었다. 하지만 팬데믹 이후에도 빨라진 디지털 전환과 새로운 팬데믹 등의 가능성이 상존하는 상황에서 우리 경제가 가진 취약점인 자영업 구조개선을 포함한 서비스업 선진화를 위한 산업구조 개혁은 지체되고 있다.

이 장에서는 서비스업 선진화가 한국 경제의 저성장 문제 해결에 얼마나 중요한 역할을 하는지를 살펴본다. 먼저 서비스업은 제조업과 어떻게 다르며 두 부문의 생산성 격차를 살펴보고, 두 부문의 생산성 성장의 차이점을 살펴보고 관련된 정책 방향을 제시하고자 한다. 서비스업 생산성 제고가 좋은 일자리 창출과 실질소득 향상

---

1 서비스산업발전기본법은 2012년 정부 입법으로 발의되었으나 사회서비스업의 공공성이 약화할 수 있다는 우려로 인해 국회를 통과하지 못했다.

에 어떤 역할을 하는지도 살펴본다. 마지막으로 소득수준 향상과 고령화로 인한 서비스 수요의 변화에 대한 적절한 대응이 향후 경제성장, 일자리 창출, 실질소득, 국가재정 등에 얼마나 중요한지도 살펴본다.

이 장의 논점은 한국 경제에서 제조업보다 서비스업이 중요하다는 것도 아니며, 한국 경제가 수출 주도형 경제에서 내수 중심 경제로 이행해야 한다는 것 또한 아니다. OECD 국가 중에서 한국 경제가 가지고 있는 첨단산업 및 제조업 경쟁력은 유지하고 발전시켜야 하지만 낮은 서비스업의 생산성은 우리 경제의 성장과 삶의 질 개선에 있어서 더 이상 미룰 수 없는 중요한 과제라는 점을 다시 한번 강조하고자 하는 것이다. 특히 디지털 혁명과 변화하는 국내 서비스 수요 등을 고려할 때 서비스업의 선진화가 지체되면 한국 경제의 저성장을 더욱 악화시킬 것이며, 가계의 실질소득 하락과 국가재정 악화 등 많은 문제점을 일으킬 수 있음을 지적하고자 한다.

2. 한국 서비스업의 낮은 생산성

제조업이 우리나라 GDP에서 차지하는 비중은 약 30%로 OECD 국가 평균인 약 15%보다 두 배 이상 높다. 다른 OECD 국가에 비해 상대적으로 높은 제조업 비중과 서비스업에 비해 높은 성장률을 가진 제조업은 한국 경제성장의 중심축 역할을 해왔다. 특히 세계 시장에 반도체, 자동차를 수출한다는 점에서도 제조업이 한국 경제에서 차지하는 위상은 매우 높다. 서비스업은 GDP의 약 60%와 고용의 약 70%로 국민 경제와 고용에서 가장 큰 부분을 차지한다. 하지만 금융, 정보통신 서비스업 등 일부 고부가가치 업종은 중요하게 인식되었지만, 대부분의 서비스업 업종은 경제성장과는 별개의 영역으로 인식되어왔다.

글로벌 금융위기 전까지 한국 경제는 제조업의 빠른 성장을 기반으로 높은 성장률을 유지해왔다. 하지만 2010년대에 들어서 중국 경제의 성장률 하락과 수입 대체 등으로 인해 한국의 대중국 수출이 감소하면서 한국 제조업 성장률은 급속하게 하락하였다. 서비스업의 성장률도 2010년대 들어서 하락했지만, 제조업과 같이 큰 폭으로 감소하지는 않았다. 서비스업의 성장률이 상대적으로 크게 하락하지 않은 이유는 서비스업 자체의 경쟁력 때문은 아니다. 지속적인 소득 향상과 인구구조의 변화 등 서비스업에 대한 국내 수요가 꾸준히 늘어난 것이 주된 원인이다. 결과적으로 최근 10년 동안 한국 경제는 제조업보다 서비스업이 더 빠르게 성장하는 새로운 국면에 접어들었다.

서비스업의 빠른 성장 자체는 문제가 아니지만, 서비스업 생산성이 제조업에 비해 낮은 것이 문제이다. 노동, 자본 등 생산요소가 생산성이 높은 제조업에서 낮은 서비스업으로 이동하는 것이다. 1인당 부가가치를 생산성으로 본다면 같은 노동자가 제조업에서 일할 때에 비해 서비스업에서 일한다면 더 적은 부가가치를 생산하게 된다. 일반적으로 제조업에 비해 서비스업 생산성은 낮으므로 경제가 발전함에 따라 서비스업의 비중이 늘어날 경우, 경제 전체의 평균 생산성은 하락하게 되며, 이를 경제학 용어로는 보몰의 질병(Baumol's disease)이라고 부른다.

보몰의 질병으로 인한 국가별 생산성 하락 정도는 제조업 대비 서비스업 생산성 수준과 서비스업 비중 변화에 달려 있다. 한국의 경우 GDP 대비 서비스업 비중은 선진국에 비해 10~20% 정도 낮다. 하지만 더 중요한 점은 제조업 대비 서비스업의 생산성이다. 〈그

〈그림 6-1〉 제조업 대비 서비스업 생산성, 2021 (제조업=100)

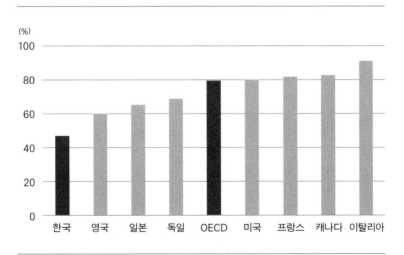

자료: 한국생산성본부 (2023). 「노동생산성 국제비교」

림 6-1〉은 OECD 각국의 제조업 생산성을 100으로 볼 때 개별 국가의 서비스업의 상대적인 생산성 수준을 보여준다. OECD 국가의 제조업 대비 서비스업 생산성은 약 80% 수준이다. 하지만 한국의 경우 50% 미만으로 OECD 평균의 약 절반 수준이다.

한국생산성본부 노동생산성 국제비교 결과에 따르면 1996~2010년에 비해 2011~2021년 기간에 한국의 노동생산성은 약 2.1%p 하락했으며, 생산성 하락의 약 22%가 산업간 노동 재배분의 악화 때문으로 나타났다. 생산성이 높은 제조업에서 생산성이 낮은 서비스업으로 노동이 이동함으로써 발생한 비효율이 저성장 문제를 악화시키고 있다는 증거이다.[2] 또한 산업 내에서도 생산성이 높은 고임금 일자리보다는 생산성이 낮은 저임금 일자리가 더 많이 만들어져 발생하는 비효율이 경제 전체의 노동생산성 하락의 약 23%를 설명한다. 이러한 일자리 질 악화의 대부분은 제조업보다는 서비스업에서 발생했다. 결국 노동이 제조업에 비해 생산성이 낮은 서비스업으로, 그리고 서비스업 내에서도 저임금 일자리로의 증가가 최근 10년간 한국 경제성장률 하락의 거의 절반을 설명한다.

주력 제조업의 총요소생산성 하락과 전반적인 자본 투자의 하락은 최근 10년간 경제성장 하락의 절반 정도를 설명한다. 이와 동시

---

2 유사한 맥락에서 안재빈(2002)도 생산성이 높은 산업에서 낮은 산업으로의 자원 재배분 악화가 노동생산성 하락의 주요한 원인임을 보여주었다. 안재빈 (2022). 「한국의 성장률 하락의 구조적 원인 분석: 산업구조 변화를 중심으로」, 《한국경제의분석》 28권 3호, pp. 1-38.

에 생산성이 낮은 서비스업으로의 자원 재배분으로 인한 비효율성도 저성장을 악화시키는 주요한 요인이다. 결국 서비스업 생산성 수준의 제고 없이 서비스업 비중이 확대되면 저성장은 더욱 가속화할 것이지만 서비스업 생산성 제고를 통해 제조업 대비 생산성 격차를 줄여간다면 하락하는 성장률을 어느 정도 상쇄시킬 수 있다.

2022년 「OECD 한국경제보고서」는 한국이 제조업 대비 서비스업 생산성을 OECD 평균 수준으로 올린다면 1인당 GDP는 현재 약 3만 5,000달러 수준에서 약 60% 정도 상승할 수 있다고 지적했다. 만약 서비스업 생산성 제고라는 산업구조 개혁을 인구의 절반이 60세 이상이 되는 2060년까지 달성한다면 잠재성장률은 향후 40년간 연간 약 1%p 정도 상승할 수 있다. 현재 KDI 등 국내외 많은 연구기관은 고령화와 저출산으로 생산가능인구는 급격하게 감소할 것이며, 향후 30년 이내에 잠재성장률이 0%가 될 수 있음을 경고하고 있다. 출산율 제고는 20~30년 이후에만 효과가 나타나기 때문에 현재로서는 노동시장 참여율을 높이거나 이민을 받아들이는 것이 정책적 대안으로 제시되고 있다. 하지만 이 또한 제한적인 효과만을 가지는 정책이다. 따라서 연구자들은 한국의 생산성 증가율을 OECD 평균 이상, 즉 1% 이상으로 유지할 필요가 있다고 조언한다.

이런 점에서 전자, 자동차, 화학 등 주력 제조업의 생산성 제고와 더불어 서비스업의 전반적인 생산성 제고는 저성장 탈피에 필수적이다. 특히 서비스업 생산성 제고는 그 자체로 경제성장에 도움을 주지만 보몰의 질병 효과를 줄일 수 있다는 점에서도 추가적인 효과를 가진다. 고도성장기에는 수출을 통해 빠르게 성장하는 제조업이 한국 경제의 성장을 이끌었다. 하지만 저성장 시대에는 성장 동력 확보와 더불어 경제 내 비효율적인 자원배분을 최소화해야 한다. 그런 점에서 서비스업 고도화와 생산성 제고라는 산업구조 개혁은 저성장 극복을 위해 더 이상 미룰 수 없는 과제이다.

3. 생산성이 저조한 서비스업 업종들

한국의 서비스업 생산성은 다른 OECD 국가에 비해 특히 낮은 수준이다. 생산성이 높은 제조업과 생산성이 낮은 서비스업의 구성이 경제 전체의 평균 생산성 결정에 중요한 역할을 하듯이 서비스업 내에서도 생산성이 낮은 업종의 비중이 크다면 서비스업 전체 생산성 수준은 낮아질 수 있다. 이를 위해 먼저 한국 서비스업 내에서 업종 간 생산성 격차가 얼마나 큰지 살펴볼 필요가 있다.

〈그림 6-2〉는 한국 서비스 업종별 전체 서비스업 대비 생산성을 보여주고 있다. 전체 서비스업의 생산성을 100으로 놓았을 경우 금융보험 및 정보통신 서비스 업종의 생산성은 각각 265와 179로 약 두 배 정도 높다. 반면 유통·운수·음식·숙박업과 기타 서비스업의 생산성은 각각 전체 서비스업의 약 57%, 38% 수준으로 매우 낮다.

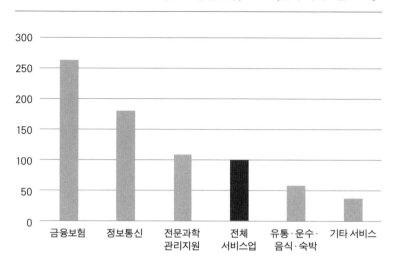

〈그림 6-2〉 한국 서비스업 업종별 노동생산성, 2021 (전체 서비스업=100)

자료: 한국생산성본부 (2023). 「노동생산성 국제비교」

이 그림은 서비스업 내에서 소위 고부가가치 업종과 저부가가치 업종 간에 상당히 큰 생산성 격차가 있음을 보여준다. 하지만 서비스업 업종 간 생산성 격차가 다른 OECD 국가에도 그대로 적용된다면 업종 간 생산성 격차 자체는 한국 서비스업의 낮은 생산성의 원인이 될 수 없다. 즉 한국의 동일 업종 생산성이 다른 OECD 국가보다 낮다면, 그리고 이 업종의 비중이 크다면 전체 서비스업 생산성은 낮아질 것이다.

〈표 6-1〉은 한국 서비스업 업종의 OECD 평균 및 주요국 대비 생산성 수준을 보여주고 있다. OECD의 개별 업종의 평균 생산성을

〈표 6-1〉 서비스업 업종별 주요국 대비 한국 노동생산성의 수준, 2021

(단위: %)

비교 국가	전체 서비스업	유통·운수· 음식·숙박	정보통신	금융보험	전문과학 관리지원	기타 서비스
미국	51.1	47.6	43.3	85.9	42.3	49.1
일본	91.3	72.2	92.1	117.1	129.6	80.2
독일	86.3	65.0	83.5	124.5	102.7	58.8
영국	88.0	85.9	73.7	82.5	122.6	60.9
이탈리아	80.4	57.6	93.9	97.7	110.0	88.0
캐나다	83.7	68.8	114.2	137.1	122.6	84.8
프랑스	76.1	58.2	72.1	115.9	96.0	61.7
G7 대비	66.5	57.8	58.6	95.6	71.6	61.8
OECD 대비	75.8	65.2	64.5	96.9	81.9	72.7

자료: 한국생산성본부 (2023). 「노동생산성 국제비교」

100으로 볼 때 한국의 금융보험과 전문과학 관리지원 서비스 업종의 생산성은 각각 96.9와 81.9로 OECD 평균보다 약간 낮은 수준이다. 또한 한국 금융업 생산성을 G7 개별 국가와 비교해보면 미국과 영국에 비해서는 낮지만 다른 국가에 비해서는 높은 수준이다. 전문과학관리지원 서비스업도 미국에 비해서는 낮은 수준이지만 일본, 독일, 영국 등에 비해서는 높은 수준이다. 또한 한국의 정보통신 서비스업 생산성은 이 업종 생산성이 매우 높은 미국을 제외한다면 나머지 대부분 G7 국가에 비해 약 20~30% 정도 낮은 수준이다. 즉 한국 서비스업의 낮은 생산성은 고부가가치 업종 생산성이 비교 대상국에 비해 낮기 때문은 아니다.

그러나 유통·운수·음식·숙박 업종은 OECD 평균의 약 65.2% 수준으로 크게 낮은 수준이다. 한국의 기타 서비스업은 OECD 평균 대비 72.7% 정도로 역시 생산성 수준이 낮다. 두 업종 모두 상대적으로 서비스업 생산성이 높은 미국에 비해 50% 미만의 생산성 수준을 보여주고 있다. 또한 두 업종 모두 비교 대상 G7 국가 모두에 비해 낮은 생산성 수준을 보여준다. 결국 한국 서비스업 평균 생산성이 OECD 국가에 비해 낮은 것은 유통·운수·음식·숙박, 기타 서비스업 업종의 생산성이 더 낮기 때문이다.

물론 한국의 일부 서비스업 업종의 생산성이 낮더라도 이들 업종의 비중이 작고 상대적으로 생산성이 높은 업종의 비중이 크다면 전체 서비스업 생산성 격차는 크지 않을 수 있다. 하지만 서비스업 업종 비중은 생산성뿐만 아니라 국가별 수요 요인에 더 크게 의존한다. 예를 들어 고령층이 많다면 보건의료 업종의 비중이 클 것이고, 소득수준이 높고 여가 활용에 대한 수요가 크다면 예술, 스포츠, 여가 관련 서비스업 비중이 높을 것이다. 만약 수요가 많은 서비스 업종의 생산성이 낮다면 이에 대한 개선이 필요하다. 한국의 유통·운수·음식·숙박 업종이 서비스업 부가가치에서 차지하는 비중은 약 20.7%로 미국, 독일, 영국, 프랑스 등 다수의 비교 대상 국가와 비슷한 수준이다.

이러한 저부가가치 산업의 경우 비교 대상국과 비슷한 수요 구조를 가진다. 한국의 경우 이 업종의 비교 대상국에 비해 노동생산성이 낮고 취업자 구성 비중은 비교 대상국에 비해 약간 높은 수준이다. 이 경우 낮은 생산성으로 인해 더 많은 노동자가 이 업종에 투입되기 때문에 서비스업 전체 생산성은 하락하게 된다. 하지만 전체적으로 한국 서비스업의 평균 생산성이 낮은 이유는 생산성이 낮은 업종의 비중이 크기 때문이 아니라 이들 업종의 생산성이 비교 대상국에 비해 특별히 더 낮기 때문이다.

4. 자영업 위주의 구조적 문제점

지금까지 살펴본 것처럼 한국 서비스업의 평균 생산성이 낮은 이유는 유통·운수·음식·숙박, 개인 서비스업 등 일부 업종의 생산성이 다른 OECD 국가에 비해 크게 낮기 때문이다. 한국의 경우 이들 업종의 가장 큰 특징은 자영업이 비중이 매우 높다는 것이다. 유통·운수·음식·숙박, 개인 서비스 업종의 경우 취업자 중 약 40%가 자영업자로 구성되어 있다. 사업체가 법인이 아니라 개인사업체, 즉 자영업이라는 것만으로 생산성이 낮을 이유는 없다. 그럼에도 자영업이 생산성이 낮은 이유는 다양하지만, 규모의 영세성이 가장 핵심적인 요인이다.

일반적으로 서비스업 기업 규모가 작으면 생산시설이나 가게 크기가 작고, 전문적인 기술과 인력을 갖추기 어렵고, 구매·운영·인력관리 등에서 비용 절감이 어려워 생산성이 낮다. 또한 수요에서도 규모가 작은 기업은 일반적으로 큰 시장에 접근이 어려워 성장이 제약되기도 한다. 서비스업 업종별로 공급 및 수요 요인의 중요성은 다를 수 있지만 일반적으로 작은 가게는 전문적인 인력과 기술을 가지기 어렵고 넓은 시장의 소비자를 유인하기 어렵기 때문에 종사자 1인당 매출은 대형 업체에 비해 크게 낮다. 결국 업종별 생산성 격차는 규모별 사업체 구성에 크게 의존한다.

〈그림 6-3〉은 한국 서비스업 사업체의 규모별 종사자와 매출액 비중을 보여주고 있다. 서비스업 종사자의 약 47%가 10인 미만의

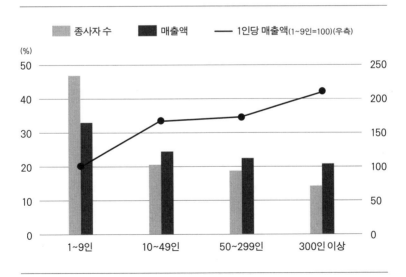

〈그림 6-3〉 서비스업의 사업체 규모별 종사자 및 매출액 구성과 1인당 매출액, 2020

자료: 통계청, 2021 경제총조사, 저자 계산

영세한 사업체에 분포하고 있으며, 300인 이상의 대형 사업체 종사자 비중은 불과 14%이다. 종사자 10인 미만 사업체는 일반적으로 소상공인으로 정의되며 대부분이 자영업 사업체에서 종사하는 자영업주, 무급가족종사자, 임금근로자 등으로 구성되어 있다. 매출액의 경우 10인 미만 사업체 비중은 33%이며, 300인 이상 사업체 비중은 21%이다. 10인 미만 사업체에 비해 300인 이상 사업체의 종사자 비중은 1/3 수준이지만 매출액은 2/3 수준이다. 따라서 10인 미만 사업체에 비해 300인 이상 사업체의 1인당 매출액은 2배 정도 크다.

〈그림 6-3〉의 실선 그래프는 사업체 규모별 1인당 매출액을 지수로 보여주고 있다. 10인 미만 사업체의 1인당 매출액을 100으로 할 때 10~49인은 168, 50~299인은 173, 300인 이상은 210이다. 1인당 매출액, 다시 말하면 매출액 기준 노동생산성은 300인 이상 사업체가 10인 미만 사업체보다 2배 이상 높다. 업종 별로는 도소매업의 경우 10인 미만 사업체에 비해 300인 이상 사업체의 1인당 매출액은 3배 정도로 서비스업 평균보다 높으며, 음식·숙박업의 경우 약 2배 정도로 서비스업 평균 수준이다. 결론적으로 한국의 유통·운수·음식·숙박, 개인 서비스 업종의 높은 영세 자영업 비중은 해당 업종이 다른 OECD 국가에 비해 생산성이 낮아진 주된 요인이다. 이러한 자영업의 문제는 서비스업 생산성 문제와 직결된다.

한국의 자영업자 고용 비중은 약 20%로 일본(9.8%)과 미국(6.6%)

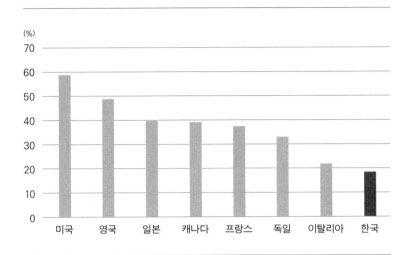

〈그림 6-4〉 OECD 국가별 서비스업 250인 이상 고용 비중

자료: OECD, Structural and Demographic Business Statistics(SDBS)

등의 약 2~3배 수준이며, OECD 국가 중에서 가장 높은 그룹에 속한다. 높은 자영업 비중은 규모가 작고 생산성이 낮은 사업체가 다수를 이루게 되어 결국 서비스업에서 좋은 일자리 부족으로 이어진다. 임금 수준, 고용안정성 등 여러 측면에서 대부분의 좋은 일자리는 규모가 큰 기업이 만들어낸다. 한국의 경우 높은 자영업 비중 또는 10인 미만의 영세 사업체의 높은 비중은 250인 이상의 대기업의 낮은 고용 비중으로 귀결된다.

〈그림 6-4〉는 OECD 국가 서비스업의 250인 이상 사업체의 고용 비중을 나타낸다. 미국의 250인 이상 사업체 고용 비중은 59%로 가장 높고, 일본·프랑스 등 대다수 국가의 250인 이상 사업체의 고

용 비중은 30~40% 수준이다. 하지만 한국의 250인 이상 사업체의 고용 비중은 20% 미만으로 비교 대상 OECD 국가 대비 가장 낮은 수준이다. 한국의 소매·음식·숙박 서비스 업종에서 250인 이상 고용 비중은 주요 선진국과 비교해 다른 업종에 비해 더 큰 차이로 낮은 수준이다. 결국 대부분의 OECD 국가는 자영업 비중이 높은 업종을 포함한 서비스업 사업체의 규모화를 어느 정도 이루었다고 볼수 있다. 이런 점에서 본다면 한국 경제에서 서비스업의 규모화는 저성장 극복을 위한 생산성 제고와 더불어 좋은 일자리 창출과 산업구조의 선진화라는 측면에서 더 이상 미룰 수 없는 과제이다.

5. 서비스업 생산성 제고는 진입과 퇴출을 통해 이루어진다

최근의 많은 연구는 도소매·음식·숙박 서비스 업종의 생산성 성장 메커니즘은 제조업과 같은 전통적인 업종과는 다르다는 것을 보여주고 있다. 제조업의 경우 기존 기업이 인력과 기술 확보를 통해 성장하는 것이 업종 전체의 생산성 성장에서 핵심적인 역할을 한다. 하지만 도소매·음식·숙박 서비스 업종의 경우 생산성 성장의 대부분은 기존 업체보다는 생산성이 높은 사업체가 진입하고 낮은 업체가 퇴출하는 과정을 통해 일어난다는 사실이 밝혀졌다.

제조업의 경우 기존 중소기업 및 대기업이 연구개발을 통해 새로운 상품을 개발하고 비용을 절감하는 공정을 도입해 생산성 성장을 이룰 수 있다. 물론 제조업에서도 혁신적이고 생산성이 높은 기업이 시장에 새롭게 진입하고 생산성이 낮은 기업이 폐업함으로써 산업 평균 생산성 수준이 올라갈 수 있다. 미국의 경우 진입과 퇴출을 통한 제조업 생산성 상승 기여도는 30% 미만이지만 한국은 10% 미만이다. 일반적인 통념과 같이 기존 기업의 혁신과 성장이 제조업 생산성 성장의 대부분을 설명하고 있다는 것을 확인할 수 있다.

제조업과는 달리 서비스업의 경우 업종 전체의 생산성 성장은 생산성이 높은 사업체의 진입과 낮은 업체의 퇴출로 특징지어지는 창조적 파괴(creative destruction)가 핵심적인 역할을 한다. 실제로 미국 소매업의 1990년대 생산성 성장의 대부분이 생산성이 높은 새로운 사업체의 진입과 생산성이 낮은 사업체의 퇴출을 통해 일어났다.[3] 이 기간 새로운 정보통신기술을 기반으로 수요 예측과 재고관리 능력이 뛰어난 월마트가 점포를 확대하고 기존 대형 슈퍼마켓 체인은 퇴출한 것이 미국 소매업의 높은 생산성 성장의 핵심적인 요인으로 작용했다.

---

3 Foster, L., Haltiwanger, J., & Krizan, C. J. (2006). Market selection, reallocation, and restructuring in the US retail trade sector in the 1990s. *Review of Economics and Statistics*, 88(4), 748-758.

한국의 경우 2000년대 이후 소매업 생산성 성장은 생산성이 높은 소형업체의 진입을 통해 일어났다.[4] 작은 가게의 개업과 폐업은 생산성 향상에 도움이 되지 않을 것이라는 통념과는 다른 결과이다. 빠르게 변화하는 소비자 선호에 대응하지 못하는 기존 업체가 퇴출하고 새로운 수요에 부응하는 업체의 진입은 소매업 생산성 성장에 긍정적인 효과를 가진다. 개업과 폐업이 생산성 수준의 차이가 없는 업체에 의해 발생하는 회전문(revolving door) 효과가 발생할 수도 있다. 하지만 한국 서비스업에서 높은 개업 및 폐업률은 해당 서비스 업종 생산성과 업체가 소재한 지역의 생산성에 긍정적인 효과를 가지는 것으로 나타난다. 소매업 이외의 업종인 음식·숙박업에서도 진입과 퇴출은 업종 전체의 생산성 성장에 중요한 역할을 한다. 활발한 진입과 퇴출을 통한 생산성 성장은 소형 및 대형 업체 모두에게 적용된다.

서비스업 생산성 성장에서 진입과 퇴출의 핵심적인 역할은 기존 정책에 대해 중요한 시사점을 제시한다. 지금까지 정부는 서비스업 생산성 제고를 위해 자영업자에게 인력, 자금, 판로 등을 지원해 경쟁력을 강화하는 방향으로 정책을 추진해왔다. 동시에 중소기업 적합업종 지정 및 대규모 유통업체에 대한 진입 및 영업 제한 등의 기

---

4   Cho, J., Chun, H., & Lee, Y. (2023). Productivity dynamics in the retail trade sector: the roles of large modern retailers and small entrants. *Small Business Economics*, 60(1), 291-313.

존 업체에 대한 보호 정책도 같이 실시해왔다. 활발한 진입과 퇴출이 서비스업 생산성 성장에서 핵심적이라면 과연 진입규제 정책을 유지하면서 경쟁력을 강화하는 정책이 서비스업 생산성 제고에 도움이 되는가에 대해 다시 한번 면밀한 재검토가 필요하다.

6. 서비스업의 발전의 실질소득 향상 효과

한국 경제는 제조업을 기반으로 한 수출을 통해 경제성장을 이루어왔으므로 제조업은 가계소득 성장에서 중요한 역할을 한다. 하지만 벌어들인 소득 가운데 대부분은 서비스 구매를 통해 소비된다. 따라서 소득이 높아지더라도 실제로 소비하는 서비스의 가격이 높다면 구매력으로 평가한 실질소득은 증가하기 어렵다. 우리가 반도체를 값싸게 수출하고, 원유를 비싸게 사 오면 교역조건이 악화했다고 본다. 즉 우리가 많이 생산하는 반도체, 휴대전화 등 주력 제조업 상품의 가격은 하락하고 소비의 큰 부분을 차지하는 주거비, 교육비, 외식비 등이 높아지면 경제 자체는 성장해도 가계의 실질소득은 늘어나지 않는다. 사람들이 월급 받아서 비싼 외식비나 사교육비를 지출하고 나면 남는 게 없다는 것도 같은 이와 같은 맥락이다.

〈그림 6-5〉는 2000년 이후 재화와 서비스 소비자물가의 변화를

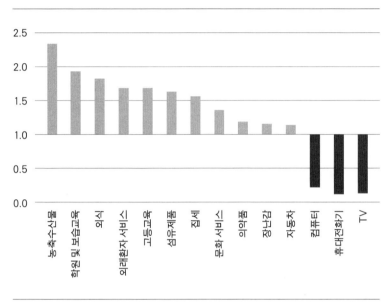

〈그림 6-5〉 2022년 재화와 서비스 소비자물가지수 (2000=1)

자료: 한국은행 경제통계시스템

보여준다.[5] 기술혁신을 통해 생산성이 빠르게 증가한 휴대전화, TV, 컴퓨터의 가격은 지난 20년간 오히려 하락했다. 우리가 실제로 지불한 휴대전화, 노트북의 가격이 일부 상승했지만, 품질이 크게 상승했으므로 이를 고려해 같은 품질의 상품을 기준으로 볼 때 실제 가격은 하락하게 된다. 즉 품질 변화를 고려한 상품의 가격이 하락한 것이다. 자동차 같은 대표적인 제조업 상품의 가격 상승도 크지

---

5 농축수산물은 유통과정이 가격에 미치는 효과가 크다는 점에서 도소매 서비스와 관련된다고 볼 수 있다.

는 않았다. 전반적으로 제조업에서 생산되는 재화의 가격 상승은
평균 소비자물가 상승보다 낮은 수준이다.

이와는 대조적으로 대표적인 서비스업 품목인 외식비, 농축수산
물 등의 가격은 크게 상승했다. 이들 품목은 음식점업, 소매업 등 영
세한 자영업자가 많이 분포한 소매유통 및 음식점 업종을 통해 소
비자에게 제공된다. 교육, 의료서비스 품목의 경우 사교육비의 상승
이 두드러지지만 대학 등록금, 병원 진료비 등은 크게 상승하지 않
았다. 하지만 대학 등록금과 병원 진료비 상승률이 낮은 것은 정부
가격통제의 결과이지 높은 생산성으로 질 좋은 서비스를 낮은 가

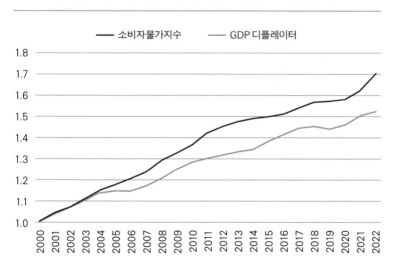

〈그림 6-6〉 소비자물가지수와 GDP 디플레이터 (2000=1)

자료: 한국은행, 경제통계시스템, 저자계산

격으로 제공한 결과는 아니다. 고등교육 및 보건의료 부문의 생산성 제고가 어렵다고 가격을 통제하면 결국 서비스 질이 악화하고 적자가 발생해 재정으로 보전하는 상황이 발생할 수 있다. 따라서 가격통제는 단기 처방이 될 수는 있지만 장기적인 해결 방안은 될 수 없다. 결국 서비스 부문의 생산성 제고를 통해 질 높은 서비스를 낮은 가격에 제공하는 것만이 유일한 답이다.

한편 〈그림 6-6〉은 2000년 이후 현재까지 GDP 디플레이터와 소비자물가지수의 변화를 보여주고 있다. 양자의 차이를 쉽게 표현하면 전자는 소득의 물가지수이고 후자는 소비의 물가지수이다.[6] 두 물가지수의 차이가 없다면 실질소득의 증가는 그대로 구매력, 즉 소비의 증가로 이어진다. 하지만 지난 20년간 소비 물가지수는 소득 물가지수보다 연평균 약 0.5%씩 빨리 상승했다. 이 경우 1인당 실질 GDP 기준으로 소득이 연간 2% 성장하더라도 가계의 구매력, 즉 소비는 그보다 낮은 연간 약 1.5% 성장하게 된다. 향후 20~30년 후에는 1인당 GDP 성장률은 1% 내외가 될 것으로 예상된다. 이 경우 가계의 실질구매력 성장률은 연간 0.5%가 되어 소비 성장은 거의 정체된다. 결국 한국 경제의 저성장은 소득 성장의 정체를 가지고 오고, 이와 더불어 서비스업의 낮은 생산성은 소득이 소비로 이어지는 과정에서 구매력을 하락시켜 국민의 생활수준 향상이 더 이

---

6   GDP 디플레이터는 실질 GDP, 즉 실질국민소득 계산에 활용되는 물가지수이다. 소비자물가지수는 가계소득의 실질구매력을 계산할 때 이용되는 물가지수이다.

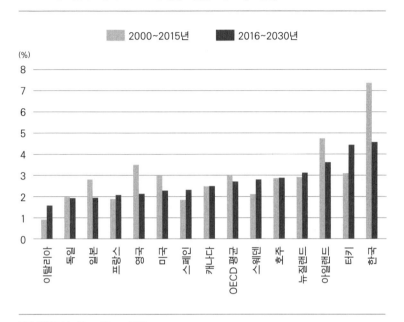

〈그림 6-7〉 OECD 국가별 1인당 의료비 지출, 2015 & 2030

자료: OECD, Health at a Glance 2019

상 일어나지 않게 된다.

특히 소득수준의 지속적인 상승과 빠른 고령화는 향후 30년간 외식, 숙박, 오락 및 보건의료 등의 서비스업 수요를 빠르게 증가시킬 것으로 예상된다. 〈그림 6-7〉은 이미 2000년 이후 한국의 1인당 의료서비스 지출 증가율은 연간 약 7%로 OECD 국가 중에서 가장 높은 수준임을 보여준다. 2030년까지 한국의 1인당 의료서비스 지출 증가율 또한 비교 대상국에서 가장 높은 수준을 유지할 것으로 예상된다. 고령화에 따른 사회서비스 수요 증가에 대한 대비는 단순히 의사와 돌봄 인력을 확충하는 것만으로는 부족하며 이 부문의 생산성 제고가 필수적이다.

현재의 보건의료서비스 산업은 저숙련 저임금 일자리를 기반으로 하고 있으며, 일정 부분 정부의 재정지원을 통해 유지되고 있다. 하지만 급속한 고령화는 더 많은 돌봄 인력이 필요하지만 이러한 인력을 확보하기는 점점 더 어려워지고 있다. 인력이 확보된다고 할지라도 현재의 산업구조하에서는 대부분 저임금 일자리이다. 향후 가장 많은 일자리를 만드는 업종이 저임금 일자리만을 만든다면 결국 국민의 소득과 생활수준은 하락하게 된다.

서비스업 중에서도 빠르게 수요가 늘어나는 업종의 생산성 제고는 저성장 시대의 한국 경제가 당면한 가장 큰 과제 중 하나인 좋은 일자리 창출이라는 점에서 매우 중요하다. 특히 고령화로 빠르게 확대되는 업종인 보건의료서비스업의 낮은 생산성은 국가의 재정 부담 또한 증가시킨다.

저성장 시대의 성장률 제고, 좋은 일자리 창출, 그리고 국가재정의 건전성 등의 목적을 달성하기 위해 서비스업의 생산성 제고가 꼭 필요하다. 이러한 점에서 서비스산업발전기본법의 수정 및 입법을 포함하여 다양한 서비스 업종의 선진화 및 생산성 제고는 더 이상 미룰 수 없는 시급한 산업구조 개혁 과제이다.

제7장

디지털 경제와 금산분리

민세진 | 동국대 경제학과

1. 은행의 변신

BTS의 알뜰폰 광고와 싸이의 배달앱 광고는 의아함을 불러일으키는 점이 있었다. TV를 통한 지상파 방송국의 콘텐츠 소비가 급격히 감소하면서 전통적인 광고 영상과 광고 모델의 중요성도 줄어들긴 했지만, 그래도 BTS나 싸이면 누가 봐도 신경 쓴 광고라고 여길 터였다. 그런데 광고를 만든 주체가 은행이었던 것이다. KB국민은행의 알뜰폰(MVNO) 서비스 '리브엠'은 "세상에 없던 새로운 모바일의 시작"을 알리며, 신한은행의 배달앱 '땡겨요'는 "배달에 아쉬웠던 민족이여, 이동하라!"를 외치며 화려하게 등장했다.

은행의 전통적인 본업은 주로 예금으로 모은 돈을 대출하여 그 이자 차익을 올리는 것이다. 물론 은행이 본업 외의 비즈니스로 수익을 늘리는 것이 낯설지는 않다. 보험상품이나 펀드를 파는 것이 대표적인 사례다. 하지만 그간 은행이 해온 업무가 금융의 범위를 벗어나지 않는 것이었다면, 알뜰폰 사업이나 배달앱 운영은 완전히 비금융적 업무이기 때문에 '은행이 왜 저런 걸 하지?'라는 의아함을 자아낼 수 있었던 것이다.

은행이 전과 다른 모습으로 변신을 꾀하는 배경에는 비교적 안정적인 수익에도 불구하고 시장에서 바라보는 은행에 대한 전망이 밝지 않는다는 점이 있다. 〈그림 7-1〉은 2010년 초~2023년 10월 말 한국거래소(KRX)의 대표적인 주가지수인 KRX300과 주요 금융산업인 은행, 보험, 증권 분야의 주가지수 추이를 비교하고 있다. 2010년 개장일의 종가를 모두 0으로 맞춰서 봤을 때 2023년 10월 말 현재 한국거래소의 300개 우량종목으로 구성된 KRX300은 40% 정도 상승률을 보이는 반면, KRX은행 약 −36%, KRX보험 약 22%, KRX증권 약 −38%의 실적을 보이고 있다. 이론적으로 주가를 설명할 때 '미래에 발생할 기업 현금흐름의 현재 가치'라고 하는데, 금융산업의 부진한 주가는 이들 산업이 기존에 예상되던 미래 현금흐름에서 벗어나 개선될 가능성이 보이지 않는다는 시장의 냉담한 평가를 반영하는 것으로 해석된다.

특히 디지털 경제가 성큼 다가오면서 은행을 비롯한 전통적인 금

〈그림 7-1〉 금융산업 주가지수 추이

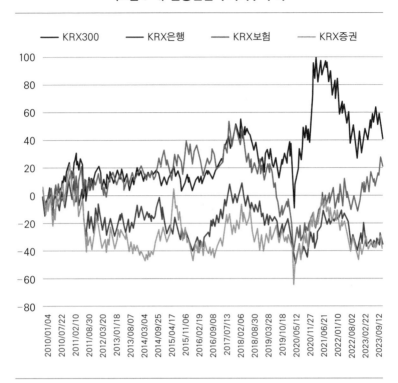

자료: 한국거래소 정보데이터시스템

융회사들은 색다른 경쟁에 노출되었다. 네이버나 카카오 같은 이른바 빅테크 플랫폼들의 금융 진출이 가시화된 것이다. 가장 직접적인 경쟁은 인터넷은행의 출현으로 생겨났다. 2016년과 2017년, 2021년에 각각 영업을 시작한 케이뱅크, 카카오뱅크, 토스뱅크는 물리적인 지점 없이 비대면 거래를 영위하는 인터넷전문은행으로서 인가를 받았다. 이 중 카카오뱅크는 2021년 8월에 상장했는데,

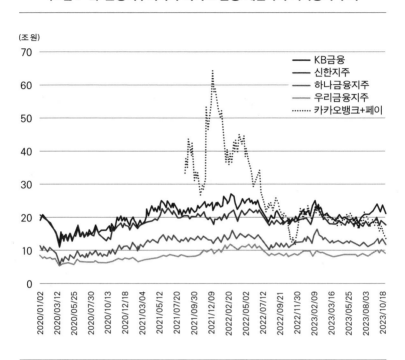

〈그림 7-2〉 은행지주회사와 카카오 금융 계열사의 시가총액 추이

(조 원)

범례:
— KB금융
— 신한지주
— 하나금융지주
— 우리금융지주
······ 카카오뱅크+페이

주: 주요 은행이 각 금융지주회사의 100% 자회사이고 지주회사만 상장되어 있으므로 지주회사의 시가총액 추이를 나타냈으며, 이에 상응하도록 기업집단 카카오의 금융서비스 제공 계열사인 카카오뱅크와 카카오페이의 시가총액을 합쳐서 보임.
자료: 한국거래소 정보데이터시스템

상장하자마자 4개월 이상 시가총액이 업계 1위인 KB금융보다 높게 유지되어 화제가 되었다(그림 7-2). 이후 상당히 조정을 거치고, 기업집단 카카오의 문제가 다각도로 노출되면서[1] 2023년 10월 말 현

---

1 예를 들어 2022년 10월 15일 오후에 SK C&C 판교캠퍼스 전기실 화재로 전원 공급이 끊겨 카카오톡 서비스를 비롯해 데이터센터에 입주한 모든 서비스들이 다운되는 사고가 있었다. 당시 카카오뱅크는 다른 데이터센터를 이용하는 중이어서 피해가 없었지만 주가가 폭락한 바 있다.

재 카카오뱅크의 시가총액은 상장 시점 대비 큰 폭으로 하락한 상태다.

그럼에도 불구하고 카카오뱅크에 대한 투자자들의 기대는 여전히 은행 본연의 사업으로는 쉽게 설명되지 않는 수준이다. 은행의 주요 수익원은 대출 등의 자산이기 때문에 기존 은행지주회사들의 시가총액 순위는 자산 순위와 일치한다(표 7-1). 카카오뱅크의 경우 자산총액은 예컨대 우리금융지주의 1/10 수준인데 시가총액은 크게 차이 나지 않는 것이다. 카카오뱅크가 한때는 시가총액에서 KB금융을 크게 상회하기도 했으니 은행들 입장에서는 당혹스러웠을 것이다.

그렇다면 투자자들은 카카오뱅크의 어떤 점에 기대를 건 것일까. 은행들은 왜 금융과 관계없어 보이는 분야에 뛰어드는 것일까. 언뜻 연관성 없는 두 질문에 대한 답에는 '데이터'라는 공통점이 있다. 카카오는 카카오톡이라는 국민 SNS를 정착시킨 플랫폼 기업이

〈표 7-1〉 은행지주회사와 카카오뱅크의 자산총액과 시가총액

회사	자산총액(조 원)	시가총액(조 원)
KB금융	706	20.8
신한지주	677	17.9
하나금융지주	594	11.5
우리금융지주	483	9.1
카카오뱅크	50.5	8.7

주: 자산총액(연결기준) 2023년 반기보고서, 시가총액 2023.10.31. 종가 기준
자료: 금융감독원 전자공시시스템, 한국거래소 정보데이터시스템

다. 카카오뱅크는 모기업 카카오의 그러한 업력을 배경으로 데이터 처리에서 우위에 있을 것이라는 믿음을 확보하고 시작했다. 어쩌면 카카오뱅크가 카카오와 직접적인 시너지를 낼 수도 있으리라는 기대가 투자자들 사이에 있는지도 모른다. KB국민은행과 신한은행이 알뜰폰 서비스와 배달앱을 내놓으며 제시한 설명의 중심에도 데이터가 있었다. 바로 '대안신용평가' 모형의 개발이다. 즉 기존의 신용평가에 활용되던 금융정보 외에 새로운 서비스로 수집된 데이터를 이용해 대출을 할 때 대출자의 신용을 더 정확히 평가하겠다는 것이다.

달리 생각해보면 '왜 이제야?'라는 의문이 들 수도 있다. 미국에서 페이팔(PayPal)이라는 핀테크 유니콘이 서비스를 시작한 때가 2000년이다. 지난 20여 년 동안 우리가 경험한 디지털 경제의 이행을 생각할 때 전통적 금융권의 움직임은 결코 인상적이지 않다. 이 장에서는 금융이 디지털 경제에 맞춰 변신하려고 해도 매우 힘든 갖가지 장벽이 존재함을, 그중에서도 금산분리 규제를 중심으로 살펴볼 것이다.

2. 왜 은행이 직접 해야 하나

디지털 경제 시대에 새로운 데이터를 수집하기 위해 생소한 분야를 해보겠다는 전통적인 금융산업의 고충을 이해하더라도 여전히 의아함이 남을 수 있다. 새로운 사업을 왜 은행이 직접 해야 하느냐는 것이다. 예를 들어 별도의 자회사로 작게 시작할 수도 있고, 다른 계열 금융회사가 하고 데이터는 같이 이용할 수도 있지 않을까 싶은 것이다. 그런데 KB국민은행과 신한은행은 직접 해당 업무를 하고자 '혁신금융서비스'로 지정받아 진행했다.

혁신금융서비스는 기존 금융서비스와 차별성이 인정되는 금융업 또는 그러한 금융업을 수행하는 과정에서 제공되는 서비스에 대해 기존 금융규제에서는 허용되지 않았다면 한시적으로 할 수 있도록 해주는 제도이다. 범정부 차원의 '규제샌드박스' 제도가 있는데,[2] 혁신금융서비스는 금융규제 샌드박스 안에서 운영되는 것이다. 2019년 4월부터 시행된 '금융혁신지원 특별법'에 따라 혁신금융서비스로 지정되면 2년간 특례를 적용받고, 서비스 공급자가 기간 연장을 원하는 경우 그 경과를 심사받아 2년 더 해볼 수 있다. 총 4년이 지나 사업을 계속하고자 하면 이때는 아예 규제 자체의 개선을 요청할 수 있다.

알뜰폰 서비스나 배달앱에 특례가 필요한 이유는 은행의 업무가 법에 나열된 업무들로 한정되기 때문이다. 은행법에는 은행의 업무

---

2   규제샌드박스는 '사업자가 신기술을 활용한 새로운 제품과 서비스를 일정 조건하에서 시장에 우선 출시해 시험·검증할 수 있도록 현행 규제의 전부나 일부를 적용하지 않는 것을 말하며, 그 과정에서 수집된 데이터를 토대로 합리적으로 규제를 개선하는 제도'이다.

범위가 '은행업무'와 '부수업무', '겸영업무'로 명확하게 제시되어 있고, 각 업무에는 무엇이 포함되는지도 법이나 시행령에 나열되어 있다. 당연한 일이지만 이 중 어디에도 알뜰폰 서비스나 배달앱이 없기 때문에 은행들이 혁신금융서비스의 지정을 요청한 것이었다. 달리 말하면 어떤 것도 은행이 혁신적이고 창의적이며 신속하게 시작할 수가 없다. 이것은 은행만의 문제는 아니어서, 예컨대 보험업법 및 시행령에도 '보험종목'과 '부수업무', '겸영업무'가 명확하다. 이러한 접근의 법체제를 '열거주의 방식(positive system)'이라고 부르는데, 영미식의 '포괄주의 방식(negative system)'과 대별된다.[3]

KB국민은행의 경우 2019년에 알뜰폰 서비스가 혁신금융서비스로 지정되어 총 4년이 된 2023년 4월에 규제 개선을 통해 은행 정식 업무로 인정되었다. 그런데 알뜰폰 서비스가 인정받은 은행 업무 분야는 '부수업무'이다. 즉 은행업무에 부수하는 업무로 알뜰폰 서비스가 수용된 것이다. 대안신용평가 모형이 개발되면 은행 대출에 쓰일 테니까, 모형 개발에 이용될 데이터를 수집할 서비스 제공도 부수업무라고 굳이 해석할 수 있겠지만, 썩 잘 맞아 보이지는 않는다. 하지만 이러한 추세가 유지된다면 신한은행의 배달앱뿐만 아니라 향후 다소 느닷없어 보이는 혁신적 서비스들이 모두 부수업무로

---

3 쉽게 말하면, 열거주의 방식은 열거된 것들만 할 수 있는 방식이고 포괄주의 방식은 안 된다고 한 것 외에는 포괄적으로 할 수 있는 방식이다. 일반적으로 포괄주의 방식이 혁신을 장려하는 데 더 유리한 체제로 평가된다.

수용될 것이다.

은행이 이러한 서비스를 별도 사업체를 두지 않고 '부수업무'로 직접 하는 일차적 이유는 사업의 핵심적 이유인 데이터 때문이다. 2020년 1월에 이른바 '데이터 3법' 개정으로 서로 다른 기업이 보유하고 있는 가명정보를 보안시설을 갖춘 전문기관에서 결합할 수 있도록 바뀌었지만, 이러한 제한이 있다면 기업이 자체 용도에 맞게 데이터로 다양한 시도를 하기에는 스스로 보유한 데이터가 가장 좋을 것이다.

2000년 금융지주회사법이 제정된 당시에 지주회사 산하의 자회사 간에는 고객의 별도 동의 없이 데이터 공유가 가능했다. 그러나 2014년 대형 신용카드사 세 곳에서 개인정보 유출 사건이 발생하고, 그중 은행과 계열관계였던 카드회사에서는 은행 이용자 정보까지 유출된 것이 확인되면서 같은 해 금융지주회사법이 개정되어 계열사 간 데이터 공유가 금지되었다. 따라서 은행은 이용하고 싶은 새로운 데이터를 직접 수집해야 하는 것이다.

생성형 AI의 괄목할 만한 성장으로 양질의 데이터 생성과 이용 필요성에 대한 논의가 어느 때보다 활발하므로 데이터 공유에 대한 규제가 좀 더 허용적인 방향으로 바뀔 수는 있다. 금융권에서는 100% 자회사들로 구성된 각 금융지주회사 체제에서 데이터 공유가 우선적으로 고려될 수 있다. 금융지주회사 내의 회사들은 주주가 지주회사의 주주로 일원화되어 있기 때문에, 최소한 이 회사와 저회사의 주주가 달라서 이해가 엇갈리는 문제는 발생하지 않는다.

하지만 혹시 데이터 공유가 가능해지더라도 알뜰폰 서비스나 배달앱은 여전히 별도의 회사로 둘 수 없다. 바로 금산분리 규제 때문이다. 금산분리 규제는 은행의 변신을 막는 중요한 장벽 중 하나로서 이 장의 주제이다. 금산분리란 금융산업과 비금융산업이 분리되어야 한다는 주장이다. '분리'는 주로 지분으로 엮이지 않는 것을 의미하지만 업무를 영위하지 않는다는 뜻으로 확대되기도 한다. 금산분리는 우리나라에서 '원칙'이라고까지 불리며 여러 법률에 걸쳐 다양한 내용으로 규제화되어 있다.

카카오는 카카오뱅크 설립에 참여하고도 비금융회사인 이유로 카카오뱅크 지분을 4% 이내로만 보유할 수 있었다.[4] 그러다 인터넷전문은행법(인터넷전문은행 설립 및 운영에 관한 특례법)이 제정되어 지분을 확대할 수 있었지만, 여전히 34%의 상한이 있다.[5] KB국민은행이나 신한은행의 경우에는 우선 금융지주회사법상 금융지주회사가 비금융회사의 지분을 보유할 수 없다는 조항에 걸린다.[6] 이들 은행은 각각 KB금융, 신한지주라는 금융지주회사의 자회사이다.

KB국민은행이 알뜰폰 서비스 사업을 정식 업무로 인정받게 되면서 규제의 양상이 다소 우스꽝스럽게 됐다. 은행이 직접 할 수 있는

---

4   은행법 제16조의2
5   인터넷전문은행 설립 및 운영에 관한 특례법 2018.10.16. 제정
6   금융지주회사법 제6조의3

사업을 그 지주회사는 할 수 없는 것이다. 게다가 금융지주회사법의 다른 조항에 의해 은행은 그 사업을 자회사에 두고 영위할 수도 없다. 금융지주회사의 자회사는 비금융회사를 지배할 수 없다는 내용 때문이다.[7] 결과적으로 은행에 허용된 사업을 은행이 포함된 금융지주회사 안에서 별도 회사로 할 방법은 없는 상황이다.

그러나 이는 금융지주회사법의 잘못이 아니고 금융지주회사법의 소관 행정기관인 금융위원회의 탓도 아니다. 금융지주회사법의 금산분리 규제는 공정거래법(독점규제 및 공정거래에 관한 법률)에서부터 정해진 것이기 때문이다. 우리나라의 공정거래법은 다른 선진국의 비슷한 성격의 법이 경쟁촉진 외의 내용을 거의 담고 있지 않는 것과 달리 기업집단에 대한 규제 비중이 크다.

지주회사는 별다른 본업 없이 다른 회사의 주식을 소유하고 지배하는 회사로, 재벌이 문어발식 확장을 하는 데 악용될 수 있다고 공정거래법에서 기업집단 규제 일부로 금지되어왔다. 그러다 역시 지주회사를 금지하던 일본에서 1997년 이를 허용하고, 우리나라에서는 1997년 말 외환위기가 발생한 후 IMF의 구제금융을 받는 과정에서 특히 은행권 구조조정에 지주회사 체제가 이용될 수 있다는 논거로 1999년 공정거래법이 개정되었다. 그리고 2000년에 금융지주회사법이 제정된 것이다.

---

7   금융지주회사법 제19조

애초에 공정거래법에서 지주회사를 금지한 배경이 재벌의 확장 억제였기 때문에 지주회사를 허용할 때에도 여전히 재벌의 확장을 억제할 안전장치가 필요했는데, 금산분리가 안전장치 중 하나로 포함되었다. 개정된 공정거래법에서는 지주회사를 금융지주회사와 일반지주회사로 구분하고, 금융지주회사는 비금융회사의 지분을 보유할 수 없고 일반지주회사는 금융회사의 지분을 보유할 수 없도록 했다.[8] 최소한 지주회사 체제 안에서는 금융·비금융 영역 구분 없이 기업집단이 커질 수 없게 한 것이다.

3. 공정거래법의 금산분리 규제

금융산업에서 디지털 관련 사업이 더 유연하게 영위되기 위해서는 결국 공정거래법의 금산분리 규제가 완화되어야 한다. 하지만 공정거래법에서 금산분리 규제가 갖는 맥락을 생각하면, 더 나아가 앞서 언급한 것처럼 여러 법률에 걸쳐 금산분리 규제가 존재하는 양상을 고려할 때 규제완화는 쉽지 않아 보인다.

공정거래법의 금산분리 규제 맥락은 2000년대 중반 에버랜드가 비자발적으로 금융지주회사가 될 뻔한 사건을 통해 잘 이해할 수

---

8   공정거래법 제18조 제2항 제4호와 제5호

있다. 당시 에버랜드는 삼성의 계열사 중에 삼성생명의 지분을 가장 많이 보유하는 회사였는데, 2003년도 결산 결과 삼성생명의 지분 가치가 에버랜드 자산의 반을 넘게 되었다. 금융지주회사법에 따르면 금융회사의 최대주주인 회사로서 보유한 금융회사 지분 가치가 해당 회사 자산의 반을 넘는 경우 금융지주회사 인가를 받도록 되어 있는데, 에버랜드가 인가를 받지 않았으므로 법을 위반했고, 따라서 요건을 갖춰 인가를 받아야 한다는 주장이 제기되었다.

문제는 에버랜드가 금융지주회사가 되면 공정거래법과 금융지주회사법의 금산분리 규정에 의해 삼성생명이 보유한 삼성전자의 지분을 모두 매각해야 한다는 사실이었다. 개인 주주나 계열사를 통틀어 삼성전자의 지분을 가장 많이 보유한 주주가 삼성생명이었기 때문에 에버랜드가 금융지주회사가 되는 것은 삼성전자의 소유구조에 큰 변화를 일으킬 사안이었다. 논란이 계속되다가 2008년 이른바 삼성 특검에서 에버랜드가 보유한 삼성생명 주식 상당 부분이 당시 이건희 회장의 소유라고 밝혀지면서, 에버랜드가 삼성생명의 최대주주에서 벗어나게 되어 이 사건은 일단락되었다. 하지만 금산분리가 재벌을 향한 규제라는 대중적 인상이 각인되었다.

공정거래법에 지주회사 차원 외에도 중요한 금산분리 규제가 또 있다. 기업집단에 속한 금융회사가 갖고 있는 비금융 계열사 지분에 대해 의결권 행사가 원칙적으로 금지되는 것이다.[9] 이 규제와 관련된 대표적 사례는 2022년 12월에 발생했다. 카카오의 계열사인 KCH가 회사가 보유한 카카오와 카카오게임즈의 지분에 대해 의결권을 행사한 것이 금산분리 위반이라며, 공정거래위원회가 검찰 고발을 결정했다고 발표한 것이다. 공정위의 결정에는 KCH가 금융회사라는 판단이 깔려 있었다. 그런데 KCH는 카카오 창업자인 김범수 씨의 100% 개인 회사로서 이렇다 할 사업을 영위하고 있지 않았다.

공정위는 KCH가 2020년과 2021년 수익 중 '배당 및 금융투자 수익'이 95% 이상이고, 2020년에 변경한 회사 정관에 사업 목적으로서 '유가증권 투자 및 기타 금융투자업'이 추가된 것을 주된 근거로 KCH를 금융회사로 보았다고 했다. KCH가 주식에 투자하고 그로부터의 배당 등이 주요 수익이라면 속성상 지주회사에 가깝다. 일반적으로 금융업이란 제3자에게 금융서비스를 제공하는 사업이므로, 그러한 서비스 제공으로 인한 수익 없이 지주회사 성격을 갖는 KCH가 금융회사로 인식되는 게 맞는지 의아할 수 있다.

이런 상황이 발생한 단서는 다소 엉뚱하게도 경제활동을 측정하는 국제표준인 국민계정체계(System of National Accounts, SNA)의 변경에서 찾을 수 있다.[10] 현재 사용하는 SNA는 2008년에 개정된 것인

---

9 공정거래법 제25조 제1항
10 국제적으로 통일된 방식으로 경제활동을 측정하기 위해 1947년 국제연맹에서 시작된 국제표

데, 이 개정으로 지주회사가 기본적으로 금융업으로 분류되게 되었다. 이에 따라 각국의 산업분류 내용이 변경되었는데, 우리나라의 '한국표준산업분류'도 2017년 시행된 제10차 한국표준산업분류에서 지주회사를 '금융 및 보험업' 아래 두었다. 제9차에서는 금융지주회사는 '금융 및 보험업' 아래, 일반지주회사는 '전문, 과학및 기술 서비스업' 아래로 나뉘어 있던 것이 지주회사 산하 회사들의 업종에 관계없이 통합된 것이다.

그 결과 한국에서는 산업분류의 변경만으로 공정거래법을 위반하게 되는 상황이 발생했다. 일반지주회사들이 금융회사로 분류되면 이들 지주회사가 자회사인 비금융회사들에 의결권을 행사하는것이 불법이 되는 것이다. 2017년 당시 이렇게 업종이 바뀌는 상장된 일반지주회사가 98개였다.[11] 결국 2019년 2월에 한국거래소가상장 규정 시행세칙을 개정하여 주력 사업에 맞춰 지주회사의 업종분류를 변경할 수 있도록 했지만,[12] 비상장 지주회사의 경우는 업종분류를 변경할 방법이 없다. 비상장 지주회사의 업종분류가 대부분은 중요하지 않지만, KCH처럼 공정거래법의 규제를 받는 기업집단의 계열사에서 예상치 못한 문제가 생긴 것이다.[13]

준으로 개정 작업은 국제연합(UN), 유럽연합 집행위원회(EC), 국제통화기금(IMF), 경제협력개발기구(OECD), 세계은행(World Bank)의 국민계정 전문가들이 참여하여 진행한다.

11 "상장사 업종분류, 일반 지주사와 금융지주사 통합". 연합뉴스, 2017.6.30.

12 "한진칼이 금융업? 지주회사 증시 업종분류 바뀐다". 연합뉴스, 2019.2.11.

13 이 사안은 법원이 2023년 12월 7일에 공정위가 KCH의 카카오와 카카오게임즈에 대한 의결권행사를 제한한 처분이 위법하므로 취소해야 한다는 판결을 내리면서 어느 정도 정리되었다. 법

국제적 산업분류가 바뀌어 한국에서 법 위반 상황이 일어난 것은, 뒤집어보면 공정거래법의 금산분리 규제가 글로벌 스탠더드에 맞지 않음을 의미한다. 공정거래법의 기업집단 규제가 갖는 재벌 확장 억제의 기능을 인정하더라도, 금산분리 규제는 시대의 변화나 글로벌 스탠더드에 어울리지 않는 존재로 여겨진다. 그러나 전통적인 재벌을 염두에 두고 만들어진 공정거래법상 금산분리 규제가 새로운 대상을 찾아 언제든 적용될 힘을 가졌다는 것이 카카오의 KCH 사례로 드러난 셈이니, 규제 개선이 경제적 논리로 되기는 쉽지 않아 보인다.

4. 금융업권의 금산분리 규제

금산분리 규제는 공정거래법 외에는 주로 금융 영역에서 발견되는데, 앞서 언급한 금융지주회사법 외에도 금융산업의 구조개선에 관한 법률, 은행법, 보험업법 등이 있다. 금융산업의 구조개선에 관한 법률은 재무적 어려움에 처한 금융회사의 정리나 합병·전환 등에 관한 법인데, 금융회사가 단독으로나 다른 금융 계열사와 함께 다른 회사의 의결권 있는 지분을 보유하는 것을 사실상 5% 이내로

원은 KCH를 금융회사로 보지 않았다.

제한하는 조항이 있다.[14] 이 조항이 있는 장의 제목이 '금융기관을 이용한 기업결합의 제한'이어서 마치 공정거래법 기업집단 규제의 일부인 것처럼 느껴지기도 한다. 실제로 이 조항의 존재가 알려지고 회자된 것도 역시 삼성생명이 보유한 삼성전자 지분이 이 조항을 위반했다는 주장에 의해서였다.

한편 국회에서는 보험업법을 이용해 삼성생명이 삼성전자 지분을 팔도록 하려는 움직임이 꾸준히 있다. 2020년 5월 말 임기가 시작된 제21대 국회에서도 보험업법 개정안이 발의되어 있는 상태다.[15] 보험업법에는 원래 보험계약자들에게 언젠가 지급될 수 있는 보험금을 보험회사의 빚으로 적립하게 한다든지, 보험계약자들로부터 받은 보험료를 운용하는 데 지나친 위험을 피하도록 자산운용 수단에 제한을 둔다든지 하는 전통적인 규제가 있다. 자산운용 제한은 예를 들어 한 회사가 발행한 채권이나 주식의 합계액이 보험회사 자산의 몇 %를 초과할 수 없다는 형식이다.[16] 발의된 보험업법 개정안은 자산운용 제한 규제 중 보험회사가 계열사에 대해 보유한 채권 및 주식 소유 합계액이 보험회사 자산의 3%를 초과하면 안 되는 규제가 있는데, 그 합계액을 지금까지는 채권이나 주식의 취득 당시 가치, 즉 원가로 측정하던 것을 시시각각 변하는 시가로

---

14 금융산업의 구조개선에 관한 법률 제24조
15 대표적으로 더불어민주당 박용진 의원이 대표 발의한 개정안이 있다.
16 보험업법 제106조

측정하자는 것이다.

삼성생명의 2022년 말 기준 자산은 약 229조 원으로 그 3%는 약 6.9조 원이다. 삼성생명이 보유한 삼성전자 지분 8.51%를 2022년 12월 29일 종가 기준으로 평가하면 약 28.1조 원이다. 만약 발의된 안대로 보험업법이 바뀐다면 2022년 말 기준으로 21조 원이 넘는 가치의 지분을 팔아야 하는 것이다. 그런데 이것이 다가 아니고, 삼성생명의 특별계정이란 별도 계정에서 보유한 삼성전자 지분이 있고, 또한 같은 보험업법을 적용받는 삼성화재가 보유한 삼성전자 지분도 있어서 모두 합치면 23조 원이 훌쩍 넘는다. 그나마 이 계산에 적용된 2022년 12월 29일 삼성전자 주당 가격 5만 5,300원이 2021년 초부터 약 3년간 봤을 때 가장 낮은 수준의 가격이기 때문에 이 정도이다. 정말 법이 바뀌어 적용된다면 어느 금액에 삼성전자 지분 몇 %가 될지 가늠하기 어렵다는 뜻이다.

이러한 개정안을 지지하는 쪽에서는 보험회사 자산운용이 건전성을 유지하기 위해 개정이 필요하고 제시된 개정안이 글로벌 스탠더드라고 주장한다. 이는 약간 맞고 대부분 틀리다. 맞는 부분은 자산을 안전하게 운용하는 기본 방법 중 하나가 분산투자를 하는 것이므로 특정 채권이나 주식에 자산이 쏠리도록 하면 안 된다는 것이다. 원칙적으로 맞는 말이다. 하지만 이를 실현하거나 유도하는 방법으로서의 글로벌 스탠더드는 발의된 안과 매우 다르다.

유럽에서나 미국에서나 보험회사에 대한 자산운용 규제는 투자 시점에 적용되는 것이 일반적이다. 따라서 당시의 시가로 한도 초과 여부를 판단하지만 이후에는 판단할 필요가 없어지고 굳이 되돌아본다면 원가로 평가하는 것이다. 미국의 경우 주마다 보험법이 따로 있는데, 가장 금융업이 활발한 뉴욕주의 경우도 취득 시점에만 한도를 넘지 않도록 규제한다. 그러나 우리나라에서 현재 발의된 안은 투자 시점에 적용되는 한도를 보유 중인 자산에도 동일한 한도로 갑자기 적용하자는 것이다.

자산운용에서 분산투자를 유도하는 현대적인 규제 방법은 자산 종류마다의 위험을 평가하여 그 위험에 상응하도록 주주의 몫인 자본을 쌓도록 하는 것이다. 이를 자본적정성 규제라 하고 더 광범위하게는 건전성 규제라 한다. 널리 알려진 은행의 바젤 비율(BIS 비율, Basel Rule)이 대표적인 자본적정성 규제이다. 보험 영역에도 미국의 위험기준 자기자본(Risk-Based Capital, RBC) 제도나 유럽연합의 솔벤시(Solvency) II 같은 건전성 규제를 통해 자산운용까지 규율하고 있다. 우리나라도 건전성 규제의 글로벌 스탠더드를 충실히 따라가고 있으므로 보험업법 개정안은 삼성을 대상으로 한 기획으로 볼 수밖에 없다.

기업집단에 대한 견제와 별도로, 은행법이나 보험업법에는 비슷한 구조로 은행이나 보험회사가 비금융회사의 의결권 있는 지분을

15% 초과하여 보유할 수 없다는 규정이 있다.[17] 앞서 금융지주회사의 자회사는 비금융회사를 지배할 수 없다고 했는데, 은행이나 보험회사는 지주회사의 자회사가 아니더라도 비금융회사를 자회사로 둘 수 없는 것이다. 따라서 금융지주회사에 속하지 않은 보험회사라면 보험업법이 비금융 자회사를 허용하도록 개정되는 경우 이러한 자회사를 둘 수 있겠다. 하지만 은행법에 동일한 규제가 있는데 보험업법만 바뀔 리 없고, 혹시 은행법이 같이 바뀌더라도 현실적으로 주요 은행이 모두 금융지주회사 체제 안에 있기 때문에 어차피 은행은 비금융 자회사를 둘 수 없어 실효성이 떨어질 것이므로 개정의 가능성이 낮다. 결국 공정거래법의 금산분리가 완화되어야 보험회사까지 운신의 폭이 넓어질 상황이다.

만약 공정거래법에서 금융지주회사 체제 안에 비금융회사를 허용하게 되면 걸림돌이 다 제거될까? 이 경우 단순히 생각하면 일반지주회사 체제 안에 금융회사가 있는 것도 허용해야 맞을 것 같은데, 그렇다면 지주회사의 형태만 의미가 있고 금융과 비금융의 구분은 없어지는 것이다. 하지만 이 가능성은 또 다른 현실적 난관에 부딪힌다. 은행은 비금융산업을 주력으로 영위하는 기업집단이나 회사가 소유할 수 없다.

---

17 은행법 제37조, 보험업법 제115조

5. 금산분리, '원칙'인가?

한국에서는 언젠가부터 금산분리를 '원칙'이라 부르는 경향이 있지만, 정확히 말하면 원칙이라 칭할 만한 규제는 '은산분리'다. 은산분리는 은행과 비금융산업의 분리(separation of banking and commerce)를 뜻한다. 은산분리의 기원은 미국의 글래스-스티걸 법(Glass-Steagall Act)이다. 세계대공황 중인 1933년 도입된 이 법으로 미국의 연방 은행법에 두 가지 중대한 변화가 있었다. 첫째는 은행(commercial bank)과 증권사(investment bank)가 한 지붕 아래 있으면 안된다는 것이다. 대중으로부터 예금을 받고 대출을 주는 은행과 원금을 떼일 수도 있는 자금 중개를 본업으로 하는 증권사를 분리하여 규모를 제한하고 위험 전이도 막는 취지에서다. 이 규제는 1999년 그램-리치-블라일리 법(Gramm-Leach-Bliley Act)으로 폐지되었다.

둘째가 은산분리다. 세계대공황 당시 은행에 의해 여러 기간산업이 장악되고 독과점화된 상태라는 문제의식이 있었던 터라 비금융회사가 은행을 소유하거나 은행이 비금융회사를 소유하는 것이 금지되는 규제가 도입된 것이다. 선진국 중에서도 은산분리를 규제로 유지하는 나라는 미국뿐이지만, 그럼에도 불구하고 금융 분야에서 미국의 영향력을 생각하면 은산분리는 원칙으로 불릴 만하다. 그런 미국에서조차도 디지털 경제의 영향으로 은행의 비금융업 진출이 다양하게 시도되고 있다. 굴지의 금융그룹이 여행업 관련 회사

를 인수하거나 전기차 충전소 사업에 투자한다는 식의 보도가 심심치 않게 나온다.[18]

은행에 대한 은산분리 규제가 그나마 설득력이 있는 것은 은행이 특별하기 때문이다. 규제는 그로 인한 득실을 따져 판단해야 하는데, 은산분리 규제의 이득은 은행을 은행 업무에 한정해서 둠으로써 다른 사업의 불안정성으로 은행이 흔들리는 것을 막는 것이다. 은행은 거의 모든 국민이 이용하고, 은행 간 서로 자금을 예치하고 이체도 활발한 까닭에 한 은행의 자금 경색이 다른 은행에 쉽게 영향을 준다. 또한 은행은 예금으로 받은 돈을 일부만 현찰로 보유하고 주로 대출로 운용하기 때문에, 예금 인출이 갑자기 몰리는 뱅크런(bank-run) 사태가 발생하면 내어줄 현찰이 부족해 불시에 부도나는 경우가 생긴다.

실제로 2023년 3월 미국의 실리콘밸리은행(Silicon Valley Bank)에서 일어난 뱅크런과 연이은 중소형 은행들의 뱅크런으로 세계 금융시장이 큰 혼란에 빠진 바 있다. 한 은행의 문제로 국가 경제 전체가 영향을 받을 수 있는데, 그렇게 구조적으로 취약한 은행이 은행과 무관한 업무로 영향받지 않도록 하는 것을 은산분리 규제의 이득이라 할 수 있는 것이다.

은산분리 규제의 이득이 여전히 유효한 면이 있지만 경제환경이

---

18 "JP모건도 '맛집 앱' 투자하는데…이런 콜라보, 한국선 막힌 이유", 《중앙일보》, 2023.8.18.

급속하게 변하면서 규제로 인한 손실이 커지는 것 역시 사실이다. 그 손실 중 가장 큰 것은 은행의 혁신이 제한되어 더 나은 금융서비스를 제공받을 기회가 사라지는 것이다. 게다가 우리나라에서는 은행뿐만 아니라 보험회사의 비금융업 영위도 제약되고, 이를 완화하려면 금융규제 당국을 넘어 공정거래위원회까지 나서야 해서 문제를 풀기가 여간 어려운 게 아니다.

우리나라에서 은행이 비금융업무를 직접 영위할 수 있도록 하는 것은 은행이 비금융 자회사를 둘 수 없는 은산분리 규제를 우회하여 규제의 손실을 줄이기는 하지만, 은행을 비금융 업무로부터 보호하는 은산분리 규제의 취지에 비추어볼 때는 자회사를 두는 것보다 위험한 방법으로 볼 수 있다. 한 다리 건너 있는 자회사와 울타리 안에 바로 있는 사업부는 문제가 생겼을 때 은행에 미치는 영향이 매우 다를 것이기 때문이다. 따라서 은행법, 보험업법 등에서 혁신적 사업을 위한 비금융 자회사를 허용하고 더 나아가 금융지주회사 체제 안에 비금융 계열사를 둘 수 있도록 하는 것이 정공법이다.

그러자면 금산분리가 '원칙'이 아니라는 인식의 수정이 필요하다. 구글에서 한글로 '금산분리'를 검색하면 '원칙'으로 설명되는 자료가 다수 나온다. 그러나 영어로 'separation finance commerce'를 검색하면 'separation of banking and commerce', 즉 은산분리로 바뀌어 결과가 도출된다. 다시 말해 금산분리를 '원칙'으로 보는 것은 한국적 현상이며 일각에서 주장하는 것과 달리 글로벌 스탠더드가 아니다.

한국은 제조업 중심, 수출 중심 국가로 경제적 위상이 세계적인 수준에 이르렀다. 그러나 다른 면으로 보면 서비스업의 고부가가치·성장 산업화는 성공하지 못했다. 서비스업 중에서도 금융산업은 부가가치가 높은 편이지만, 제조업의 국제적 역량에 비교하면 한참 아쉽다는 평가가 수십 년간 지속되어왔다. 이미 다가온 디지털 경제 시대에 금융과 비금융의 구분은 무의미하다. 우리 금융산업이 국내 다른 산업에든 외국의 금융산업에든 더 뒤처지지 않으려면 금산분리 완화는 필요조건일 것이다.

제8장

경제안보 시대의 도전과 과제, 그리고 기회

조재한 | 산업연구원

1. 세계 경제환경의 새로운 전환, '경제안보' 부상

미국 바이든 대통령은 임기가 시작되고 약 한 달 후인 2021년 2월 24일, 미국 공급망에 관한 행정명령 14047 「Executive Order on America's Supply Chains」를 발표하였다.[1] 해당 행정명령은 저비용과 효율성에 기반을 둔 생산시설의 해외 이전, 제조 혁신역량 공동화와 코로나19 팬데믹을 경험한 미국 공급망 취약성의 우려에 대한 대응이다. 미국 정부는 범정부 차원의 조사를 통해 미국 내 주

---

[1] The White House (2021). "Executive Order on America's Supply Chains". February 24, 2021.

요 산업에 대한 공급망의 취약성을 평가하고, 공급망과 경제안보 (Economic Security)를 강화하기 위한 정부 대책을 본격적으로 준비하였다.

국내에서도 공급망 강화와 경제안보에 관한 정책적 관심이 그 어느 때보다 높다. 2022년 새롭게 출범한 윤석열 정부는 경제, 산업, 외교 분야 정책에서 경제안보 강화를 핵심과제로 고려하고 있다. 2022년 7월 발표된 윤석열 정부 120대 국정과제 중 [98] '능동적 경제안보 외교 추진'에서는 우리 주도의 대외 경제안보 환경 조성을 통한 국익 극대화를 목표로 선정하였다. 산업정책 부문에서도 반도체, 인공지능, 배터리 등 경제안보와 국가 경쟁력에 직결되는 첨단산업을 미래전략산업으로 육성하고 해당 산업의 초격차 목표가 국정과제를 통해 강조되었다. 특히 경제안보라는 단어는 신정부의 7개 국정과제의 과제명, 목표, 주요 내용에서 열 번 이상 언급되며 경제, 산업, 외교정책에 있어 핵심 이슈로 고려되었다.

본 장에서는 최근 글로벌 경제·산업 환경을 둘러싼 정책환경에서 경제안보의 부각이 우리 산업환경에 의미하는 바와 대응 방안이 무엇인지 논의하고자 한다. 일반적으로 경제안보는 국가 경제발전과 국민 안정을 위해 필요한 다양한 자원에 대한 안정적인 접근이 가능한 상황으로 이해할 수 있다. 그러므로 이전에는 주로 지정학적 분쟁, 자연재해 등에 따른 에너지, 식량 등의 안정적인 수급이 경제안보 범위에서 주로 논의되어왔다. 하지만 경제, 산업에서 글로벌화가 일반화되고 국가 간 산업활동의 의존성이 높아지는 가운데 특정 국가에 비대칭적으로 의존도가 높은 경우, 글로벌 공급망을 통해 상대국을 압박할 수 또는 압박당할 수 있는 '상호의존성의 무기화'가 자리 잡게 되었다.[2] 이러한 배경에서 최근 미중 양국 간 첨단기술에 대한 패권 경쟁이 심화하고 산업환경 불확실성이 높아짐에 따라 첨단산업에 대한 안정적인 공급망을 확보하고 국내 역량을 강화하는 산업정책 측면의 경제안보가 부각되고 있다.

국내에서도 2019년 일본의 반도체 핵심소재에 대한 수출규제, 2021년 중국의 수출 금지에 따른 요소수 부족 대란 등 경험을 통해 공급망 교란 우려가 지속적으로 제기되고 있다. 또한 경제안보 논의가 공급망 리스크(기술·산업, 자원·식량·에너지, 통상·거시경제), 신흥안보 리스크(보건사회, 기후환경, 디지털, 사이버), 지정학적 리스크(전쟁 및 지정학적 긴장 고조) 등 다양한 분야의 리스크가 복합적으로 고려되며 한국의 지정학적 특성과 결합한 불확실성이 어느 때보다 높다.[3] 특히 최근 미중 간 기술패권 경쟁 심화, 우크라이나-러시아 전쟁, 이스라엘-팔레스타인 전쟁 등 세계 정세 불안감이 고조되는 가운데, 개별 사건에 따라 반복적으로 제기되는 경제안보 이슈와 불확실성에 따른 불안감은 가중되고 있다. 세계 경제 의존도가 높은 국가 중 하

---

2 이효영 (2022). 「'경제안보'의 개념, 진화와 전략적 함의」,《미래성장연구》, 8(2), 117-128.
3 경제안보의 종류는 한정미 외 (2023). 「시나리오 기반의 경제안보 대응전략 연구: 법제와 정책 대안을 중심으로」 참고.

나인 한국 경제와 산업의 특성상 경제안보로 인한 불확실성은 한국 경제와 산업의 위기로 전가되고 있다.

한국 산업은 오랜 기간 글로벌 경제로의 적극적인 진출을 통해 경쟁력을 확대해왔다. 반면 글로벌 시장을 효과적으로 활용한 산업발전의 결과는 최근 경제안보와 맞물려 글로벌 산업환경 변화에 따른 높은 불확실성을 최전선에서 맞이하게 하였다. 즉 아이러니하게도 최근 경제안보 불확실성은 지금까지 한국 산업경쟁력의 원천에 기인한다고 볼 수 있다. 하지만 불확실성은 항상 도전과 기회가 공존한다는 점에서, 글로벌 산업환경에서 변화에 향후 어떻게 대응하는지에 따라 한국 산업의 새로운 도약 기회가 될 수 있다. 이를 위해서는 기존 산업환경의 경과와 현주소는 물론, 최근 경제안보 부상에 따라 어떠한 변화가 예상되는지를 객관적인 시각으로 분석하고 도약을 위한 능동적인 대응을 마련해야 한다.

이를 위해 본고에서는 먼저 산업 공급망을 통한 경제안보가 부각된 근본적인 원인인 세계 산업환경의 의존성 확대에 대해 살펴본다. 다음으로 최근 산업 부분의 경제안보 이슈를 미중 간 기술패권과 공급망 변화 부문을 중심으로 논의하고, 경제안보 이슈가 글로벌 산업환경에 미칠 패러다임의 변화를 예상한다. 마지막으로 산업정책 측면에서 경제안보 부상에 따른 우리의 전략과 대응을 위한 정책제언을 제시한다.

2. 글로벌 산업환경 속 GVC 확대와 미중 간 경제적 밀월관계

1980년대 이후 전 세계 국가 간 경제 의존성이 빠르게 증가하였다. 국가 간 상호의존성을 보여주는 무역과 해외직접투자는 국가의 경제성장과 비교해도 훨씬 빠르게 확대되었다. 세계은행의 「World Development Indicator(WDI)」 통계에 따르면, 전 세계 GDP 대비 무역 비중은 1970년 19%에서 이후 지속적으로 증가하여 선진국발 금융위기에 따른 경제 대불황(Great Recession) 직전인 2008년에는 51%로 가장 높은 수준을 기록하였다. 또한 GDP 대비 해외직접투자는 1970년과 1980년 초반 1% 미만 수준에서 이후 가파르게 증가하며, 가장 높은 수준을 기록한 2007년 5% 수준을 기록하였다. 해당 기간 전 세계의 GDP 대비 전 세계 무역과 투자 증가는 국가의 경제성장 속도와 비교하여 국가 간 의존성이 더 빠르게 증가했음을 시사한다.

다양한 연구와 정책 논의에서 1980년대 이후 국가 간의 경제적 의존성 확대를 글로벌 가치사슬(Global Value Chains), 줄여서 GVC로 언급한다. GVC는 양국이 기존의 상호 간 무역을 통한 일차원적인 의존을 넘어 하나의 상품이 만들어지기까지 다수 국가에서 다양한 공정 단계가 복잡하게 연결되어 일어나는 글로벌 생산 현상을 의미한다. 즉 과거 A 국가에서 생산한 상품이 B 국가에 수출되어 소비되는 양국 간의 무역 거래가 주였다면, 이제 하나의 상품이 생

〈표 8-1〉 Global Value Chains

Global	기업의 생산과정의 분업화·분업화된 생산과정이 다수 국가를 통하여 수행
Value	분업화를 통한 각 생산과정에서 상품과 서비스가 만들어지고 부가가치 창출
Chains	상품 및 서비스는 중간재로 다수 국가에서 거래되며 국가 간 부가가치 사슬 형성

산되어 소비되기까지 여러 단계를 거치며 필요한 소재, 부품, 서비스가 다양하게 결합하는 세분화한 단계로 구분되고, 각 단계가 가장 효율적으로 수행될 수 있는 다양한 국가('Global')에서 다양한 기업의 협력으로 수행되어 최종소비자에게 전달된다. 이 과정에서 단계별로 부가가치('Value')가 창출되고, 이러한 글로벌 생산공정의 확산은 국가 간 부가가치 창출이 연결('Chains')되게 되는데 이러한 현상을 GVC라고 한다.

GVC 확산은 기업의 글로벌 경영 확대에 기인한다. 특히 ICT 기술 발달은 해외 생산시설에 대한 경영 효율화와 멀리 타국에 있는 기업과의 협력을 용이하게 하여 기업 간 글로벌 협력을 확산하는 주요 동인이 되었다. 또한 운송 기술 발달과 WTO 체제에 추진되어 온 관세와 비관세를 포함한 무역장벽 완화는 국가 간의 무역 비용을 감소시켰다. 무역비용 감소는 국가별 생산단계 분화로 각 단계에서 발생하는 국가 간 중간재 거래비용을 전반적으로 감소시켜 GVC를 통한 산업생산을 거의 모든 산업으로 확산시켰다.[4]

---

4 Ponte, S. (Ed.). (2019). *Handbook on Global Value Chains*. Edward Elgar Publishing.

대표적인 GVC 확대의 예로는 기업 델(Dell) 노트북의 생산 네트워크를 들 수 있다. 기업 델은 노트북 하나의 생산을 위해 다수의 국가에서 필요한 다양한 부품을 생산, 공급하였다.[5] 여기서 흥미로운 하나의 예로, 노트북용 주기판(Motherboard) 생산을 위해 상하이에 있는 삼성전자가 참여한 것을 꼽을 수 있다. 이는 단순히 국가 간 협력 외에도 해당 협력 과정에서 타국에서 진출한 다국적 기업의 참여 또한 밀접하게 이루어지고 있다는 점을 보여준다. 즉 GVC를 활용한 글로벌 생산 네트워크의 확산은 기업 생산활동을 중심으로 국가 간 생산 단계를 통한 무역 거래와 더불어 해외직접투자를 통한 기업의 타국으로 진출이 복잡하게 결합하여 단순한 무역 거래를 넘어서는 상호의존성을 보여준다.

GVC를 활용한 글로벌 생산 네트워크 확산 중심에는 미국과 중국 양 국가의 경제협력이 중심에 있다. 미국 기업은 중국의 저렴한 생산비용을 활용함과 동시에 중국 시장 진출을 위한 현지 진출을 확대하였다. 1990년대 중반부터 미국의 대중국 해외직접투자 금액은 본격적으로 증가했는데, 1980년 초 1억 달러 미만 수준에서 2010년 후반 1,000억 달러 수준을 넘어서며 1,000배 이상 증가하였다.[6] 동기간 미국의 전 세계 해외직접투자 비중 대비 중국의 비중 또한 0.1% 미만에서 2% 수준으로 증가하며, 미국의 중국진출이 활

---

5 Barnes (2008). *Operations Management: An International Perspective.* Thomson.
6 US Bureau of Economic Analysis

발하게 진행되었다.

양국의 무역 거래 또한 빠르게 증가하였다. 1995년 각각 147억과 272억 달러 수준이었던 미국의 대중국 수출과 수입은 2018년 각각 2,252억과 4,839억 달러 수준으로 15배 이상 증가하였다.[7] 동기간 미국 전체 수출과 수입에서 중국이 차지하는 비중 또한 각각 1.9% 와 3.1%에서 9.9%와 16.8% 수준으로 증가하였다. GVC 확장기라고 평가받는 해당 기간, 미국과 중국의 경제 밀접성은 지속적으로 상승하였다. 이러한 양국 관계가 상호 경제적으로 협력하는 관계로 발전하는 모습은 '차이메리카(Chimerica)'라고 언급되는 등 양국의 경제적 밀월관계가 한동안 지속하였다.[8]

3. 경제안보 시대로의 전환: 미국의 대중국 견제 전환과 강화

미국과 중국의 경제적 상호의존 관계는 미국이 외교·군사 정책의 중심축을 중동에서 아시아로 이동시키는 오바마 정부의 '아시아로의 회귀(Pivot to Asia)'와 함께 변화를 맞이하였다. 미국에서는 중국의 아태 지역 영향력이 급속하게 확대되는 가운데, 이를 견제하기 위한 아태 지역으로 역량 이전 필요성이 제기되었다. 경제적으로

---

7   OECD Statistics

8   Ferguson, Niall (2008). "Team 'Chimerica'". *The Washington Post*. November 17, 2008.

도 2009년 글로벌 금융위기에 따른 제조 역량 공동화에 따른 일자리 감소 문제와 혁신역량의 지속성에 대한 우려가 확산하였다.[9] 이 과정에서 오바마 정부는 미국 제조업 부흥을 위한 미국 기업의 본국 회귀를 촉진하는 리쇼어링(Reshoring) 정책을 적극적으로 추진하였다.[10] 이러한 정책 추진은 GVC를 적극적으로 활용하는 효율성 중심의 글로벌 산업환경 패러다임의 본격적인 전환을 의미한다. 단, 오바마 정부까지 미국의 대중 정책은 직접적인 견제보다는 국내 제조업의 경쟁력 제고와 일자리 창출에 주목적을 둔 것으로 평가할 수 있다.[11]

트럼프 행정부 들어 미국의 자국 이익을 위한 산업정책과 중국을 포함한 주요 무역 동반자에 대한 견제가 더 직접적이고 노골적으로 강화되기 시작하였다. 트럼프는 '아메리카 퍼스트(America First)'를 기치로 미국의 자국 우선주의를 명시적이고 직접적으로 추진하였다. 트럼프 대통령은 취임 직후 첫 번째 행정명령을 통해 오바마 미국 대통령이 추진한 환태평양동반자협정(Trans-Pacific Partnership, TPP) 탈퇴를 결정하였다.[12] TPP는 관세 철폐를 통한 아시아·태평양

9 Berger, S. (2013). *Making in America: From Innovation to Market*. MIT Press.

10 오바마 정부의 리쇼어링 정책은 2009년 'Remaking America', 2010년 'Manufacturing Enhancement Act', 2012년 'Blueprint for an America Built to Last', 2014년 'Bring Jobs Home Act' 등을 통해 추진됨.

11 김인철·조재한·유진근·김주영·김원규·송단비·김상훈·최현경·김영민·임은정·김한흰·원혜진·박종준 (2020). 「넥스트 노멀(Next Normal)과 새로운 산업정책의 모색」. 산업연구원 연구보고서 2020-16.

12 Presidential Memorandum Regarding Withdrawal of the United States from the

지역 경제협력과 통합을 목적으로 하였으나, 영향력이 가장 큰 미국의 탈퇴로 인해 상당 부분 동력이 떨어졌다고 평가할 수 있다. 반면 트럼프 행정부는 중국을 포함한 주요 무역국과의 관계에서 불공정 무역이라는 주장을 바탕으로 관세 등을 통한 제재를 확대하였다. 트럼프 정부는 또한 기업의 투자와 국가 간 이동에 직접적으로 영향을 줄 수 있는 법인세율을 35%에서 21%로 대폭 낮추는 등 파격적인 법인세 감면을 통해 자국으로 기업투자와 일자리 확대를 도모하였다. 트럼프 정부의 대중 정책은 주로 양국 간 무역 불균형의 문제 개선에 초점을 두었으며, 중국 또한 이에 적극적으로 대응하며 양 국가의 경제 갈등이 본격화되었다고 평가할 수 있다.

바이든 정부가 들어서고, 미국의 경제안보를 위한 대중 견제는 첨단산업에 더욱 초점을 두어 세밀화되고 포괄적으로 확대, 진화하고 있다. 바이든 정부는 서두에 소개된 100일 공급망 보고서를 바탕으로, 첨단산업 분야를 중심으로 자국 생산역량 강화와 공급망 안정화를 제도적으로 추진하였다. 100일 공급망 보고서 이후 인플레이션 감축법(Inflation Reduction Act, IRA)과 반도체와 과학법(CHIPS and Science Act) 등 첨단산업의 해외 의존도를 완화하고 일자리 창출 역량을 위한 정책을 발표하였다. IRA는 에너지 안보 및 기후변화 대응에 가장 규모가 큰 정책으로 친환경 에너지 부문 지원을 주목적

Trans-Pacific Partnership Negotiations and Agreement. January 23, 2017.

으로 관련 기술과 미래 산업 육성을 추진한다. 특히 전기차 산업 확대와 관련 배터리 공급망의 의존을 낮추기 위한 미국 내 자국 투자 유도에 방점을 둔 것으로 평가된다.[13] 한편 총 527억 달러의 예산을 마련한 반도체와 과학법은 미국 내 반도체 생산역량 강화와 기술 경쟁우위를 위한 생태계 재건을 목적으로 한다.[14] 발표된 두 법안은 특히 첨단산업에 대한 미국 정부의 자국으로의 공급망 재편과 해당 산업에서의 중국 견제를 목표로 한다.

최근에도 미국의 대중국 견제는 지속적으로 진화하고 있다. 2023년 8월 발표된 행정명령(Executive Order on Addressing United States Investments in Certain National Security Technologies and Products in Countries of Concern)을 통해 기존의 실물경제에서 금융 부문으로 대중 견제 수단을 확대하였다. 반면 그 제재 대상은 반도체, 인공지능, 양자컴퓨터 등 보다 구체화·세밀화하였다.[15] 유사하게 최근 발표된 반도체와 과학법의 가드레일(세부규정)에서도 고급 반도체 생산 장비로 대상을 세밀화하는 등 지속적으로 정책을 업그레이드하고 있다.[16]

---

13 조재한·구진경·송단비·최민철·김용·김한흰·김지현 (2023). 「역동적 혁신성장을 위한 미래 성장동력 창출 방안」. 산업연구원 연구보고서 출판 중.

14 The White House (2022). FACT SHEET: CHIPS and Science Act Will Lower Costs, Create Jobs, Strengthen Supply Chains, and Counter China.

15 조재한·조은교·경희권·최민철·김용·김한흰 (2023). 「미국의 대중(對中) 첨단기술 금융·투자 제한 조치와 시사점」. 산업연구원 i-kiet 산업경제 이슈.

16 https://www.federalregister.gov/documents/2023/09/25/2023-20471/preventing-the-improper-use-of-chips-act-funding

미국의 대중국 견제 조치와 그에 따른 경제안보 이슈는 한동안 지속될 것으로 전망된다. 최근 동향을 볼 때, 미국의 견제 조치는 지속해서 상황을 모니터링하고 변화된 상황과 기존 조치 효과를 고려하여 더욱 정교화할 것으로 예상할 수 있다. 중국 또한 미국의 견제 조치에 다양한 수단을 통해 대응을 지속하고 있다는 측면에서 양국 견제에 따른 첨단산업 부문의 공급망 불확실성은 지속될 것으로 보인다. 즉 공급망 리스크에 따른 경제안보 이슈는 우리 산업을 둘러싼 불확실성으로 한동안 지속할 것이다.

4. 경제안보 부상은 우리에게 큰 도전이나, 동시에 기회

경제안보 시대로의 글로벌 산업환경 변화는 글로벌 의존도가 높은 한국 경제에 있어 간과할 수 없는 변화이다. 한국의 경우 OECD 국가 내에서도 GVC에 대한 의존도가 높게 나타난다. OECD TiVA에서 제공하는 국가별 GVC 참여도에 따르면, 한국은 OECD 38개국 중 11번째로 GVC 전방 참여도(국내생산 중간재의 해외생산 투입)가 높다. 또한 한국은 OECD 38개국 중 15번째로 GVC 후방 참여도(해외생산 중간재의 국내생산 투입)가 높은 국가로 나타났다. 특히 한국은 OECD 국가 중에서도 GVC 전방과 후방 참여도 모두가 전반적으로 높은 것을 관찰할 수 있다. 이러한 높은 GVC 참여도는 GVC 확장기 글로벌화를 통해 산업경쟁력 확보와 발전을 도모한 한국 산업 경험의 결과이다. 하지만 높은 산업의 글로벌 의존도는 새로운 패러다임의 전환에 따른 불확실성이 더욱 크게 느껴질 수 있다.

한국이 가진 산업구조와 지정학적 특성을 고려할 때 경제안보 부상은 한국 경제와 산업의 미래에 직결되는 새로운 도전이다. 경제안보에서 핵심적으로 고려되는 대표적인 산업인 반도체 산업은 국내 제조업 부가가치와 수출 비중의 약 20%로 경제적 의존성이 높다.[17] 동북아 지정학적 특성과 더불어 미중 양국과의 경제적 연계성을 고려할 때 미중 간의 패권 경쟁에서 자유롭기 어렵다. 경제, 산업 측면에서도 미국과 중국은 한국에 있어 가장 영향력이 큰 무역 동반자다.[18] 전 세계 경제에서 가장 영향력이 큰 두 국가가 지속적인 견제를 주고받는 상황은 우리 경제에 있어 불확실성을 확대하고 어려움이 가중되는 위기로 다가올 수 있다.

하지만 산업경쟁력 측면에서 경제안보 부상과 미국의 첨단산업 분야 대중 제재는 우리에게 도전과 동시에 기회가 될 수 있다. 한국 주력산업은 2010년대 들어 글로벌 시장에서 그 경쟁력이 약화하였다. 주력산업 경쟁 심화와 경쟁력 하락의 중요 요인 중 하나로 중국 산업의 부상을 꼽을 수 있다. 글로벌 시장에서 수출경쟁력 지수를

---

17 산업통계 분석시스템(ISTANS)에 따르면 2021년 반도체 부가가치와 수출 비중은 전체 제조업의 18.5% 각각 20.2%를 차지한다.

18 한국무역협회(K-stat 무역통계)에 따르면, 2022년 한국의 대중 수출과 수입 비중은 각각 22.8%와 21.1%, 대미 수출과 수입 비중은 각각 16.1%와 11.2%를 차지한다.

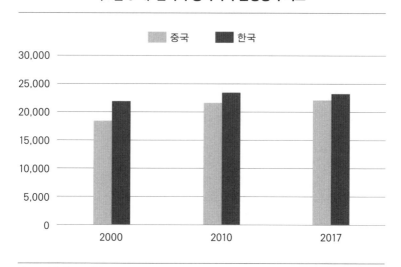

〈그림 8-1〉 한국과 중국의 수출경쟁력 비교

중국　　■ 한국

자료: 조재한 외 (2019).「한국 산업의 글로벌경쟁력 제고 방안: 산업별 수출경쟁력 분석」. 산업연구원 연구보고서 결과 활용

보여주는 〈그림 8-1〉에 따르면, 중국의 수출경쟁력은 2000년 한국의 85% 수준에서 2017년 96% 수준까지 따라온 것으로 나타났다. 한국은 지속적으로 발전 과정에서 높은 수출경쟁력을 유지했으나, 중국 산업의 부상과 함께 대부분 주력산업에서 수출경쟁력이 상당부분 추격당하거나 일부는 뒤집히게 되었다.[19] 그러므로 중국의 첨단산업 분야에서 추격이 본격화되는 현시점에서 미국의 전방위적 견제는 우리 첨단산업에 경쟁에 있어 이점으로 작용할 수 있다. 즉

---

19 조재한 · 김인철 · 김원규 · 유진근 · 정선인 · 김한흰 (2019). 「한국 산업의 글로벌경쟁력 제고 방안: 산업별 수출경쟁력 분석」. 산업연구원. 2019년 12월.

현재 미중 간 첨단산업을 중심으로 한 경제안보 부상은 우리 대응에 따라 첨단산업 분야 중국과의 경쟁에서 유리한 위치를 확보할 기회이기도 하다.

5. 경제안보 시대 한국의 자산은 첨단산업 분야 최고 생산역량을 갖춘 선도기업

경제안보 시대에 대비하여 한국이 가진 최고의 자산 중 하나는 첨단산업 분야 핵심 생산역량을 갖춘 국내 선도기업이다. 반도체, 이차전지, 미래차, 바이오 등 첨단산업의 경쟁력을 위해서는 제품 개발과 생산에 필요한 첨단기술, 생산역량, 그리고 이를 실현할 수 있는 대규모 시설, 연구개발 투자와 고급 인력이 필수적이다. 이러한 역량을 모두 갖춘 기업은 글로벌에서도 소수에 불과하다. 다행히도 언급한 첨단 분야에서 핵심 생산역량을 갖추고 글로벌 시장을 선도하는 기업 중 한국 기업이 다수 포함되어 있다. 최근 미국은 첨단산업 공급망 안정을 위해 반도체, 이차전지 분야에 한국 기업을 유치하고 투자에 과감한 인센티브를 제공하고 있다. 미국을 포함한 다수의 국가에서 공급망 안정을 위해 우리 기업에 대한 협력 수요가 높아지고 있다.

단, 글로벌 산업환경에서 우리 첨단분야 선도기업 경쟁력이 항상 한국 산업의 경쟁력과 국익으로 연결되는 것은 아니다. 예를 들어 국내기업의 해외투자는 우리 기업에 해외시장 접근성을 높이고 새로운 경쟁력과 이익을 가져올 수 있다. 하지만 GVC가 일반화된 산업환경에서 우리 기업 해외 진출은 산업경쟁력과 국가 이익을 결정하는 투자와 생산활동, 그리고 그에 따른 부가가치 창출 및 고용 효과를 주로 국외에서 창출하는 한계가 있다. 특히 핵심 기능의 해외 진출은 국내 해당 산업에 대한 직접적인 경쟁력 공동화 위험이 있다. 그러므로 경제안보 부상 속에 각국이 첨단산업 역량을 자국 내 유치를 강력하게 추진하는 산업환경에서 우리가 가진 첨단기업의 경쟁력을 국내에 정착시키지 못한다면 우리가 가진 장점을 충분히 활용하지 못하게 될 것이다. 즉 우리가 보유한 국내 선도기업은 한국 첨단산업 경쟁력에 반드시 필요한 조건이나 충분한 조건은 아니다.

6. 경제안보 부상 속 첨단산업의 글로벌 중추 국가 추진 과제와 제언

글로벌 산업환경의 경제안보 부상과 그 핵심이 되는 첨단산업 분야 국내기업 역량을 고려할 때 한국이 추진해야 할 전략은 우리 선도기업을 활용한 글로벌 첨단산업 중추 국가로의 도약이다. 국가적 차원에서 첨단산업 주도권이 그 어느 때보다 중요한 현 상황 속에서 지정학적 충격에 따른 산업환경 변화에 대한 우려가 크다. 하지만 이러한 경제안보 부상 속에서 첨단산업 분야에서 역할과 위상은 곧 국가의 위상과 직결된다. 그러므로 글로벌 산업환경에서 경제안보 부상은 한국이 글로벌 첨단산업의 중추 국가로 도약하고 이를 통해 국가적 위상을 한 단계 높일 기회이기도 하다.

일각에서는 주요국이 첨단산업 패권 경쟁과 자국화를 추진하는 과정에서 국내 첨단산업 육성 한계를 지적한다. 실제 미국은 첨단산업 분야의 대규모 보조금을 바탕으로 선도기업 유치에 힘쓰고 있으며, 반도체, 이차전지, 에너지 분야 글로벌 선도기업은 해당 정책에 발맞추어 투자를 결정하고 있다. 이러한 미국의 정책은 자국 내 첨단산업의 역량을 집중하여 해당 분야 복원력(Resilience)을 높이려는 정책으로 이해할 수 있다. 당장 시급한 복원력 회복을 위해 추진하는 생산시설의 자국화가 일부 성과를 보일 수는 있다.

하지만 장기적이고 안정적인 복원력 확보를 위해서는 효율적으로 지속가능한 공급 역량을 갖춘 경쟁력 있는 파트너가 필요하다. 즉 경제안보에 따라 복원력이 새로운 패러다임으로 부상했으나 장기적인 관점에서 여전히 GVC를 중심으로 한 효율성 중심의 패러다임은 유효하다. 이러한 배경에서 미국 또한 경쟁력을 갖춘 동맹국을 통한 공급망 안정을 강조하고 있다. 첨단산업에서 국내 선도기업이 국내에 안정적인 생산역량을 구축할 경우, 관련한 핵심 기능(소재, 장비, 부품 또는 연구개발) 관련 기업들의 생태계 구축을 위한 레버리지로 작용할 수 있고, 국내 산업 생태계가 첨단산업 분야의 안정적 공급 자로서 글로벌 중추 국가 임무를 수행할 잠재력은 충분하다고 판단 된다.

글로벌 첨단산업의 중추 국가로 도약하기 위해서는 역량을 갖춘 글로벌 선도기업의 과감한 투자가 필수적이다. 앞서 언급한 바와 같 이 주요 선진국은 첨단산업의 공급망 확보를 위한 글로벌 선도기업 투자유치에 국가적 차원의 과감한 지원을 제공하고 있다. 글로벌 선도기업으로 다수의 한국 기업이 존재하지만, 국내에서는 대기업 특혜 논란 및 대기업과 중소기업 이분법적 논쟁으로 이러한 기업에 대한 지원에 부정적이다. 경제안보 부상 속 첨단산업 분야 기업투 자는 단순히 개별 기업의 사업역량을 넘어 국가의 산업경쟁력과 이 익에 직결된다. 그러므로 기존의 해당 산업에 대한 기업지원 정책에 있어 정치적 논쟁에서 탈피할 필요가 있다.

구체적으로 첨단산업 분야 기업투자 특성을 반영한 과감하고 포 괄적인 투자지원제도 정비가 긴요하다. 첨단산업 육성을 위한 기업 투자는 두 가지 특징을 가진다. 먼저, 투자를 수행하는 주체로 선도 기업의 대규모 투자와 협력하는 중견·중소기업의 투자가 필요하다. 다음으로, 해당 투자와 생산 수행 과정에서 첨단기술, 고급 인력, 넓 은 지역적 공간, 그리고 대규모 자금이 있어야 한다. 현재 국내 투자 지원제도는 주로 개별 기업의 성격(외투기업, 유턴기업, 지방이전기업 등)

〈표 8-2〉 첨단투자 프로젝트 중심의 포괄적 투자인센티브 예시

대상	첨단기업의 선도기업 투자 + 해당 프로젝트 참여기업의 협력 투자
인센티브 유형	인센티브 세부(안)
조세지원	비수도권 경제권역의 첨단 분야 프로젝트를 위한 투자에 국내 최고 수준 조세지원 제공 * 선도기업과 프로젝트 동반 참여 중소·중견기업에 대한 최대 법인세 7년간 (5년간 100% 감면 + 2년간 50%) 감면
인력지원	'한국형 Quick Start Program'을 통한 맞춤형 혁신 지역인재를 양성하고 기업에 적시 공급 * 기업-지역대학-정부가 협력하여 첨단투자 한국형 Quick Start Program(《예시》 첨단투자 계약학과) 통해 필요한 지역의 혁신인력 양성과 적시 공급
규제 샌드박스	'첨단투자 프로젝트' 규제샌드박스 제도 및 우선 적용, 미래 신산업 및 서비스 관련 법령 부재·충돌사항을 맞춤형 규제샌드박스로 선제적으로 허용, 신속한 사업화 지원
금융지원	선도기업의 대규모 첨단투자 프로젝트에 함께 참여하는 동반 협력기업의 투자 및 산업에 대한 최대 20억 원 금융지원
임대료 감면	국유재산 임대 용지에 대한 최장 50년 임대료 감면
현금지원	첨단투자 프로젝트 참여기업의 생산시설과 입지 등 투자에 대한 현금 보조금(최대 300억 원) 지원
기술지원	첨단투자 프로젝트 관련 기초 및 산업기술 정부 R&D 우선 선정 및 산학협력 우선지원 확대
첨단투자 옴부즈만	대통령이 위촉한 '첨단투자 옴부즈만'이 국내외 선도기업과 첨단투자의 애로사항 해결 밀착 지원

자료: 조재한·김용·김한흰·정예지·최민철·김영민·김원규 (2022). 「대전환기 한국 산업발전을 위한 선도적 산업정책 연구」. 산업연구원 연구보고서 2022-12 참고

또는 좁은 의미의 첨단기술 관련 투자로 대상을 한정하여 지원하는 한계를 보인다. 그러므로 특정 기업이 아닌 국내 경제안보와 공급망 안정을 위한 대규모 투자 프로젝트를 대상으로 참여하는 기업의 수요에 맞는 필요사항을 포괄적이고 다양하게 지원할 수 있는 형태의 '프로젝트 중심의 포괄적 투자인센티브 제도' 정비가 필요하다.

또한 정부는 첨단산업 분야의 투자와 생산활동을 저해하는 행정적 규제 해소에 집중적인 노력을 해야 한다. 첨단산업은 대규모 수주를 바탕으로 하며, 이러한 수주를 효율적으로 생산하기 위한 대규모 투자와 오랜 기간의 개발을 수반한다. 그러므로 일시적인 생산 차질과 지연에도 큰 비용이 발생하는 특징이 있고 인허가 과정에서 발생하는 지연 등은 첨단산업의 경쟁력에도 큰 영향을 미친다.

대표적인 첨단분야 투자 사례인 SK 용인 반도체 클러스터 조성 사업의 경우 미래 반도체 경쟁력을 위해 SK하이닉스와 50여 개 협력업체가 120조 원을 투자하는 반도체 산업의 대표적인 민간 프로젝트이다. 해당 프로젝트는 인허가 과정에서 발생하는 행정규제와 행정 책임의 회피에 따른 민원 이슈 등으로 다섯 차례 연기, 2025년 초로 계획된 1단계 팹(Fab) 준공 계획이 2027년 초로 약 2년 연기되었다. 이러한 지연은 기업의 비용으로 전가됨은 물론 계획 차질에 따른 한국 첨단산업 경쟁력 둔화로 이어질 수 있다. 그러므로 첨단산업 분야 투자 과정에서 발생할 수 있는 행정적 규제에 대한 '인허가 타임제' 또는 '포괄적 인허가 책임제' 등의 획기적인 행정절차 개선안이 필요하다.

경제안보 시대 우리 산업의 복원력 강화를 위해 민간과 정부 협력이 긴요하다. 단, 이 과정에서 발생할 수 있는 지나친 정부의 시장 개입에 따른 부작용을 반드시 경계해야 할 것이다.

일각에서는 최근 공급망 우려에 따른 모니터링 필요성에 따라 개

<표 8-3> SK 용인 반도체 클러스터 지연 사례

시점	관련 이슈	관련 규제
2019년 3월	수도권 특별물량 배정	수도권 입지규제
2019년 6월	산단 지정계획 고시	
2020년 11월	환경영향평가 협의 완료	환경영향평가 규제
2021년 1월	경기도 산단계획 심의	
2021년 3월	국토부 수도권정비위 심의	수도권 입지규제
2021년 11월	용수관로 관련 국가하천점용 허가	인프라 구축 인허가
2022년 1월	전력인프라 관련 개발행위허가 도시 계획위 심의 통과	인프라 구축 인허가
2022년 4월	토지 수용 70%(수용 재개 추진 논란)	개발 주민 보상(토지 수용 관련 규제)
2022년 11월	여주시 용수시설 인허가 협력	인프라 구축 인허가 (지자체 간 행정 관련 규제)

자료: 조재한·구진경·송단비·최민철·김용·민순홍·최은희·김한흰 (2023). 「투자 활성화를 위한 규제개선 우선추진과제 연구」. 국무조정실 연구용역보고서 참고

별 기업 재고 및 공급망에 대한 정보제공 요구 및 통계화 등에 대한 필요성이 제기되고 있다. 하지만 기업 재고관리는 기업의 몫이며, 개별적인 공급망 정보제공은 도리어 기업의 비밀 보완에 따른 규제로 작용할 가능성이 크다. 또한 모든 불확실성과 리스크를 사전에 모니터링하는 것은 현실적으로 불가능하다는 점에서 실효성이 낮다. 그러므로 모니터링과 더불어 사후적인 신속한 대응체계를 균형적으로 견지해야 할 것이다.

경제안보의 부상에 대응하여 정부는 기업활동이 제약 없이 수행할 수 있는 환경에 초점을 두고 재고관리 지원, 대체 기술, 그리고 국내외 투자유치와 무역통상의 다변화 추진 등에 초점을 두어야

할 것이다. 경제안보 시대 대응에도 정부는 경제안보 대응을 주도하기보다는 우리 기업이 국내에서 역량을 바탕으로 세계 최고 수준의 경쟁력과 유사시 복원력을 갖출 수 있는 동반자적 역할이 재강조되어야 할 것이다.

제4부

새롭고 중요한 이슈들

데이터 경제, 녹색성장

제9장

데이터 경제의 활성화를 위한 길

김민기 | KAIST 경영대학

데이터 수집과 관련된 ICT 기술 도입이 증가함에 따라 디지털 전환(Digital Transformation)이 빠르게 일어나고 있다. 디지털 전환으로 인해 폭발적으로 증가하는 데이터의 수집, 보관, 분석이 용이해짐에 따라 데이터를 가치 창출에 활용하고자 하는 움직임도 사회 곳곳에서 증가하고 있다. 데이터를 기반으로 비즈니스 영역 확장을 하고 있는 빅테크 사업자를 중심으로 경제 생태계는 재편되고 있으며, 특히 이용자 접점과 시간 확보에 있어 우위를 가지고 있는 기업은 디지털 생태계 구축을 주도할 가능성이 높을 것으로 전망되고 있다.

특히 2022년 말 공개된 오픈AI(OpenAI)의 챗GPT(ChatGPT)로 대

표되는 생성형 AI 확산과 대중화는 MS 윈도우 운영시스템, 애플 아이폰에 못지않은 혁신으로 일컬어지는 가운데, 데이터 전문가가 아닌 일반 이용자들도 일상생활 속에서 데이터 기반 기술혁신을 체감하게 되었다. 이러한 가치 창출의 시발점은 개인 이용자로부터 생성된 데이터이므로, 혁신의 원천으로 개인 이용자의 데이터를 어떻게 이용하는 게 바람직한지에 대한 논의도 점차 활발해지고 있다. 이번 장에서는 개인 이용자 데이터를 구축, 공유 및 활용하여 경제 생태계 내 가치를 창출한 사례를 살펴보고, 데이터 독점, 주권 문제, 그리고 정부 차원에서 추진되고 있는 데이터 이동, 결합, 거래 활성화 정책 및 해당 정책들의 성공적 안착을 위해 고려될 사항은 무엇인지 살펴보고자 한다. 아울러 사회적 약자들에게 있어서도 가치 창출을 장려하는 데이터 활용, 진흥 정책도 함께 논하고자 한다.

1. 데이터 경제

디지털화는 비즈니스 프로세스에 ICT 기술을 도입하여 과거에 획득하지 못했던 아날로그 데이터, 비정형 데이터 등을 다양한 접점을 통해 확보하여 축적하는 것이다. 데이터는 사실 원재료일 뿐이고, '데이터(Data)-정보(Information)-지식(Knowledge)-지혜(Wisdom)'로 이어지는 변환 과정을 거치며 가치를 창출하게 된다. 즉 데이터

자체로는 가치가 없으며 특정 목적에 맞춰 구성되고 처리되어 지식으로의 변환되는 과정을 거치며 비로소 가치를 가지게 된다.

디지털 인풋 처리를 통해 데이터를 축적한다는 의미인 디지털화와 달리, 디지털 전환은 데이터를 기반으로 가치를 창출시킴으로써 기업 내부 혹은 산업 가치사슬로 대표되는 일련의 과정에 대해 가치 창조 프로세스 자체를 변화시키는 것이다. 그렇기 때문에 단지 ICT 기술로 데이터를 '양적'으로 축적한다고 해서 데이터를 통한 가치 창출 프로세스의 근본적 변화가 담보되지 않는다.

특히 데이터 가치사슬(Data Value Chain)을 통해 가치 창출 프로세스를 살펴볼 필요가 있는데, 데이터 가치사슬은 크게 4단계(데이터 수집, 데이터 저장, 데이터 분석, 데이터 활용)로 구성되어 있으며, 각 데이터 가치사슬 단계를 거쳐가며 가치가 창출되며 이를 중심으로 소비자, 기업, 정부 등이 서로 연결된 데이터 생태계(Ecosystem)가 형성된다. 이를 데이터 경제라고 말할 수 있고, 이 모든 생태계 확장의 시작점은 사업자가 이용자로부터 획득하는 개별 이용자 데이터라고 볼 수 있다.

데이터 경제라고 해서 어렵게 생각할 필요 없이, 한번 우리 일상생활 속에서 흔히 접하고 서비스들을 떠올려보자. 지도 검색, 길 찾기, 쇼핑, 중고거래, 배달음식 주문, 문화 콘텐츠 소비 등 많은 일과 관련된 서비스들을 떠올리면 데이터 기반 가치 창출 대상이 좀 더 쉽게 느껴질 것이다. 좀 더 구체적으로 교통 분야에 있어 모빌리티 생태계는 재편되고 있고, 스마트시티와 같은 물리적 도시 인프라 연계도 가능해졌으며, 유통에서도 이용자의 이력 기반 고객 경험 강화 및 주문, 배송 편의성 개선 등이 활발히 추진되고 있다. 소비 활동뿐 아니라 생산에서도 가치가 창출되고 있는데, 농업 분야의 경우 푸드테크(FoodTech)로 불리는 IoT 기반 농업 생산성, 에너지 효율성 향상이 이뤄지고 있고 제조 분야에서도 스마트 팩토리를 통한 공정상 고장·교체 시기 예측을 통해 시스템 다운되는 시간을 줄이는 등 생산성이 향상되고 있다.

개인의 가치뿐 아니라 공공의 가치 창출을 살펴보더라도, 환자 데이터 기반 개인 맞춤형 의료 진단 및 예측 서비스를 통한 질병 예방 등을 통해 의료비 절감이 가능해지고 있고, 교육 분야의 경우 학습 데이터 기반 맞춤형 AI 서비스를 통한 획일화된 교육에서 벗어나 학생 간 학습 격차를 해소해주는 것도 가능해졌다. 정부 공공 서비스 영역에서도 행정 절차 간소화, 24시간 서비스 챗봇 보편화, 복지 사각지대 해소 및 중복 복지 수혜 방지, 예방·예측 기반 국가 재해 대응 능력 개선 등 다양한 데이터 기반 가치 창출이 이뤄지고 있다.

2. 데이터 독점 문제

데이터 경제에서 생태계 형성 원천으로서 개별 이용자로부터 발생하는 이용자 데이터는 기업의 주목을 받고 있다. 여기에서 핵심이 되는 기업은 주로 소비자들이 일상생활 속에서 자주 접하며 사용하고 있는 데이터 기반 서비스를 제공하는 디지털 플랫폼 사업자들이다. 플랫폼 기업의 경우, 개별 소비자 데이터의 학습을 통해 자사의 서비스 알고리즘을 고도화하고, 이는 소비자가 체감하는 서비스 품질의 향상으로 이어진다. 데이터가 집중된 사업자는 소비자에게 고품질 서비스를 제공함으로써 더 많은 소비자를 유치할 수 있게 되고, 이를 통해 서비스 알고리즘을 더 강화되는 선순환 효과가 발생한다.

특히 인공지능(AI) 관련 서비스는 방대한 데이터가 필요한 경우가 많아 데이터의 수집과 이용 과정에서 소비자의 프라이버시를 침해할 우려가 제기되고 있다. 국내 사례는 아니지만, 중국 정부가 구축한 톈왕 시스템은 모든 중국 국민의 안면 데이터를 수집한 뒤, 인공지능으로 공공장소에 설치된 CCTV의 사진을 분석하여 신원을 파악하고 범죄와 교통신호 위반, 시위 등을 감시한다. 중국과 같이 극단적인 프라이버시 침해 이슈까지는 아니더라도, 구글이나 애플과 같은 글로벌 플랫폼 기업들은 이용자가 느낄 수 있는 불쾌감까지도 고려한 강한 소비자 프라이버시 보호 정책을 내놓고 있다.

소비자 프라이버시 보호와 관련된 대표적인 사례는 애플의 앱 추적 투명성(App Tracking Transparency) 정책이다. 앱 추적 투명성 정책은 iOS 생태계에서 운영되는 애플리케이션 사업자가 이용자에 대한 데이터를 수집하거나 사용할 경우 해당 목적에 관해 개별 이용자로부터 동의를 얻도록 한 것이다. 구체적으로 2021년 4월 업데이트부터 모든 애플리케이션 사업자에게 앱 시작 시 팝업창을 띄워 동의를 구하도록 강제하고 있다. 애플 iOS와 함께 모바일 앱 생태계를 양분하고 있는 구글 안드로이드(Android)도 2022년 상반기부터 애플 iOS 앱 추적 투명성 정책과 비슷하게 LAT(Limit Ad Tracking) 설정을 통해 이용자 동의 없이는 구글 사용자 식별값 수집이 불가능하다고 공지하여 논란이 된 바 있다.

특히 구글은 웹 브라우저 크롬을 통해 이용자의 웹 데이터 접근에 있어 강력한 시장지배력을 가질 수 있는데, 프라이버시 샌드박스(Privacy Sandbox) 정책의 일환으로 이용자들을 비슷한 그룹(cohort)으로 분류함으로써 한 단계 익명 처리된 정보에만 광고주가 접근하게 하는 플록(Federated Learning of Cohorts, FLoC) 정책을 제시한 바 있다. 플록 조치는 브라우저 이용자 데이터에 대한 수집 방식의 근본적인 변화를 가져오게 되기에, 기존에 개별 이용자 데이터를 직접 수집하여 이용자 맞춤형 타깃팅을 진행하여 수익을 거둬왔던 애드테크(AdTech) 업체들로부터 큰 반발을 불러일으켰다.

이렇듯 소비자 프라이버시 보호를 명분으로 내세우고 있는 구글과 애플과 같은 게이트키퍼 플랫폼(platform of platforms) 기업의 데이터 울타리(walled garden) 정책은 제3자 앱 사업자들에 대해서만 제약조건이 되고 정작 애플과 구글의 데이터 독점을 강화하게 될 것이란 비판도 받고 있다. 2022년 6월 독일 경쟁당국(Bundeskartellamt) 예비조사 결과에 따르면, 애플의 앱 추적 투명성 정책이 애플 자사에는 적용되지 않고 타사를 배제함으로써 시장지배력 남용 행위로 간주되고 있다.

이처럼 데이터 기반 혁신에 있어 기업 간 역차별 문제와 함께 기업의 데이터 소유와 활용에 대해 비판의 목소리가 높아짐에 따라, 이용자 데이터 접근성이 높은 디지털 플랫폼 기업을 중심으로 소비자들의 요구도 증가하고 있다.

3. 소비자 데이터 주권

이용자 데이터를 활용하여 기업이 수익을 창출하는 가운데, 정작 그 원천인 데이터를 제공한 이용자들은 소외된다는 이유로 소비자 주권 이슈가 대두되고 있다. 첫 번째, 데이터 경제에서 창출된 가치에 대한 보상체계에서 원천 데이터 제공자인 소비자가 배제되어 있다는 점이다. 두 번째, 디지털 플랫폼 사업자의 ICT 서비스 독과점 및 시장지배력 강화로 인한 데이터 독과점, 그리고 그로 인한 소

〈표 9-1〉 소비자 데이터 10대 권리

구분	권리	권리 개념
데이터 처리에 대한 소비자 주체성 보장	데이터 이동권	데이터를 기계 판독이 가능한 디지털 형태로 제공받을 수 있는 권리
	데이터 배당권	데이터를 직접적으로 활용하여 창출된 수익의 공유를 요구할 수 있는 권리
	자동화 의사 결정으로부터 차별받지 않을 권리	데이터에 기반한 자동화된 알고리즘 분석 결과에만 의존하여 합리적 이유 없이 부당한 차별을 받지 않을 권리
	데이터를 흐릴 권리	특정 목적으로 활용되는 데이터의 범위를 소비자 스스로 조정할 수 있는 권리
	데이터 처리 제한권	특정 목적의 데이터 처리·전송·판매의 반대 및 중지를 요청할 수 있는 권리
데이터 플랫폼에 대한 기업의 투명성과 책임성 강화	데이터 접근권	데이터를 직접 열람하고 확인할 수 있는 권리
	데이터 정정권	잘못되거나 부정확한 데이터를 수정할 수 있는 권리
	데이터 삭제권	데이터를 삭제할 수 있는 권리
	데이터 활용에 관한 정보를 제공받을 권리	데이터의 수집·이용·제공 활용 등 데이터 처리 현황 및 관련 기술에 대한 정보를 제공받고 요구할 수 있는 권리
	데이터 보호에 관한 정보를 제공받을 권리	데이터 보호를 위한 기업의 관리체계 및 상세 보호 조치에 대한 정보를 제공받고 요구할 수 있는 권리

자료: 윤수영(2021년 8월 24일, 공정거래위원회 심포지엄)

비자의 서비스 고착과 같은 소비자 선택권 제한 문제이다. 세 번째, 사업자와 소비자 간 데이터 관련 기술 격차 심화, 데이터 알고리즘에 대한 이해도 약화에 따라 소비자 주체성이 상실되고 있다는 점이다. 네 번째, 현재, 그리고 향후 초연결 사회에서의 데이터 활용 범위 확장성으로 인해 과거 전통적인 계약 관계로는 소비자 문제 및 분쟁 해결에 한계가 있다는 점에서 통제권 상실 문제가 존재한다는 점이다. 이와 관련해 윤수영(2021)은 〈표 9-1〉처럼 소비자 데이터

10대 권리에 대해 제시한 바 있다.

예를 들어 '데이터 배당권'의 경우 데이터를 활용하여 창출된 수익의 공유를 요구하는 권리로서 소비자의 시간과 노력이 들어간 데이터를 일종의 노동(labor)으로 간주하는 철학과도 연결되어 해석되고 있다. 그럼에도 불구하고 이러한 소비자 데이터 권리가 제도화되는 데 있어 실무적·제도적 걸림돌은 존재한다. 데이터 배당권의 경우, 데이터 소유권에 대한 학문적 논의와 사회적 합의가 부족하다는 점, 그리고 데이터 플랫폼 내 가치 창출체계의 복잡성으로 인해 개인 소비자 데이터가 어느 정도의 가치 창출에 기여를 했는지 정량적으로 측정하기 힘들다는 점 때문에 법제화는 어렵다는 지적이 있다.

이러한 소비자 데이터 주권 움직임과 함께 특정 사업자로의 데이터 집중을 낮추고 이용자의 디지털 사업자 전환 비용을 낮춰 시장 경쟁을 활성화하는 정책적 수단으로서 '데이터 이동성'이 대두되었고, 이를 해결하기 위해 국내에서는 2020년 8월 5일 신용정보법의 개정을 통해 도입되어 마이데이터 사업이 진행 중이다. 마이데이터는 정보 주체인 개인이 본인의 정보를 적극적으로 관리, 통제하고, 이를 신용관리, 자산관리, 나아가 건강관리까지 개인 생활에 능동적으로 활용하는 과정으로 정의되며 향후 개인이 주도하는 데이터 경제 활성화를 지향한다. 국내에서는 금융위원회 주도로 금융 마이데이터 사업이 2022년 상반기에 시작되었다. 국내 금융 마이데이터 사업자에는 전통 금융권인 은행, 보험, 금융투자, 여전, 상호금융, 저축은행뿐 아니라 나이스평가정보와 같은 CB사, 네이버 파이낸셜과 같은 테크핀, LG CNS와 같은 IT 회사도 포함되어 있다. 특히 2022년 하반기 기준 누적 가입자는 약 5,854만 명(중복 포함)으로, 토스 2,400만 명, 카카오페이 3,848만 명, 우리은행 1,974만 명, 하나은행 1,367만 명 등으로 핀테크 사업자의 가입자 확보가 활발한 상황이다.

매년 다양한 산업 사업자들이 마이데이터에 참여하고 있음에도 불구하고, 사업자들 간 마이데이터 활용과 관련해 이용자에게 혜택을 주는 차별화된 서비스는 나오지 못하고 있는 게 사실이다. 특히 금융당국에서 마이데이터 사업 실시 후 마이데이터 제공사에서 투입했던 전송 시스템 개발 비용과 인력에 대한 원가 산출 자료를 근거로 2023년 말 마이데이터 과금체계를 마련하고 있고, 마이데이터 요구 사업자에게 데이터 전송 요구량에 대한 과금을 2024년 분할납부로 시행할 예정이기에 토스, 카카오페이처럼 전통 금융권에 데이터 요청을 많이 해온 테크핀 입장에서는 부담이 가중될 전망이다. 정부에서는 순차적으로 2023년 6월까지 정보제공 범위를 2022년 기준 492개에서 720개로 확대하되, 활용 서비스 범위와 종류도 늘리는 방향으로 정책을 추진하고 있다. 특징적으로는 2022년 10월부터 국세, 지방세, 관세 납세 내역과 건강보험 납부 내역 등 공공데이터도 신규로 제공된다.

〈그림 9-1〉 마이헬스웨이 플랫폼 구상안

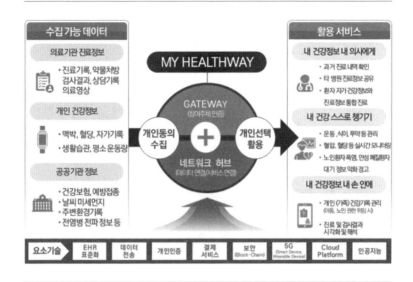

자료: 보건복지부(2021년 2월)

아울러 금융 분야 이후 의료, 통신 분야 등의 데이터가 순차적으로 마이데이터 사업의 형태로 타 분야 사업자들에게 개방될 것으로 예상되며, 마이데이터 기반 사업자의 가치 창출 영역도 특정 분야에 국한되지 않을 것으로 전망된다. 현재 의료 분야에서 건강정보 고속도로로 불리는 '마이헬스웨이 플랫폼'이 추진 중이며 〈그림 9-1〉과 같이 구상되고 있다. 기본적으로 마이헬스웨이 플랫폼은 개인이 여러 병원에 흩어져 있는 자신의 건강정보를 한곳에 모아서 통합적으로 조회를 하고 필요할 경우 원하는 대상에게 제공하고 직접 활용할 수 있는 시스템이다. 이용자로서 국민은 건강정보에 대한 자기결정권을 가지며 본인의 건강 증진뿐 아니라 관련된 의료서비스 혁신에도 참여할 수 있는데, 정부는 이러한 플랫폼을 2024년까지 구축하는 것을 목표로 하고 있다. 이를 위해 건강정보의 표준화와 안전한 인증 및 동의 서비스가 필요하며, 의약 및 헬스케어 산업뿐 아니라 금융 및 정보통신 산업계 등과의 기술적 협력을 통한 생태계 구축이 요구되고 있다.

4. 데이터 활용 활성화 정책

마이데이터 등 소비자 데이터 주권을 강조한 정책과 함께 데이터 3법(개인정보보호법, 정보통신망법, 신용정보법) 개정, 디지털 댐 사업, 데이터 바우처 사업, 데이터 유통 플랫폼 등 데이터 활용 활성화를 위한 논의도 지속적으로 이루어져 왔다. 국내 데이터 3법 개정안은 2020년 1월 국회 본회의를 통과하여 동년 8월 5일부터 시행되고 있는데, 종래의 개인정보를 개인을 식별할 수 있는 정보와 추가적인 정보 없이는 특정 정보 주체를 알아볼 수 없는 가명 정보 개념으로 구분한 바 있다. 특히 가명 정보의 경우, 정보 주체의 동의 없이 시장조사 등 상업적 목적의 통계 작성을 위해 활용 가능하게 되었는데, 기업들은 가명 데이터 결합을 통해 가치를 창출할 수 있게 되었다는 점에서 데이터 경제와 관련성이 높다.

이해를 돕기 위해 금융위원회에서 제시한 이종 산업 간 가명 데이터 결합 예시를 보자. 보험회사와 자동차회사는 공통의 고객을 보유하고 있는데, 데이터 전문기관을 통해 가명 처리된 데이터를 결합함으로써 어떠한 차량 안전장치를 부착한 고객일수록 차량 사고 확률이 낮은지 파악할 수 있게 된다. 보험사는 특정 안전장치 부착 고객에게 보험료 할인을 제공하고, 차량 회사는 사고를 낮추기 위한 안전장치 기능을 개선하는 등 과거 알지 못했던 정보를 가치 창출을 위해 활용할 수 있다. 하지만 데이터 전문기관을 통한 가명 데이터 결합과 비즈니스 활용 예시까지 제시되는 등 긍정적인 기대에도 불구하고, 정작 기업 간 협업의 어려움과 사내 법무팀의 결합에 대한 보수적인 입장 등으로 인해 실질적으로 가치를 창출해낸 상업적인 활용 사례는 많지 않은 상황이다.

디지털 댐 사업, 데이터 바우처 사업과 같은 데이터 공급, 공유 정책과 함께 사익 추구를 위한 기업의 니즈를 충족시키기 위한 데이터 거래 논의도 계속 진행되고 있다. 인공지능 학습용 데이터 구축 사업은 과학기술정보통신부 주관 및 한국지능정보사회진흥원(NIA) 추진하에 인공지능 학습용 데이터를 대규모로 구축하고, 인공지능 허브를 개방하는 데이터 댐 구축사업인데, 2022년 총 5,382억 원의 규모로 지원된 바 있다. 기업과 기관은 이 사업을 통해 인공지능 학습용 데이터 구축에 드는 많은 시간과 비용을 절약할 수 있게 되었다.

이러한 움직임은 국내에서만 있는 것은 아닌데, 유럽의 경우 유럽연합(EU)의 개방형 AI 협력 플랫폼이 있다. 구체적으로 AI4EU 프로젝트는 2019년에 시작한 개방형 AI 협력 플랫폼으로 총 21개국, 79개 연구기관과 기업이 참여하며, 유럽연합 중소기업이 인공지능을 채택할 수 있도록 지원하는 프로그램이다. 2019년부터 2022년까지 총 2,000만 유로의 기금이 투입되어 데이터 수집을 통해 기관과 개인들이 자체 프로세스, 제품, 서비스에 이용 및 테스트할 수 있도록 인공지능 솔루션을 지원해준다. 인공지능 개발 목적이 아니더라도, 공공 및 민간 데이터 활용을 위한 지원도 이뤄지고 있는데 덴마크 코펜하겐 도시 데이터 거래소(City Data Exchange)는 공공 및 개인 데이터셋의 거래장소 플랫폼으로 수많은 도시가 보유하고 있는 공공 및 민간 데이터를 가치 있게 활용할 수 있도록 전반의 영역에서 데이터를 취합하여 혁신적인 솔루션 개발을 할 수 있는 거래소를 운영하고 있다.

국내의 데이터 거래와 관련해서는, 한국데이터산업진흥원의 개방형 데이터스토어는 데이터를 온라인으로 판매 및 구매할 수 있는 오픈 데이터 유통 플랫폼으로 수요에 대응한 맞춤형 데이터를 중개 및 거래 지원하여 데이터 유통 활성화를 지원하고 있다. 데이터 스토어는 데이터 상품 등록, 거래, 판매지원 등과 같은 데이터 유통 지원, 기업 및 기관의 데이터 유통 리소스 절감을 위한 API 개발 및 판매 대행, 중소기업이나 개인 개발자 등을 위한 데이터 공유, 연계활동 지원, 데이터 거래, 계약, 저작권 등 유통 관련 온라인 법률 상담 서비스 제공, 그리고 원가 기반 데이터 가격 산정을 통해 판매자와 구매자의 중간 다리를 하고 있다. 아울러 국내에서 상업적 목적으로 민간에서 운영되는 데이터 거래소로 매일경제에서 출자한 한국데이터거래소(KDX)도 있다. KDX는 유통, 부동산, 미디어, 물류 등 다양한 분야의 데이터를 유료, 무료 형태로 가공 처리해 제공하고 있지만 높은 구축, 운영 비용과 개인정보 판매 불가능 등 애로사항들도 존재한다.

5. 합성데이터 활용 정책

개별 이용자 데이터가 데이터 기반 가치 창출에 있어 핵심이지만, 개인정보 활용 이슈, 소비자 데이터 주권 등 정책 추진에 있어 제한적인 상황에서 합성데이터(synthetic data)에 대한 관심이 높아지고 있다. 합성데이터는 실제 데이터를 기반으로 학습된 AI가 생성하는 가짜 데이터이다. 앞서 언급된 현실 데이터는 접근, 활용, 통합에 있어 개인정보 보호 문제가 있지만 합성데이터는 원본 데이터의 통계적 특징을 보존하면서 생성된 데이터로부터 특정 사람을 지칭할 수 있는 역추적이 어렵기에 법적 규제 장벽을 우회할 수 있는 대안으로 부상하고 있는 것이다.

개인정보 보호 규제가 엄격하고 비용적 측면에서 실제 데이터를 확보하는 것이 어려울 경우 합성데이터를 활용할 수 있는 사례로, 미국 조지 메이슨대 연구팀은 매사추세츠 환자 프라이버시 보호를 위해 환자 120만 명의 코호트를 대상으로 대장암, 고관절, 고혈압, 만성폐쇄성 폐질환(COPD) 등 네 가지 종류의 데이터를 수집한 뒤 이를 신디아(Synthea)라는 합성데이터 생성기를 이용해 합성데이터를 생성했고 분석 결과 데이터의 신뢰성이 높았음을 확인한 바 있다. 저작권 리스크 사례로, 2021년 메타는 합성데이터 스타트업인 AI레버리(A.I. Reverie)를 인수했으며 다양한 사물, 캐릭터, 정황을 구현해야 하는 메타버스 프로젝트에 투입한 바 있는데, 기존에 존재하는 사물에 대한 3D 이미지 구현에 따른 저작권 침해 문제를 우회하려는 움직임으로 해석되고 있다. 또한 현실 데이터의 경우 AI 학습용 데이터 라벨링(labeling)에 소요되는 시간과 인건비 등 부담이 크기 때문에, 혁신 스타트업에 의한 AI 응용 범위와 AI 엔진 모델 종류, 학습 니즈에 비해 AI 학습에 필요한 데이터양은 부족한 상황에서 합성데이터는 더 주목을 받고 있다.

그럼에도 불구하고 무엇보다 합성데이터가 관심을 받게 된 이유는 기업의 다양한 비즈니스 모델에 활용되는 인공지능의 학습을 위한 데이터가 편향(bias)되어 있는 경우에 대한 우려가 증가했기 때문이다. 기업이 자사의 인공지능을 학습시킬 때 사용한 데이터가 실제 고객 집단의 다양성을 대표하지 못할 수 있는데, 예를 들어 백인 남성 데이터 위주로만 학습하다 보니 흑인 여성은 사람으로 인지하지 못하는 인공지능이 화두가 된 적도 있다. 이렇듯 편향된 데이터로 학습된 AI는 성차별 등 공정하지 못한 고객 경험을 야기하고 이는 문화적 편향을 더 강화시키는 결과를 초래할 수 있다.

이렇게 편향이 발생하면, 이미 해당 상품을 산 고객에게 동일한 상품을 추천하거나, 한쪽으로 치우친 뉴스를 추천하는 등 AI와 이용자 간 교류 데이터가 데이터 집계 프로세스에 들어와 상호작용을 통해 고객에 대한 확증 편향 결과를 더 야기할 수 있다. 이러한 차별에 대해서는 2021년 4월 유럽 위원회(European Commission)의 AI 규정을 통해 기업에 규정 준수 및 입증 책임을 부여하는 등 제도적인 논의도 함께 이뤄지고 있다. 다만 단순히 기업에 데이터 내 성별, 종교, 인종 관련 개인정보를 삭제하게 만들더라도 다른 프록시(proxy) 데이터가 편향을 계속 야기할 수 있기에 합성데이터를 통한 데이터 편향 극복이 대안으로 제시되고 있는 것이다. 합성데이터를 활용해 편향성을 제거하는 비즈니스 모델로 주목은 받은 사례로, 2021년 이스라엘 기반으로 설립된 스타트업인 페어겐(Fairgen)을 들 수 있다. 이 스타트업은 AI를 이용해 데이터셋의 편향을 줄이는 기술로 투자 유치에 성공했는데, 예를 들어 은행권의 경우, 페어겐은 이름, 성별, 민족, 소득수준, 신용점수 등을 포함한 합성데이터를 만들어 은행에서 대출을 받을 사람을 결정하는 예측 소프트웨어를 제시함으로써 인공 개인 데이터를 이용해 소수 집단에 더 공정하게 대출을 분배하는 등 사회적 평등에 기여할 것으로 주목받은 바 있다.

합성데이터를 이용해서 공공데이터를 공개할 수 있는 영역은 다음과 같다. 첫 번째, 국세청의 법인, 개인별 데이터의 경우 현재 엄격하게 공개가 금지되고 있으나, 합성데이터를 이용하여 공개한다면 연구와 정책 개발에 큰 도움이 될 것으로 보인다. 두 번째, 의료데이터를 건강보험공단을 통해 수집하고 있는 상황에서 건강보험 빅데이터를 합성데이터를 통해 공개한다면 의료, 보험 산업의 발전에 큰 기여를 이룰 것이다. 현재 보험사들이 건강보험공단의 의료 데이터 공개를 요청하고 있으나 프라이버시 침해 우려로 공개가 활성화되지 못하고 있는 상황인데, 합성데이터를 이용한다면 적극적인 공개가 가능할 것으로 보인다. 세 번째, 10년마다 이루어지고 있는 센서스 원본 자료를 개인별로 패널데이터로 구성하여 공개하고 있지 않은데, 이것 역시 합성데이터로 공개하는 방안을 강구할 수 있을 것이라 판단한다. 네 번째, 주민등록번호 등을 이용해 부서별로 흩어진 데이터를 결합해 공개하는 경우가 드문 상황인데, 합성데이터를 이용하면 프라이버시를 보호함과 동시에 각 부서가 보유한 데이터의 결합이 가능할 것이라 예상한다. 정부 각 부서의 데이터를 결합한 뒤 합성데이터를 생성하여 공개하거나 연구에 이용할 수 있다. 다섯 번째, 가계부채의 정확한 파악과 정책 마련을 위한 한국은행의 가계금융 데이터는 법률의 근거 규정이 있어야 가능한데, 수집 근거 규정이 없는 국세청 등의 데이터가 부족해 데이터가 구성되지 못한 상황이므로 합성데이터 이용이 권장된다.

6. 사회적 약자를 위한 데이터 활용

역설적으로 들리겠지만, 디지털 전환 시대에서 사회 각 분야에서 데이터 활용이 활발해지면서 소외되는 계층도 동시에 늘고 있는데 이들을 포용할 수 있는 여러 사례를 먼저 소개하고자 한다. 예를 들어 한국전력 '1인가구 안부살핌 서비스'는 사회적 취약계층의 고난이 심화하고 있는 가운데 64세 이하 1인 취약가구들의 고독사 예방 등 사회안전망 강화를 위한 기반으로 마련된 바 있다. 구체적으로 해당 서비스는 인공지능을 활용하여 1인가구의 전력사용량을 파악하고 통화기록을 분석하며, 만일 일상 생활방식과 다른 패턴이 탐지될 경우 지자체 복지담당 공무원에게 경보를 통보해 신속한 조치를 함으로써 고독사 등 사고를 사전에 방지하는 서비스로서 복지 사각지대에 놓인 약자들을 위한 가치를 창출할 수 있다.

특히 금융권에서는 디지털 리터러시가 떨어지는 고령층 고객을 위한 데이터 활용 사례들이 많이 제공되고 있다. 고령층 고객이 취약한 보이스피싱을 예방하기 위한 시스템의 경우, 디지털 기기 내 이상행동을 탐지할 수 있는 AI를 장착함으로써 거액의 계좌이체나 현금거래 등의 이상 거래를 인식하고 사전에 보이스피싱 피해를 차단해준다. 웰컴저축은행의 경우 AI 기반 스마트폰 불법 프로그램 탐지 서비스를 통해 모바일 뱅킹 앱 이용 시 고객 휴대폰에 설치된 불법 프로그램을 자동을 탐지하여 삭제할 수 있도록 도와주고 있다. 디지털 소외계층이 아니더라도 데이터 기반 서비스로부터 혜택을 받는 경우도 있는데, 네이버 파이낸셜에서 비금융 데이터를 기반으로 만든 신용평가 모델의 경우 일반 금융권에서 대출을 받기 어렵거나 고금리로 인해 자금조달이 원활치 않은 금융 소외계층, 예를 들면 저신용, 씬(Thin)파일러 소상공인들에게 대출을 해주는 서비스를 내놓은 바 있다.

또한 물리적인 환경에서 서비스 접근성에 제한이 있는 사람들을 위해서도 데이터 활용을 통해 가치가 창출된다. 예를 들어 일본의 아카에이아이의 뮤지오(Musio)는 장애 학생을 대상으로 한 AI 로봇 교육으로서 중학교의 특수학급에서 언어 학습에 어려움을 겪고 있는 학생들의 언어 학습을 도와주고 개선 효과를 이끈 바 있다. 이렇듯 직간접적으로 활용되는 공공의 가치를 창출하기 위한 데이터는 사회적 목적을 위해 수집된 모든 유형의 데이터로서 인권 침해, 환경 악화, 빈곤, 건강, 교육, 노동 등에 대한 데이터를 포괄할 수 있다.

해외에서는 좀 더 체계적으로 지속가능한 데이터 활용을 추구하는 모습을 볼 수 있다. 대표적으로 미국 마이크로소프트(MS)의 'AI for Good' 프로젝트를 들 수 있는데, 2017년부터 사회적 문제를 인공지능 기술을 활용해 해결하려는 프로젝트로서 총 5개의 분야로

나누어져 있다. ① AI for Earth: 2017년 6월에 가장 먼저 시작된 지구환경 AI 프로젝트, ② AI for Accessibility: AI 접근성 프로젝트는 전 세계 장애인의 자립을 지원, ③ AI for Humanitarian Action: 자연재난 및 여성·난민·아동 인권 보호 및 증진 지원을 위한 인도주의 인공지능 프로젝트, ④ AI for Cultural Heritage: 문화유산 보존을 목적으로 한 문화유산 인공지능 프로젝트, ⑤ AI for Health: 건강을 위한 AI 프로젝트는 주로 보건 인사이트 증가, 의학 연구 가속화 및 건강 형평성에 중점을 두고 지원을 하고 있다.

7. 데이터 개방 및 활용을 촉진하기 위한 정책

지금까지 데이터 경제 생태계 내 가치 창출 사례들과 정부 차원에서 추진되고 있는 데이터 이동, 결합, 거래 제도 등을 살펴보았는데, 향후 데이터 개방 및 활용을 촉진하기 위한 정책 방안들을 제시하면서 마무리하도록 하겠다.

데이터 개방 측면에서 우선 정부 및 기업 데이터 공동 활용에 대해 고려할 필요가 있다. 디지털 정부 인프라와 공공데이터 개방 정책 경험 등을 통해 대한민국 정부는 데이터 기반의 지능형 정부로 도약하기 위해 이미 수년 전부터 '데이터 3법' 개정 및 '데이터기반행정법' 시행으로 근거 기반 정책 수립(Evidence-Based Policymaking,

EBP)과 데이터 기반 행정 추진을 위한 기반을 다지고 있다. 하지만 공공데이터를 공개하고자 할 때 개인정보 유출 문제 등을 고려하여 점진적으로 접근을 허용하거나 상황에 따라 특정 절차를 거쳐 데이터를 공개하는 등 다양한 접근법을 고려해볼 수 있다. 첫 번째, 모두에게 데이터 공개하고 특별 절차 없이 이용 허가하는 방안이다. 예를 들어 미 연방정부의 인구총조사(US Census) 데이터 가운데 일부는 이와 같이 전면적 공개하여 누구나 특정 절차 없이 접근 가능하며 소득이나 교육 등 가구 기본정보에 대한 평균값이나 중간값은 웹사이트에 접속하여 쉬이 내려받을 수 있다. 또 다른 예로 스페인 전력 시장 데이터 또한 실시간으로 각 발전소의 발전 상황과 도매시장의 입찰 정보가 웹사이트에 공개되고 있다.

두 번째, 모두에게 데이터를 공개하되 일정 절차를 거칠 시 데이터에 접근을 허용하는 방안을 들 수 있다. 예를 들어 미국 캘리포니아주 3대 전력회사의 경우 이와 같이 일정 절차를 거쳐 소비자들의 전력사용량 데이터를 공개했으며, 웹사이트에서 작성한 신청서가 허가되면 데이터를 제공받을 수 있는 시스템이다. 관련된 허가 절차는 캘리포니아주의 3대 전력회사, 주 정부, 캘리포니아대학교 등 연구기관의 협력하에 운영되고 있다. 더불어 미국 인구총조사의 세대별 데이터와 같은 경우에도 이러한 방식으로 데이터가 공개되고 있다. 미국 각지에 위치한 데이터센터에서 엄격한 허가 절차를 거친 이후 승인이 나는 경우에만 데이터에 접근 가능하며, 보안상 데이터를 '센터 외부'로 반출하지 못하나 분석 결과가 기록된 표나 그래프는 외부로 반출하여 활용 가능하다.

　세 번째, 데이터 분석 전문가에게만 일정 절차를 거칠 시 데이터 접근 권한을 부여하는 방안을 고려할 수 있다. 검증된 연구기관에 재직 중인 데이터 분석 전문가만을 대상으로 비밀을 엄수하겠다는 서약서(예: Non-Disclosure Agreement, NDA)를 쓰게 하고 제한된 용도로만 데이터를 사용하게 허가하는 방식이며, 가장 개방적이지 못한 방법이긴 하다. 다만 처음부터 데이터를 온전히 공개하기 어려울 경우 이와 같은 방식으로 조직 내부의 데이터를 공개·활용하여 차츰 접근 허용방식을 완화해나가는 것도 고려 가능하며, 우버(Uber)나 공유 스쿠터 플랫폼 업체인 라임(Lime) 같은 기업들도 데이터를 외부 분석 전문가들에게 공유할 수 있는 제도를 마련했지만 아직까지는 엄격한 신청 절차를 통해 신뢰할 만한 외부 데이터 분석 전문 인력으로 제한해 데이터를 공유하고 있다.

　데이터 구축 및 활용을 통한 경제 생태계 내 가치 창출을 장려하는 진흥 정책으로서 데이터 결합, 거래 활성화 정책 등의 성공적인 안착을 위해 데이터 거래를 위한 데이터 가치 책정 기준 설정이 선행될 필요가 있다. 현재 데이터 가치 책정 방법과 관련해 전통적으로 유무형 상품에 대한 가격 설정과 관련된 시장 기반(market-or competition-based) 접근 방식, 원가 기반(cost-based) 접근 방식, 수익 기반(income-or value-based) 접근 방식이 논해지고 있는 상황이다.

시장 기반 접근 방식은 데이터 공급자가 시장 내 비슷한 데이터를 공급하는 경쟁사 가격을 고려하여 가격을 책정하는 방식인데, 유사 데이터 거래가 존재하지 않거나 데이터 특성상 엄밀한 유사성 비교는 어려울 수 있다. 수익 기반 접근의 경우, 데이터 가치를 구매자가 데이터를 활용함으로써 미래에 창출할 수 있는 성과 및 수익과 감소시킬 수 있는 비용을 추정한 후 이를 현재 가치로 환산하는 절차를 밟게 된다. 다만 다양한 데이터와 기술이 혼합되어 있는 상황에 적용할 경우 가격 산정이 쉽지 않은 어려움이 있다. 원가 기반 접근의 경우 데이터 구축, 생성, 운영 관리에 소요되는 비용(예: 데이터 처리 관련 소프트웨어 사용료, 인건비, 시간비용 산출 등)을 계산하고 판매자가 생각하는 영업이익 마진을 붙여 가격을 책정하게 되므로, 데이터 구매자가 판매자에게 원하는 제공 범위와 방법에 따라 가격은 달라질 수 있지만 데이터 가치와 부여 가격 간 연관성이 떨어지는 문제점이 있다. 결국 데이터 활용 목적, 데이터 접근성, 데이터 생성·구축 및 유지·관리에 따른 어려움, 데이터 활용으로 발생 가능한 부가가치에 따른 가격 설정 방식 차등 필요하며 관련된 정책적 논의 필요성은 앞으로 계속 제기될 것이다.

마지막으로 프라이버시, 저작권 등 데이터 관련 민감한 이슈를 극복하고 신기술 기반 데이터 혁신을 이루기 위한 정책으로 합성 데이터 활용 장려가 필요하다. 정부 주도 예로서, 영국 공중 보건국(Public Health England)이 공개하여 접근 허용한 합성 암 등록 데이터

(synthetic cancer registry data)를 들 수 있다. 역으로 기업 차원에서 정부와 협업을 하는 방법으로서 합성데이터를 장려해볼 수 있다. 일본에서는 아이오이 닛세이 동화 손해보험이 합성데이터를 이용하여 운전자의 운전 행태 데이터를 이용하는 동시에 프라이버시를 보호했는데, 아이오이 손해보험은 자동차 전용 단말기가 수집한 데이터를 이용해 사고 위험지역과 사고 발생 가능성이 높은 시간대를 파악해 교통안전 맵 서비스를 지방자치단체에 제공한 바 있다.

우리나라의 경우 가치 창출을 위해 사회적 수요가 높은 공공데이터를 구축, 공개하는 추세인데, 미국 센서스처럼 각종 고품질 데이터를 합성데이터를 이용하여 공개한다면 산업 발전과 사회적 투명성 개선에 크게 기여할 수 있을 것이다. 특히 우리나라는 주민등록번호를 중심으로 개인별 데이터를 중앙정부가 오랫동안 축적해왔기 때문에 프라이버시를 보호하면서 공개한다면 매우 유용한 데이터가 될 수 있다. 예를 들어 주민등록번호 등을 이용해 부서별로 흩어진 데이터를 결합해 공개하는 경우가 드문 상황인데, 합성데이터를 이용하면 프라이버시를 보호함과 동시에 각 부서가 보유한 데이터의 결합이 가능할 것이라 예상한다. 정부 각 부서의 데이터를 결합한 뒤 합성데이터를 생성하여 공개하거나 연구에 이용한다면 프라이버시 보호하면서 데이터 결합의 효과를 가져올 수 있다고 본다.

제10장

EU의 녹색성장 정책과 우리의 산업

이정환 | 한양대 경제금융대학

1. 지속가능성장

최근 지속가능성장(Sustainable Growth) 트렌드가 화두다. 고전 경제 이론에서는 산업이 성장하면 양질의 일자리가 창출되고 이를 기반으로 소비가 증진되어 다시 산업 성장을 촉진하는 기본적인 선순환 구조를 중요시한다. 지속가능성장은 이러한 기본적인 선순환 구조를 넘어 생산과 소비가 지속가능한 형태의 기반시설을 갖추고, 경제성장의 산물이 모든 구성원에게 조화롭게 분배되어 미래 성장의 밑바탕이 되는 시스템을 구현하는 것을 의미한다.

국내의 지속가능성장 분야의 변화는 그 짧은 역사로 인해 독자적으로 성장하기보다는 이 분야에서 선도적인 영향력을 행사하고 있는 지역은 유럽연합(EU)에서의 정책에 지대한 영향을 받고 있는 것으로 보인다. 실제 EU는 환경보호와 지속가능성에 관한 엄격한 기준을 설정함으로써 다른 국가들의 표준이 되도록 하고 있으며, 국내 규제 및 정책에도 큰 영향을 미치고 있다. 또한 EU는 이와 같은 간접적인 영향 행사를 넘어 지속가능성 기준을 무역 협정과 결합하여 국제사회에 직접적인 영향력을 발휘하고 있다. 실제로 국내 기업을 포함한 세계 기업들이 EU 시장에 진입하기 위해서는 EU의 지속가능성 기준을 반드시 충족시켜야 한다. EU이 지속가능성 관련 기준 설정과 법제정, 그리고 무역장벽 형성이 자연스럽게 전세계 상품 생산에 영향을 미치고 있다.

이 지속가능성장의 개념은 유엔(UN)에서 주창한 지속가능발전(Sustainable Development)에서 출발한 것이다. 처음 지속가능발전이라는 용어가 등장한 것은 1987년에 발표된 유엔의 보고서로서, 「우리 공동의 미래(브룬트란트 보고서)」로 알려져 있다. 이 유엔의 보고서에 따르자면, 지속가능한 발전은 '현재 세대의 필요를 충족시키되, 미래 세대가 그들의 필요를 충족시킬 능력을 저해하지 않는 발전'을 의미한다. 즉 과거의 성장 일변도의 경제 운용과 달리, 환경을 보호하고, 자원을 보존하고, 사회적 불평등을 감소시키는 등 장기적으로는 성장을 이유로 단기적인 자연자원을 파괴하지 않을 뿐만 아니

〈그림 10-1〉 지속가능성장의 개념

자료: UN Office of Sustainable Development

라 잠재적인 사회 갈등 요소를 축소시키면서 사회의 발전을 도모하
는 정책 방향이다.

2010년대 들어 UN이 이 개념을 구체화하여 지속가능한 개발 목
표(Sustainable Development Goals)라는 어젠다를 제시한다. 이 어젠다
는 지구 전체의 지속가능성을 담보하고, 인류애를 근간으로 인류
공동체 의식을 확보하여 전 세계적인 문제를 공동으로 해결하려는
국제적인 약속을 추구한다. 즉 지속가능한 개발 목표에서는 인류의
보편적 문제(빈곤, 질병, 교육, 성평등, 난민, 분쟁)를 해결하고, 지구 환경문
제(기후변화, 에너지, 환경오염, 물, 생물다양성 등)를 위해 노력하며, 경제사

회 문제(기술, 주거, 노사, 고용, 생산 소비, 사회구조, 법, 대내외 경제)를 풀어가기 위해 2030년까지 17가지 목표를 세우고 해결해나가려고 한다.

하지만 점차 한국 경제에 커다란 영향력을 행사하고 있는 EU의 지속가능성장 정책은 UN의 지속가능발전 개념 근간을 하고 있기는 하지만, 이러한 인류애를 근간으로 한 인류 공동 문제에 관한 해결책은 아닌 듯하다. 오히려 EU 지속가능성장은 용어의 뒤쪽에 방점이 있다. 즉 '녹색기술'과 녹색기술을 뒷받침할 '디지털 전환'을 중심으로 한 경제 '성장론'으로 봐야한다. 즉 지속가능성장 개념은 EU권역 경제성장을 위해 녹색 전환과 디지털 전환이라는 이중 전환(Twin Transition)을 통해 EU 지역 국가들의 생산성을 높이고 경쟁력을 확보하는 것을 가장 중요한 목표로 하고 있다. 물론 이 개념과 관련하여 공정성 확보를 위한 노력을 통한 바람직한 사회로의 발전을 추구, 정부의 재정정책과 시장의 자본조달을 유도하는 협력 관계를 통해 포용적 사회 추구, 취약한 중소기업 육성책을 일부 표방하고 있지만, 그 중심은 역시 기술 개발, 산업경쟁력 확보를 통한 경제성장이다.

이러한 경제성장 전략으로서의 방향성은 EU가 추구하는 '경쟁적 지속가능성(Competitive Sustainability)'의 개념을 통해 확연히 나타난다. 경쟁적 지속가능성은 환경기술 개발을 통해 산업경쟁력을 달성하고자 한다. 환경 분야의 지속가능성을 담보하기 위해서는 탄소 감축을 추구해야 할 뿐만 아니라 생태 다양성 보존을 위해서도 노력해야 하며, 자원 재활용률을 높이는 등 다양한 노력을 해야 한다. 이러한 노력은 공짜가 아니다. 당연히 '환경기술'에 대한 발전이 있어야 한다. EU에서는 이러한 환경기술 분야를 집중적으로 육성하여 기업의 경쟁력을 높이려고 한다.

이러한 환경기술 개발은 정부, 기업, 대학의 협동을 통해 이루어지게 된다. 또 환경기술 개발의 인센티브를 제공하고 및 수익성을 향상시키려면 우선 금융투자가 동반되어야 한다. 정부의 규제나 정책 방향 역시 이러한 환경기술 개발을 유도하도록 일관되어야 한다. 환경기술에 대한 자금조달과 정부의 정책 방향를 일관되게 운영함으로써 EU 지역의 환경기술의 혁신이 빠르게 이루어질 수 있고, 글로벌 시장에서 경쟁우위를 확보할 수 있게 된다. 정책과 자본조달의 조화 속에 환경 관련 기술경쟁력을 확보하고 지속가능한 경제성장을 추구하는 개념이 EU의 강력한 어젠다라고 할 수 있는 '경쟁적 지속가능성'이다.

EU의 지속가능성장 정책은 한국의 지속가능성 관련 정책에 다면적으로 영향을 미치고 있다. 환경 및 인권 분야 선도국인 EU의 표준을 자발적으로 따라가는 경향도 있지만, EU의 지속가능성장 정책이 경쟁력 강화에 기반을 둔 경제 정책을 표방하면서 한국 산업의 방향, 기업의 친환경 전략, 상품 생산 전략 등을 크게 수정시켜야 하는 상황들 역시 발생한다.

이러한 EU의 지속가능성장 정책은 국내에서 지속가능성의 개념으로 벤치마킹되는 UN의 방향과는 다르기 때문에 오히려 국내 영향력이 더 크다. UN의 지속가능성은 기본적으로 인도주의 개념이다. "단 한 사람도 소외되지 않는 것(no one will be left behind)"이라는 슬로건이 이를 대표한다. 인간, 지구, 번영, 평화, 이를 위한 파트너십이 중심이다. 그러나 EU의 지속가능성장은 환경문제의 산업적 해결, 그리고 이를 통한 EU권역의 경제성장이 중심이며, 산업 기준 정책이자 보호무역 조치이기도 하다. 이에 따라 우리의 가치관이 아닌 우리의 산업 전반에 더 큰 영향력을 행사한다.

2. 브뤼셀 효과

EU가 녹색기술의 발전을 추구하고, 자기만의 경쟁력을 확보해나간다는 것 자체는 일견 긍정적인 파급효과만 가진 것으로 보인다. EU와의 기술 경쟁에서 이기기 위해 세계 각국이 녹색기술 개발 경쟁에 적극적으로 나서 지구온난화 문제를 해결하고, 생태 다양성을 보존하며, 원자재의 재활용률을 높이는 등 다양한 기술 혁신을 이루는 것이 가능할 것처럼 보인다. 그러나 EU가 아닌 역외 기업들의 현실은 이와 같이 순수하고 간단하지는 않은 것으로 보인다.

이른바 브뤼셀 효과는 현재 EU의 정책 방향과 매우 밀접한 것으로 보인다. 미국 컬럼비아 법대의 아누 브래드포드(Anu Bradford) 교수는 '유럽 사람들은 규칙을 만들고, 다른 사람들은 그에 맞춰 비즈니스를 수행한다'는 평가를 내렸다. 즉 EU의 규칙이 곧 세계 표준이 되는 경우가 많이 생기게 되는 것이다. 아누 브래드포드 교수는 이런 현상을 '브뤼셀 효과(The Brussels Effect)'라고 지칭했다. EU의 집행기관으로서 심장 역할을 수행하고 있는 유럽연합 집행위원회(European Commission)가 있는 브뤼셀의 상징적 의미 때문에 이러한 이 이름이 유래되었다. 즉 브뤼셀에서 규칙이 정해지면 세계 표준이 되고 다른 사람들은 이러한 규칙에 맞추어 비즈니스를 수행할 수밖에 없는 상황이 발생하는 것이다.

EU는 세계에서 세 번째로 큰 경제구역으로서, 이 경제구역에서 사업을 하려면[1] 다국적 기업들이 EU의 표준을 기본값으로 채택해 제품과 서비스를 만들어야 한다. 그 규모나 영향력 측면에서 EU 시장을 포기 할 수가 없기 때문이다. EU 지역에서 표준을 정하기만 해도, 특별한 무역 협정이나 정치적 압력 없이도 세계 각국에서 글로벌 표준이 될 수 있다. 브뤼셀 효과란 것은 EU 규모의 거대한 단일시장, 그리고 세련된 입법체계가 가질 수 있는 '부드럽지만 강력한' 힘에 대해 평가한 것이다. 더욱이 최근에는 무역협정 등을 통해 직접적으로 이러한 영향력을 강화하려는 움직임까지 보임으로써 이 효과를 강화시키고 있다.

---

1 브렉시트 이전에는 중국보다 경제 규모가 큰 세계 2위의 규모였다.

이 브뤼셀 효과가 가장 강력하게 나타났던 사례로는 개인정보 거버넌스 분야가 있다. EU는 일반개인정보보호규정(General Data Protection Regulation, GDPR)으로 명명된 규정을 제시하여 전 세계 정부와 기업을 대상으로 강력한 프라이버시 규정을 따르도록 만들었다. 이 일반개인정보보호규정은 유럽 시민들에게 데이터 수집, 이용, 저장 등에 대한 새로운 권한을 부여하고, EU 이외의 국가 및 기업들에게는 이러한 규칙을 따르도록 선택을 강요하고 있는 상황이다.

이 일반개인정보보호규정 제정은 EU 시장에서 미국 IT 기업들이 차지하는 비중이 높아짐에 따라 자국민 데이터 관리의 중요성이 증가한 것에 기인한 것으로 알려져 있다. 만약 이 규정 위반으로 인해 물질적 또는 정신적 피해를 입은 경우에는 누구든지 관계없이 정보의 관리자 등에게 손해배상을 청구할 수 있다는 권리를 부여하였다. 더욱이 EU 내에서 직접 사업장을 가지고 있지 않는 기업이라고 할지라도 EU 거주자들에게 재화 또는 서비스를 제공하거나 데이터를 모니터링하는 경우 이른바 '역외 적용' 조항을 두어 개인정보 보호에 필요한 각종 조치를 취해야 하고, 이를 어길 경우 과징금을 징수할 수 있게 된 조항을 만들어 대외적 효과를 극대화하였다.

이 규정의 도입은 이러한 글로벌 IT기업들의 사업 방향에 큰 영향을 미칠 것으로 보인다. 우선 이 규정의 위반 시에 부여되는 막대한 과징금의 규모로 인해 기업들은 큰 경제적 손실을 입을 수 있다.

더욱이 개인정보 보호 위반이란 사건으로 인해 기업 브랜드 이미지의 평판 및 신뢰도 하락으로도 이어질 수 있다. 엄격한 규정과 관련한 페널티 입안을 통해 EU는 디지털 플랫폼 시대에 개인정보 보호 관련하여 브뤼셀 효과를 실현하고 있다.

이제 EU는 지속가능성장의 개념, 특히 환경의 지속가능성을 브뤼셀 효과로 확장하려고 하는 것으로 보인다. 즉 환경보호, 탄소 감축, 친환경 기술 개발에 있어서 다양한 규제와 표준을 제정함으로써 전 세계 기업들을 순응하도록 만들며, 이미 기술력을 갖춘 유럽의 기업들의 경쟁력을 확보하려는 전략적인 선택을 하고 있는 것으로 보인다. 우리나라 기업들 특히 수출 대기업을 중심으로 이러한 흐름에 예외 없이 휩쓸려 들어갈 것으로 보인다.

3. EU 정책 사례

2023년 3월 한 언론사의 보도에 따르면, EU가 2023년 도입을 추진하는 신규 규제만 43개에 이른다고 한다. 이러한 규제의 명분은 기후위기 대응이지만, 속내는 역내 산업 보호라는 진단이 지속적으로 나오고 있다는 평가도 같이 보도하였다. 실제 기사의 인터뷰를 따르자면 EU 관계자들도 공정경쟁과 환경보호를 내세웠지만, EU의 이익 추구라는 해당 조치의 배경도 숨기지 않음을 확인할 수 있다. 미리엄 가르시아 페러(Miriam Garcia Ferrer) EU 무역담당 대변인은 "가장 중요한 건 EU의 이해를 보호하는 것"이라고 명시적으로 밝히고 있는 것이다.

EU의 지속가능성 규제가 돋보이는 사례는 USB 충전단자 케이스다. 2023년 EU는 2024년 가을까지 제조사에 상관없이 유럽 내 모든 신규 휴대기기의 충전단자를 'USB-C' 타입으로 통일하는 방안을 도입했다. 휴대전화, 태블릿 PC, 헤드폰과 헤드셋, 휴대용 비디오 게임 콘솔, 휴대용 스피커 등 유선 케이블로 충전하는 기기에 대해서는 제조사에 상관없이 USB-C 타입의 충전단자를 강제화하는 법안이다.

EU는 전자폐기물을 줄이려는 취지에서 이 법안을 발의했다. 즉 규격화되지 않은 충전단자 때문에 추가적인 충전기기를 소비자들이 사용해야 되며 이에 따른 폐기물이 발생되어 환경을 오염시킨다는 논리다. 최근 사우디아라비아도 2025년부터 EU와 유사하게 USB-C 타입 충전단자 도입을 강제하는 법안을 제정하는 등 EU의 규제가 확장되어나가고 있는 양상이다.

EU의 충전단자 표준화 정책에 따라 글로벌 휴대폰 제조사인 애플이 가장 큰 변화를 겪었다. 실제로 2023년 9월에 공개된 애플은 아이폰 15부터 기존의 정책을 버리고 USB-C 타입의 충전단자를 담았다. 사실 삼성전자 갤럭시를 비롯한 안드로이드 스마트폰들은 이미 USB-C 타입의 단자를 적용하여 충전할 수 있었다. 반면 애플

자료: EcoTensil[2]

아이폰은 2012년부터 끝이 일자인 자체 충전단자(라이트닝)를 고수해왔으나, 결국 EU의 정책에 대해 백기를 든 양상이다. EU가 제시한 명분, 전자폐기물을 줄임과 동시에 소비자의 편의성을 증진시킨다는 주장을 거부할 수 없기 때문이다. 아이폰의 USB-C 타입 단자탑재로 인해 소비자들은 제조사별로 서로 다른 충전기를 챙길 필요가 없어지게 되었다.

EU가 순환경제 관련해서 역점을 두고 있는 다른 분야는 플라스틱 소비 관련 항목이다. 현재 EU는 연간 약 2,900만 톤가량의 플라스틱 폐기물을 발생시키고 있으나 그 재활용률은 30%에도 미치지 못했기 때문이다. 특히 해양오염에서 이러한 플라스틱 폐기물의 영향이 지배적이어서 이를 극복하기 위한 플라스틱 사용 규제에 적극적으로 나서고 있는 형편이다.

이 플라스틱 사용 감축 정책은 2019년에 공표된 '일회용 플라스틱 지침'에 따라 시작되었다. 플라스틱 사용량을 줄이려는 우리도 눈여겨볼 만한 지침이다. 지침의 개략적인 내용은 다음과 같다. ① 지속가능한 대안이 있는 경우 저렴한 일회용 플라스틱 제품이 시장에 출시되는 것을 막고, ② 식품 용기와 음료수 컵의 소비를 줄이고 재사용 가능한 대안을 마련하며, ③ 식품 용기와 음료수 컵의 소비를 줄이고 재사용 가능한 대안을 마련하는 것이다. 추가로 플라스틱병의 77%는 2025년까지 별도로 수거하며 2029년에는 그 수거 비중을 90%까지 높이는 목표역시 제시했다. PET 음료수 병에 재활용 플라스틱을 포함해야 하는 비율을 2025년부터는 25%, 2030년부터는 30%로 하는 순환경제를 위한 목표도 제시하였다. 전방위적으로 플라스틱 사용을 줄이고 재활용을 줄이는 대책을 마련하는 것이다.

이러한 입법에 따라 기업의 생산공정 자체에 EU의 환경규제를 반영해야하는 상황이 되어가고 있다는 점은 매우 주목할 만하다.

---

2 https://ecotensil.eu/blogs/blog/unpacking-the-new-single-use-plastics-directive-for-the-eu-what-are-the-implications-for-packaging-retailers-and-companies-involved-in-foodservice

예를 들자면 일체형 캡(병뚜껑)의 의무 사용이 있다. EU는 2024년 7월부터 일회용 플라스틱 제품이 생산될 때 뚜껑과 뚜껑이 용기에 부착된 상태로 유지되는 경우에만 시장에 출시될 수 있도록 제품에 대한 규제를 수행하였다. 제품 생산 과정에까지 집요하게, 그리고 꾸준하게 플라스틱 사용 관련 규제를 만들어가고 있다.

EU의 순환경제 관련 규제는 남의 나라 문제가 아니기도 하다. 우리의 산업도 이미 큰 영향권 아래로 들어갔다. 대표적인 사례가 우리나라의 혁신 성장동력이라고 할 수 있는 이차전지 산업 관련 규제라고 할 수 있다. 2023년 7월 EU는 지속가능한 배터리법을 승인했고, 현재 그 후속 조치들이 지속적으로 입안되고 있다. 특히 이차전지 관련한 핵심적인 내용은 원자재별 재활용 의무화 비율 상승이다. 법안에 따르면 시행 8년 뒤 배터리의 경우 기준 코발트 16%, 리튬 6%, 납 85%, 니켈 6%를 재활용 원자재를 사용해서 생산해야 한다. 시행 13년 뒤에는 이러한 규제비율이 더 강화되어 코발트 26%, 리튬 12%, 납 85%, 니켈 15%를 의무로 재활용 원자재를 활용해야 한다. 이러한 기준을 맞추지 못할 경우 EU에서 이차전지의 판매 자체가 제한되는 것이다.

또한 소비자 입장에서도 가시적인 배터리 규제가 있다. '탈착식 배터리' 의무화 방안이다. 사실 10여 년 전만 하더라도 휴대폰에 탈착식 배터리를 장착하는 것이 일반적이었다. 그런데 점차 탈착식 배터리의 사용이 줄어들게 되었다. 배터리 기술 향상, 제품 마모로부터의 보호, 내부 설계 최적화 등의 다양한 이점이 있기 때문이다. 반면 탈착식 배터리의 경우 원할 때 자유롭게 교체할 수 있다는 큰 장점이 있다. 실제 스마트폰은 오랜 사용이 가능한 것에 반해 배터리 교환의 어려움으로 인해 스마트폰 교환 주기가 단축된다는 이야기가 있다. 배터리를 늘리는 기술은 한계가 있기 때문에 탈착식 배터리를 통해 스마트폰의 수명을 늘림과 동시에 배터리 재활용의 가능성도 높인다.

배터리 관련 규제는 배터리에 멈추지 않는다. 기후환경 변화에 핵심이 되는 탄소 관련 규제도 동반된다. 예를 들어 전기자동차 이차전지 생산 관련 입법을 들 수 있다. EU는 전기자동차(EV) 및 내부 저장용량이 2kWh를 초과하는 충전식 산업용 배터리의 경우 이른바 탄소발자국(Carbon Footprint) 정책을 도입하였다. 이 탄소발자국 정책은 이자천지의 제조 → 소비 → 폐기 등 가치사슬 과정에서 직간접 배출되는 온실가스 배출량을 CO_2로 환산한 총량을 보고하는 것을 의미하는 것으로서 탄소발자국 등급이 표시된 라벨을 부착해 배터리가 환경에 미치는 영향을 공개하게 된다. 만약 우리나라 기업이 이차전지를 생산한다면 관련 탄소발자국이 다 공개되는 것이다.

더 나아가 국내 기업에 큰 영향을 미칠 수 있는 온실가스 관련 규제로는 '탄소국경조정제도'가 있다. EU는 탄소국경조정제도를 탄소중립 로드맵 'Fit for 55'의 핵심 수단이라는 점을 줄곧 강조해오고 있다. 이러한 탄소국경조정제도의 도입을 통해 탄소 규제가 약한 국가들의 행동 변화를 촉진하고, 이를 바탕으로 온실가스 감축에 적극적으로 나선다는 의지를 보이고 있다.

실제 탄소국경조정제도는 EU 역외 기업들에 대한 무역규제다. 이 제도는 철강·알루미늄·비료·전기·시멘트·수소제품 등 탄소배출량이 많은 6개 품목을 EU로 수출하는 경우, 제품 생산과정에서 나오는 탄소배출량을 추정해 관세, 즉 탄소국경세를 부과하는 정책이다. 관세 수준은 정해진 탄소배출량 초과량에 대한 배출권을 사고파는 제도인 EU 탄소배출권거래제(Emission Trading Scheme, ETS)를 가이드라인 삼아 그 가격을 기준으로 책정되며, 2026년에 본격 시행이 예정되어 있다.

탄소국경제도를 무역 관세로 적극적으로 활용하기 위해서는 관세부과 기준이 되는 탄소배출권 거래가격을 높여야 한다. 이를 위해 EU는 2022년 12월 탄소배출권 거래 제도를 강화하고 확대하기로 합의하였다. 탄소배출권 가격을 높여 무역장벽을 높일 수 있는 구조를 마련한 것이다. 실제 2022년 개편을 통해 탄소배출권 거래제를 통한 탄소 감축의 비중을 기존 2005년 배출량 대비 43%에서 62%로 상향 조정했으며, 일부 산업에 무상으로 제공되고 있는 탄소배출권은 2026년부터 2034년까지 단계적으로 폐지하겠다고 결정하였다. 철강, 화학, 시멘트 사업에 지급되어 산업 보호의 역할을 하고 있던 배출권 무상할당을 없애고, 이들 산업 기업들에게도 탄

〈표 10-1〉 EU 공급망 실사법 대상 기업안

구분		대상 기업
역내	대기업	근로자 수 500인 초과 및 전 세계 연간 순매출 1억 5,000만 유로 초과
	중견기업 (고위험산업)	근로자 수 250인 초과 및 전 세계 연간 순매출 4,000만 유로 초과하며, 순매출액의 50% 이상이 고위험 산업군에서 발생한 경우
역외	대기업	EU 내 연간 순매출 1억 5,000만 유로 초과
	중견기업 (고위험 산업)	EU 내 연간 순매출 4,000만 유로 초과하고, 전 세계 순매출액의 50% 이상이 고위험 산업군에서 발생한 경우

자료: KOTRA(2023)[3]

소 비용을 부과시키겠다는 이야기다. 이들 산업에 대한 무상할당을 줄이면서 해외 탄소 감축 노력과 평행한 구조를 만들어 탄소국경제도에 대한 반발을 줄이고 공정성을 높이고자 하는 의도 역시 있는 것으로 파악된다.

더욱이 기후변화 문제는 특정 산업에만 국한되지 않는다. EU는 광범위한 입법체계 구축을 통해 EU의 입장에 부합하는 탄소 규제를 실행하려고 한다. 이 핵심법안은 '지속가능한 기업 공급망 실사 지침(Directive on corporate sustainability due diligence)'으로 이른바 '공급망 실사법'이다. 공급망 실사법은 일정 규모 이상 기업을 대상으로 인권과 환경 분야 내 실사를 의무화하는 것을 핵심으로 하는 법안이다.

---

3 https://dream.kotra.or.kr/kotranews/cms/news/actionKotraBoardDetail.do?SITE_NO=3&MENU_ID=90&CONTENTS_NO=1&bbsGbn=244&bbsSn=244&pNttSn=205836

이 법안의 적용 대상은 EU에서 활동하는 역내·외 기업들이다. 일반적으로는 대기업이 대상이지만 고위험 산업(섬유, 광물, 농업·임업·수산업)에 속하는 중견기업들을 포함하도록 구성되어 있다. 아직까지 대상 범위에 대해서는 각국의 입장 차이로 EU 이사회에서 최종 결정은 나지 않은 상태다.

이 법안에 따라 대상 기업들은 공급망 내 인권 및 환경보호에 대한 실사 의무를 지니게 된다. EU 집행위원회의 안에 따르자면 대상 기업들은 공급망 전체에 대해 인권 및 환경에 대한 부정적인 영향을 파악하고, 실질적이고 잠재적인 영향을 예방하고, 제거하고 최소화하는 의무를 가지게 된다. 관련하여 모니터링, 의무이행 공개 등을 포함하는 등 기업 정책에 공급망 실사 의무를 반영하도록 구성되어 있다. 정부가 아닌 기업이 탄소 및 인권 관리의 주체가 되는 상황이 형성되었다.

국내 기업들에게 공급망 실사 제도는 수수방관할 일이 아니다. 우리 기업들 역시 직접 영향을 받게 된다. 기업 공급망 실사 지침의 대상 기업은 일정 규모 이상의 역내·외의 모든 기업이다. EU 역내 기업에 수출하는 기업이나, EU에 진출해 있는 국내 대기업들은 직접적인 영향권하에 있다. 그리고 국내 대기업들이 모니터링의 주체가 되어 대기업과 가치사슬로 연관된 국내 기업들 역시 이러한 실사 의무를 수행해야 하거나, 실사 자체의 대상이 될 수 있는 광범위한 법안이다. 선제적으로 실사법이 시행되는 독일 기준으로만 보아도 폭스바겐, 지멘스, 아디다스, BMW, 딜리버리 히어로 등 독일 시총 20대 기업과 거래하는 한국 파트너사는 삼성SDI, LG화학, SK이노베이션 등 163개에 달하며, 이 중 145개는 중견·중소기업으로 알려져 있다.[4]

이미 EU는 '지속가능성'을 기반으로 다수의 환경규제를 도입하여 각국의 산업 정책과 기업 정책을 변모시키고 있다. 다수의 기후변화 및 순환경제 관련 규제들이 현실화되고 있으며, 무역장벽으로 이어지기도 한다. 이미 우리 기업들에 큰 부담으로 작용하고 있는 것이 현실이다.

4. 그린딜

브뤼셀 효과는 여기서 그치지 않는다. 경제성장 전략에도 이어지는 야심 찬 계획이다. 실제 EU가 환경 분야를 토대로 시도하는 경제성장 정책을 그린딜(Green Deal)이라고 한다. EU는 그린딜이라는 커다란 테두리 안에서 환경에 대한 새로운 스탠더드를 구축하고, 환경기술 개발을 적극적으로 유도하여 경제성장을 추구하는 체계를 만들었다.

---

4   https://www.yna.co.kr/view/AKR20210930163600003

이와 같은 지속가능성을 도모하는 체계를 구축하고 장기적인 전환을 이루기 위해서는 무엇이 중요한가? 바로 금융이다. 실제 EU가 강조한 것 역시 금융을 통한 자원배분의 변화이다. EU는 지속가능성을 뒷받침할 금융시스템을 만들기 위해 2016년 시민사회, 금융부문, 학계가 참여하여 '지속가능한 금융을 위한 고위급 전문가 그룹(High-Level Expert Group on Sustainable Finance, HLEG)'을 조직하여 금융 분야의 역할을 강조한다. 이 그룹에서는 ① 지속가능한 투자를 위해 공공 및 민간 자본의 흐름, ② 환경과 연계된 위험에 대해 금융시스템의 안정성의 보호, ③ 범유럽 차원으로 논의 확산에 대해 EU 집행위원회에 조언을 제공하도록 하였다.

HLEG가 2018년 발표한 최종보고서의 내용에 따라 EU는 지속가능성 분류체계 수립 및 지속가능성 공시규정 강화, 녹색채권 표준 도입 등의 도입에 적극적으로 나서게 된다. 금융기관이 이러한 녹색투자를 유도하고, 투자 결정에 있어서 지속가능성의 각 요소에 더 많은 초점이 맞춰질 수 있도록 하기 위한 조치였다. 즉 국가는 어떤 기술 분야가 지속가능한지에 대한 분류를 제시하고, 투자자들이 기업의 지속가능성 정보를 활용할 수 있도록 정보 공시제도를 개편하고, 채권투자 분야에 있어서 지속가능성을 명확하게 한 것이다.

이들 중 가장 눈에 띄는 대목은 역시 '분류체계', 이른바 택소노미(Taxonomy)라고 하는 부분이다. 즉 녹색 투자의 흐름을 가이드하기 위해 어떠한 것이 녹색인지 아닌지 구분하는 지속가능성 분류체계를 EU 단위에서 수립한 것이다. 이 분류체계는 EU 내에서 '지속 가능성'에 대한 표준화된 정의로서 역할을 한다. 즉 분류에 포함되는 산업은 녹색산업이고 그렇지 않은 경우는 녹색산업이 아닌 것으로 분류된다. 자본조달을 위해 사용하는 기준이기도 하며, 그린워싱을 방지하기 위해서도 사용되는 포괄적 기준이기도 하다.

다시 말해 이 분류체계에는 특정 기술이 친환경인지 아닌지에 대한 판단하는 기준이다. 즉 다음과 같은 여섯 가지 기준, ① 기후변화 완화, ② 기후변화 적응, ③ 수자원 및 해양 자원의 지속가능한 사용과 보호, ④ 순환경제로의 전환, ⑤ 오염 방지 및 통제, ⑥ 생물다양성 및 생태계 보호 및 복원하는 경우에만 지속가능성을 가진 기술로 인정하고 있다. 이러한 기준은 2021년 도입된 한국형 녹색분류체계 구분에도 직접적인 영향을 주게 되었다.

자본에 대한 조달 통로를 확보하자 EU는 녹색성장을 위한 산업 정책인 그린딜을 본격화하기 시작한다. EU 그린딜은 2019년 발표되었으며, 우르줄라 폰데어 라이엔(Ursula Von der Leyen) EU 집행위원장을 중심으로 하여 당시 새로 바뀐 EU 집행위원회의 최우선 정책으로 강조되었다. 그린딜은 '지속가능한 미래를 위한 EU 경제의 변화'를 위한 기후변화 대책 및 경제정책을 표방함으로써 기후변화 대응 목표를 상향 조정함과 동시에 이를 달성하기 위한 분야별 정책 계획을 제시하였다. 환경의 지속가능성과 국가 경제의 성장을 동시에 추구하는 산업 정책이자 경제성장 정책이다.

〈그림 10-3〉 EU 그린딜 정책의 개요

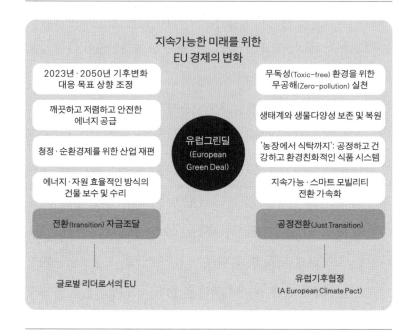

지속가능한 미래를 위한
EU 경제의 변화

2023년·2050년 기후변화
대응 목표 상향 조정

깨끗하고 저렴하고 안전한
에너지 공급

청정·순환경제를 위한 산업 재편

에너지·자원 효율적인 방식의
건물 보수 및 수리

유럽그린딜
(European
Green Deal)

무독성(Toxic-free) 환경을 위한
무공해(Zero-pollution) 실천

생태계와 생물다양성 보존 및 복원

'농장에서 식탁까지': 공정하고 건
강하고 환경친화적인 식품 시스템

지속가능·스마트 모빌리티
전환 가속화

전환(transition) 자금조달

공정전환(Just Transition)

글로벌 리더로서의 EU

유럽기후협정
(A European Climate Pact)

자료: KOTRA (2020). 「유럽그린딜(European Green Deal) 추진동향 및 시사점」

그린딜에서 기후변화 대응과 온실가스 배출 감축 정책에 대해
최우선순위를 두고 관리한다. 우선 우르슬라 집행부는 집권 이전
에 설정되었던 2030년까지의 탄소배출 감축 목표를 1990년 배출량
대비 40% 감축에서 과감하게 상향 조정하여 55% 감축을 그 타깃
으로 설정하였다. 다시 말해 55% 감축을 상징하는 이른바 'Fit for
55' 정책을 수립하여 유럽 내 탄소 감축에 대한 강력한 목표를 제시
한다.

EU는 이렇게 상향된 탄소배출 관련 기준을 바탕으로 하여 국제적으로 영향력 있는 탄소배출 규제를 도입하기 시작하였다. 국제적으로 보았을 때 현재 가장 영향력 있는 규제가 이미 언급한 '탄소 국경조정제도'이다. 이 탄소 국경조정제도의 논리는 '브뤼셀 효과'를 구체화해나가는 일환으로서, 무역 협정까지 연결했다는 점에서 특히 주목할 필요성이 있다는 것을 이미 밝힌 바 있다.

이에 관련해서 한번 구체적으로 그 논리를 살펴볼 필요성이 있다. EU 역내 환경규제를 강화할수록 관련 기업들은 EU 생산시설이 규제가 약한 지역으로 이전하려고 한다. 설령 이러한 생산시설의 유출이 없다고 할지라도, EU 역내 기업들은 저탄소 제품 생산을 위한 설비투자 등으로 생산원가가 높아져 역외국 대비 불공정한 상황에 놓이게 될 가능성이 커진다. 기후변화라는 글로벌 이슈에 국가별 대응 수준에 따른 불공정한 경쟁환경이 도입됨에 따라 역내 산업의 비용 부담이 늘어나게 되는 것이다.

이러한 경제적 비용을 상쇄시키기 위한 대응이 바로 탄소국경조정제도이다. EU는 이와 같은 경제적 비용 논리를 바탕으로 하여 EU의 높아진 환경 표준을 타국으로 전파하고, 환경문제에 대해 비교적 준비가 덜 되어 있는 해외 기업들의 탄소 감축 관련 생산비용을 더 높이는 방식을 통해 EU권역 기업들의 경쟁적 우위를 부여하려고 한다.

유사한 논리를 통해 EU에서는 탄소배출권 거래 적용 분야를 확대하려고 한다. 탄소배출권 거래제는 온실 기체 감축 의무가 있는 사업장에 대해 일정량의 이산화탄소를 배출할 수 있는 권리를 할당해준 다음, 할당받은 탄소배출권보다 적게 배출하는 경우 이를 많이 배출한 사람에게 팔 수 있도록 거래하는 제도를 의미한다. EU는 2005년에 탄소배출권거래제를 시행하여 온실가스를 배출할 권리를 거래할 수 있도록 하고 적극적으로 역내 탄소 감축에 나서고 있는데, 최근에는 이 영향력을 역외로 확산시키고 있다. 국가 간 국경을 이동하는 특성상 탄소배출권거래제 편입이 어려워 이전까지 탄소배출권거래제에서 배제되었던 해운 및 항공 영역[5]에 있어서도 EU 역내로 향하거나 역내에서 출발하는 경우 탄소배출권 규제를 확대하겠다는 방안을 제시하고 있다.

그린딜은 탄소 관련 항목으로 한정되지 않는다. EU는 그린딜 정책을 통해 지속가능성 분류체계와 일관된 6대 산업 분야를 선정하고 육성하고자 하고 있다. ① 에너지 분야의 탈탄소화 및 가격 안정, ② 순환경제, ③ 지속가능성을 포함한 스마트 모빌리티 전환, ④ 에너지 효율적인 방식을 통한 건물 관리, ⑤ 친환경적으로 운용되는 식품 시스템, ⑥ 생물다양성 보존이다.

특히 순환경제의 예는 이러한 EU의 그린딜 정책이 국내 산업에 미칠 수 있는 영향을 직접적으로 보여준다. 순환경제란 결국 적게

---

5   해운 및 항공의 이산화탄소 배출량은 전 세계 이산화탄소 배출량의 5%를 차지할 정도로 비중이 크다.

자원을 쓰고 많이 재활용하는 프로세스를 갖춰야 함을 의미한다. 기업의 생산공정은 일부만 바꾸기 어렵다. 이러한 순환경제 규제에 대응하여 생산공정 전체를 재편해야 될 가능성도 커지게 된다.

예를 들어 자동차, 섬유, 건설, 플라스틱, 전기, 배터리 등 같은 자원 집약도가 높은 산업에서 폐기물 발생을 규제하여 재활용률에 대한 순환경제 규제를 생각해볼 수 있다. 만약 기업이 판매하는 상품이 재활용률 기준에 미치지 못하는 경우 EU 지역에서의 판매가 제약된다. 이는 경쟁업체 대비 기업의 브랜드 이미지 하락 및 경쟁력 약화로 이어질 수밖에 없다. 더욱이 순환성의 강조에 따라 기업의 AS 정책도 크게 바뀌어야 한다. 소비자들은 상품을 재사용하여 사용할 수 있는 수리할 권리를 기업에 요구할 수 있으며, 기업들이 이러한 수리권을 보장하지 않을 경우 판매가 더 어려워진다. 기업들은 수리가 필요 없는 상품을 만들 인센티브가 강화되고, 수리가 용이하도록 AS 네트워크를 확보해야 하는 추가적인 과제를 가지게 된다. 브뤼셀 효과가 극대화되는 환경이다.

이제는 그린딜 산업 전략이 점차 현실화되는 단계다. 2023년 발표된 그린딜 산업계획(Green Deal Industrial Plan)은 2019년 제안된 유럽 그린딜 정책의 후속 조치라고 할 수 있다. 즉 환경기술 개발 및 기술경쟁력 확보를 위해 ① 핵심 친환경 기술 관련 규제환경 개선, ② 청정기술 개발 관련 자금조달 활성화, ③ 친환경 기술 숙련인력 역량 강화라는 녹색 기술 개발을 넘어, ④ 안정적인 공급망 확보를 위한 교역 활성화를 목표를 설정함으로써 기존의 그린딜 정책을 보다 구체화하고 있다. 미국의 인플레이션 감축법, 러시아-우크라이나 사태 같은 지정학적 리스크 등 새로운 국제환경 변화에 대응하여 그린딜 정책을 강화하고 있다.

즉 EU의 그린딜은 환경규제를 넘어 산업 발전으로서의 녹색산업을 강조하고, EU 역내 산업의 경쟁력 강화를 표방한다. 세계적으로 EU 시장에 판매하는 국내 기업의 경쟁력 역시 이 그린딜 정책 방향에 크게 영향을 받을 수밖에 없다.

5. 국내 기업 대응

설문조사 결과 2023년 기준으로 국내 기업들에게 대응에 가장 어려움을 주는 지속가능성 규제는 국내 규제가 아닌 바로 EU의 '공급망 실사법'이다. 대한상공회의소가 국내 300개 기업을 대상으로 기업의 지속가능성 현안을 물어본 결과 40.3%가 EU의 공급망 실사 대응을 이야기한다. 독일은 2023년에 이미 공급망 실사법을 도입하여 시행하고 있으며, 곧 EU 전체로 확장될 것으로 예측됨에 따라 대기업이 협력업체에 공급망 실사를 요구하는 사례들이 늘어나고 있는 것으로 확인된다. 실제 EU에 진출해 있는 대기업을 중심으로 환경 및 인권 공급망 관련 실사를 직접 수행하라는 지침인

만큼 국내 기업 역시 업무 프로세스 차원에서의 대응이 이어지고
있다.

특히 국내 기업들에게 환경지표 관리에 대한 어려움이 심각하다.
온실가스 배출, 에너지 사용, 물 사용, 오염물질 배출, 폐기물 처리
등에 대해 측정하고 값을 이전부터 측정했던 기업인 경우에는 지속
적인 업무이기 때문에 비교적 어려움이 크지 않지만, 공급망 평가
및 실사 과정에서 이러한 자료를 신규로 제공해야 하는 대다수의
협력사는 많은 어려움을 겪고 있는 것으로 알려졌다. 실제 설문조
사 결과 60%가 넘는 기업들은 내년의 기업환경이 어려워질 것임에
도 불구하고 '국내외 고객사의 요구 확대'를 주요 이유로 내년의 지

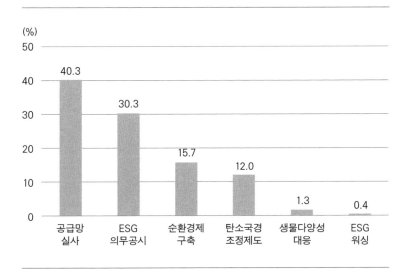

〈그림 10-4〉 2023년 ESG 현안

자료: 대한상공회의소

속가능경영(ESG 경영)이 올해보다 중요성이 더 높아질 것으로 바라보고 있다.

한편 설문조사 결과는 국내 산업분야에 있어 EU의 지속가능성 규제의 중요성을 다시 한번 보여준다. 기업의 지속가능성 정책 관련 전 세계적인 흐름인 기업공시제도(30.3%)를 제외하면, EU에서 제도화를 강력하게 추구하는 '순환경제 구축'(15.7%), '탄소국경조정제도'(12.0%) 관련 현안의 중요성이 매우 높다는 것을 보여주고 있다. 즉 EU의 규제화로 시작된 주제들이 국내 기업의 지속가능경영의 핵심적 화두로 등장하고 있다. 그만큼 EU 규제에 따른 브뤼셀 효과가 크다고 할 수 있다.

EU의 탄소 및 순환경제 관련 지침의 제시 및 관련 규제입법은 기업의 생산공정 자체를 바꿔야 하는 사안이다. 더욱이 직접적인 수출입 대상 기업만이 아닌, 공급망 관리를 통해 이러한 이슈들이 제기되면서 직접적으로 EU에 수출하지 않는 기업이라고 할지라도, 투자 및 마케팅 활동에 있어서 영향을 받을 수밖에 없는 상황이 되었다. 이러한 지표 관리 및 공정 전환은 결국 기업의 비용을 (적어도 단기적으로는) 증가시킬 뿐만 아니라, 기존에 없던 신규 전문인력을 추가해야 한다는 점에서 큰 부담으로 작용하고 있다.

한편 삼성그룹, LG그룹, 포스코그룹 등 수출 대기업을 중심으로 적극적인 환경경영전략을 통해 EU발 지속가능경영 관련 이슈에 대응하려는 움직임도 확인된다. 이 기업들은 직접적으로 EU에 상품을 수출할 뿐만 아니라 애플 등 다국적 기업의 납품업체로서 글로벌 환경규제 대응에도 직접적인 영향을 받기 때문이다. 실제 애플은 2030년까지 공급망 전체의 탄소중립을 선언했으며 애플과 거래하는 국내 기업인 삼성전자, SK하이닉스, LG화학, LG디스플레이 등은 애플이 선언한 공급망 관리 규제에 따라 탄소중립 정책을 이행해야 하는 부담이 생기게 되었다.

삼성그룹의 지속가능성 이슈 대응 동향을 한번 확인해보자. 삼성전자는 2023년 주력 휴대폰인 갤럭시S23 울트라 등에 재활용 소재 사용을 늘렸고 대형 가전제품에서 에너지효율 1등급 모델 비중을 높이는 전략을 펼치고 있다. 패션기업 파타고니아와 협업해 국내 최초로 미세 플라스틱 배출 저감 코스 세탁기를 만들어나가는 등 친환경 전략 역시 강화하고 있다. 특히 삼성전자 운영에 있어서 보다 중요한 영역이라고 할 수 있는 반도체 분야 또한 탈탄소 목표를 달성하기 위해 생산공정과 전기 사용 과정의 온실가스 배출 감축 방법을 찾으려고 하고 있다. 탄소 감축을 위한 신재생 에너지 활용 이외에도, 생산공정 내에서 온실가스 저감, 폐전자제품 수거 및 재활용, 수자원 보존, 오염물질 최소화 등 환경경영 과제에 향후 7년간 7조 원 이상을 투입하는 강한 드라이브 정책을 펴고 있다.

삼성그룹 계열사 중 배터리 생산업체인 삼성 SDI의 경우 EU 배터리법 등에 대응하기 위해 공급망 내 탄소 산출 방법론 개발에 적극적으로 나서, 배터리의 제조 전부터 폐기까지 발생하는 탄소배출량을 줄여 탄소발자국 인증 체제에 대응하려는 모습을 보인다. 또한 삼성 SDI는 공정 스크랩에서 코발트, 니켈, 리튬 등 배터리의 핵심 원소재를 회수하고 배터리 제조에 재활용하는 체계를 구축하는 등 배터리 순환경제 구축 수요에 동시에 대응하고 있다.

우리나라 대표 산업 중 하나인 석유화학 산업의 경우 매출액 대비 탄소배출량은 작기는 하지만, 절대적인 탄소배출량 규모가 커 관련 규제에 크게 영향을 받고 있다. 이를 극복하기 위해 LG화학의 경우 이른바 '내부 탄소가격거래제'를 도입하여 기업의 의사결정 과정에서 투자 규모, 수익성뿐 아니라 탄소배출량을 함께 고려하여 탄소 리스크를 관리하고 있다. LG화학은 또한 일회용 플라스틱 대체제 발굴 사업에 적극적으로 나서 재활용 플라스틱 및 생분해 플라스틱 시장 공략을 위해 나서고 있다. 기업이 가진 기계적·화학적 재활용 기술 역량을 기반으로 제품 포트폴리오 확보에 박차를 가하고 식물성 원료를 베이스로 만든 바이오 소재 등을 활용하여 생분해 플라스틱 개발에 나서고 있는 등 다각적으로 대응 중이다.

한편 탄소국경조정제도의 도입은 유럽에 철강 제품을 수출하는 한국 철강업계에 불가피하게 타격을 입히게 된다. 한국은 튀르키예, 러시아, 인도, 우크라이나 뒤를 이은 EU 권역 5대 철강 수출 국가로서 수출금액이 연간 40억 달러 이상으로 알려졌다. 산업연구원의 연구에 따르면 탄소국경제도에 따른 국내 철강 수출 감소 규모는 12~20%에 이르는 것으로 추정되고 있을 정도로 실질적인 리스크로 다가오고 있다.

포스코는 국내 철강사 중 최대의 탄소배출 기업으로서 EU의 탄소국경제도 도입으로 인한 충격 역시 가장 클 것으로 예측된다. 포스코는 탈탄소화 기조에 맞춰 석탄을 사용하는 기존의 고로 공정을 전기로로 교체하려고 하고 있다. 더불어 에너지 효율성 향상을 저탄소 연료 대체, 발생한 탄소를 가두는 탄소포집 기술 개발하고 있으며, 궁극의 해결책으로 수소환원제철, 즉 쇳물을 만드는 과정에서 석탄 대신 수소를 환원제로 사용해 탄소배출을 줄일 수 있는 신기술 개발에 적극적으로 나서고 있다.

6. 결론

EU에서는 환경 영역을 기술 개발의 원천으로 하여 역내 기준을 국제표준으로 정하는 방식으로 경제성장을 추구하고 있다. EU가 선점하고 있던 환경기술과 더불어 역내 환경규제와 공급망 실사 지침이나 탄소국경제도와 같은 역외 규제를 병행하고 있다. 이를 통해 EU 지역은 환경 영역에 있어서 표준을 제정함으로써 경제적 이익까지 도모할 수 있는 이른바 '브뤼셀 효과'를 누리려고 한다. 2000년대 초부터 비교적 빠르게 준비한 친환경 기술로의 이행, 그리고 이 기술경쟁력을 극대화시킬 수 있는 규제 및 제도 입안을 바탕으로 적극적인 경제성장 정책을 추구하고 있다.

이러한 EU의 친환경 기조에 대해 국내 기업들이 다양한 방식으로 대응에 나서고 있다. 기업들은 이 친환경 기조가 가져오는 규제 리스크의 중요성을 인식하고 있다. 그러나 아직 다른 국가들에 비해 대응의 시작이 늦은 관계로 아직까지 좋은 평가를 받지 못하고 있는 것도 사실이다. 예를 들어 삼성전자의 경우 독일 비영리단체 신기후연구소(NCI)와 탄소시장감시(CMW)가 발행한 「기업 기후 책임 모니터 2023」에서 평가에서 최하위권인 '매우 낮음' 등급을 평가받았다. 향후 재생에너지 100% 사용을 목표로 하는 RE100을 선언하여 재생에너지 비율을 높였지만, 비교적 탄소감축 효과가 작은 방법에 의존을 한다는 비판 역시 받고 있다. 이러한 상황은 태양광이나 해상 풍력 등 대표적인 신재생 에너지 활용이 어려워 신재생 에너지 가격이 높은 국내의 특징이 반영된 것으로 보인다.

또한 한국이 신성장 동력으로 생각하고 있는 배터리 산업 분야에서 역시 '사용 후 배터리의 재활용' 등이 중요해지면서 미국과 유럽연합, 중국 등은 배터리 순환경제 활성화에 박차를 가하는 반면, 국내에서 이러한 순환경제 전환은 아직 속도가 빠르지 못하다. 옆 나라 중국만 하더라도 베이징과 상하이 등 17개 지역에 폐배터리 재활용 시범사업을 진행 중이고, 핵심소재 회수를 높이기 위해 니켈·코발트·망간은 98%, 리튬은 85%, 기타 희소금속은 97%를 회수 목표치로 설정하였다. 국내에서는 산업통상자원부가 '사용

후 배터리 산업' 활성화를 위해 전남 나주에 EV·ESS 관련 산업화 센터를 구축하는 등 노력을 펼치고 있지만 구체적인 재활용률 설정 등에 있어 해외에 비해 부족하다는 평가가 다수이다.

EU가 지속가능성장을 장기적 '경제성장' 전략으로 취했기 때문에 상당 기간 체계적이고 지속적으로 진행될 것으로 예측된다. 일회성이 아닌 이러한 EU 환경규제를 국내에서 대응해야 할 필요성 역시 커지고 있다. 수출 중심 국가인 우리나라에서 글로벌 3위의 EU 시장을 놓칠 수 없기 때문이다. 하지만 위에서 확인하듯이 이러한 환경규제 관련 국내 기업과 정부의 대응은 여전히 더디다는 평가가 많다. 특히 환경 관련 데이터 측정부터 기업들이 애로를 겪고 있는 것이 현실이며, 정부 차원의 기업별 데이터 관리, 환경문제 관련 진단 및 컨설팅부터 빠르게 진행될 필요가 있다. 기업들 역시 이러한 EU의 지속가능성 동향 자체가 일시적이지 않다는 사실에 입각하여 지속가능성 관련 규제에 대해 인식을 제고하고 관련 경영 노력을 시작하는 것이 필수적이다.

KI신서 11972

경제의 길 2

1판 1쇄 인쇄 2024년 6월 18일
1판 1쇄 발행 2024년 6월 28일

지은이 권남훈·유혜미·이윤수·박윤수·김지운·신자은·전현배·민세진·조재한·김민기·이정환
펴낸이 김영곤
펴낸곳 (주)북이십일 21세기북스

인문기획팀 팀장 양으녕 **책임편집** 노재은 **마케팅** 김주현
디자인 푸른나무디자인
출판마케팅영업본부장 한충희
마케팅2팀 나은경 정유진 백다희 이민재
출판영업팀 최명열 김다운 김도연 권채영
제작팀 이영민 권경민

출판등록 2000년 5월 6일 제406-2003-061호
주소 (10881) 경기도 파주시 회동길 201(문발동)
대표전화 031-955-2100 **팩스** 031-955-2151 **이메일** book21@book21.co.kr

ⓒ 권남훈·유혜미·이윤수·박윤수·김지운·신자은·전현배·민세진·조재한·김민기·이정환, 2024

ISBN 979-11-7117-650-2(03320)

(주)북이십일 경계를 허무는 콘텐츠 리더

21세기북스 채널에서 도서 정보와 다양한 영상자료, 이벤트를 만나세요!
페이스북 facebook.com/jiinpill21   **포스트** post.naver.com/21c_editors
인스타그램 instagram.com/jiinpill21   **홈페이지** www.book21.com
유튜브 youtube.com/book21pub